国家自然科学基金资助项目（31100744）
浙江省自然科学基金资助项目（Y2110381）
杭州师范大学人文社会科学振兴计划项目
杭州师范大学望道项目资助

公平博弈

◎吴 燕 著

ZHEJIANG UNIVERSITY PRESS
浙江大学出版社

图书在版编目(CIP)数据

公平博弈/吴燕著. —杭州：浙江大学出版社，2012.6
ISBN 978-7-308-10027-4

I.①公… II.①吴… III.①实验心理学—研究 IV.①B84

中国版本图书馆 CIP 数据核字（2012）第 124360 号

公平博弈

吴　燕　著

策 划 者	阮海潮(ruanhc@zju.edu.cn)
责任编辑	何　瑜
封面设计	十木米
出版发行	浙江大学出版社
	（杭州市天目山路 148 号　邮政编码 310007）
	（网址：http://www.zjupress.com）
排　　版	杭州大漠照排印刷有限公司
印　　刷	富阳市育才印刷有限公司
开　　本	710mm×1000mm　1/16
印　　张	12
字　　数	235 千
版 印 次	2012 年 6 月第 1 版　2012 年 6 月第 1 次印刷
书　　号	ISBN 978-7-308-10027-4
定　　价	38.00 元

序

一个春日的上午,我的博士生导师,北京大学心理系周晓林教授,在他的办公室对我说:"你做最后通牒博弈吧。"从此我开始了与最后通牒博弈的亲密接触。而在此之前,我对最后通牒博弈的了解仅限于行为经济学教科书对其博弈规则的简单介绍。

一个月的文献梳理与阅读,使我对最后通牒博弈产生了浓厚的兴趣。一个很简单的博弈,却能折射出很复杂的人类心理,就像走进一处百花园,那里阡陌相通、落英缤纷,那里蕴藏丰富,已被挖掘的不过冰山一角。对于最后通牒博弈的研究,尚有很多重要的问题需要解决,有待进一步探索。我的导师适时点拨,于是确定将损失厌恶引入最后通牒博弈,作为我博士论文的主题。此后开展了一系列的实验性研究,得到了很有意思的结果。

本书的目的即是展示最后通牒博弈的实验性研究所揭示的规律及其所表现出的实验方法的细致、精巧与独创性。这些研究以国外文献为主,间或补充北京大学脑与认知实验室所做的相关工作。在我写作过程中不时被这些研究巧妙的设计而惊讶,为其严密的逻辑推理而赞叹,更为其展现的学术思想而心折。分享是一种美德。本书旨在抛砖引玉,以促进国内研究者对最后通牒博弈的关注及探讨。本书既可以作为最后通牒博弈的入门性读物,帮助了解最后通牒博弈的研究历程和已有成就,也可作为实验心理学的补充读物,帮助提高心理学实验的设计与操纵能力。书中列举的各种实验因素,亦可为其他领域的研究提供参考。

　　本书的写作得到了国家自然科学基金项目、浙江省自然科学基金项目、杭州师范大学人文社会科学振兴计划和望道项目的资助。入职杭师大以来，得到了学校和教科院领导的关爱和大力支持。田学红院长和郑生勇书记帮忙解决了众多难题，学院其他领导和同事也给予了无私帮助，没有他们的关怀和鼓舞，就没有这本书的产生。本书写作过程中更是得到了家人的鼎力支持，我的婆婆和我的先生全力照料刚蹒跚学步的小儿，让我可以心无旁骛地写作，他们很伟大。还有我的父亲母亲，他们以微薄的收入供我完成了漫长的求学之旅，没有他们无私的爱与奉献，就没有我今天的一切。

　　谨以此书献给所有关心和帮助我的人。

吴　燕
2012 年 5 月

目　录

第 *1* 章 导 论

1.1 公平概念

党的"十七大"工作报告指出:"初次分配和再分配都要处理好效率和公平的关系,再分配更加注重公平。"这表明,随着我国经济社会的发展,国家更加重视分配质量,努力实现社会公平。公平(fairness)是人类追求理想社会的一个永恒主题,是社会发展进步的一种价值取向。我国自古就有"不患寡而患不均"的思想,以"人人平等,天下为公"为基本追求。公平作为一种社会理想和原则,反映了人们对现实的社会权利关系的道义追求。公平问题的重要性和复杂性使之成为经济学、心理学、神经科学等领域共同关注的问题之一。

公平,与公正(justice)和平等(equality)意义相近,是个多范畴的概念,涉及社会、政治、法律、经济、文化、道德等诸方面,其基本含义是不偏不倚,对一切有关的人公正、平等、合理地对待。社会学专家将公平作为一种社会目标,讨论其实现手段及后果。民主政治则以公平为基本原则之一,而公平同时也是法律的根本之所在。经济学鼻祖亚当·斯密认为人是"经济人"和"道德人"的统一,即追求自我利益是人的本性,是人的一切活动的原动力和根源,而人在具体情况下总要遵守最基本的道德规范和准则,比如公平。

传统经济学理论强调"经济人"假设,认为人是理性的、自利的个人利益最大化者。该理论认为,人在做出经济决策时,常从自己的利益最大化出发。然而,实验经济学和心理学的现场和实验室研究常发现,人们的决策行为并不符合完全自利的模式:人们不仅关注自我利益的增加,同时也关心别人的利益。Güth(1982)首次提出最后通牒博弈(ultimatum game)(Güth, Schmittberger, & Schwarze, 1982)。此后,最后通牒博弈(国内也常译作最后通牒游戏)以规则简单和明确反映了自我利益最大化和公平寻求之间的冲突,成为研究公平问题的经典范式。

1.2 最后通牒博弈

有个经典的推理题叫"海盗分金"。题目是：有一群海盗，抢到 100 个金币，他们要将这 100 个金币分开，由海盗头目首先提出分法，如果有半数以上（包括半数）同意，则大家按照提议分币，如果超过半数反对，则提议的人就会被扔进海里喂鲨鱼，然后由第二个人继续提议，依次类推。问题是：怎么分，海盗头目能分到最多而不会被扔到海里呢？其前提条件是：

（1）海盗都非常地聪明，他们每个人都知道自己和别人在这个提出方案的序列中的位置。

（2）海盗都珍惜自己的生命，每个海盗都不愿意自己被丢进海里去喂鱼。

（3）每个海盗都是贪婪的，在保证生命的情况下，他们都想尽可能地多得到金币。

（4）每个海盗都是凶残的。即在可以得到相同金币，同时自己的生命又没有后顾之忧的情况下，他们希望死更多的人。

（5）海盗不可能形成任何同盟。他们的一切都是为自己打算，没有舍己为人的事发生。

（6）金币是不可以被切开的，也不能共享，更不能租借，所有的分配方案都是整数分配。

（7）提出方案的顺序是确定好的。

（8）每一个海盗都遵守游戏规则。

1999 年《科学美国人》（*Scientific American*）杂志的《凶猛海盗的逻辑》一文曾对该题做出了详细解析。以海盗数为 5 人为例，采用逆推法可得出（97,0,1,2,0）的分配方法，可使海盗头目分到最多而不会被扔进海里。这个题目实际上是个较复杂的博弈论题，实验室研究通常会采用简化版的最后通牒博弈范式，规则也没那么"血淋淋"。

经典的最后通牒博弈包括两个游戏者：提议者（proposer）和反应者（responder）。博弈的规则是游戏双方被赋予一笔钱，首先由提议者提出分配的建议，然后由反应者决定是否接受这一分配方案：如果反应者接受，则双方按照提议者的分配方案来分配这笔钱；如果反应者拒绝，则双方各

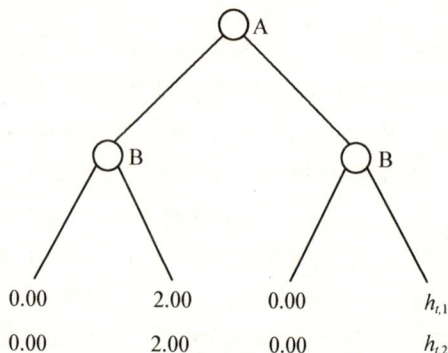

图 1-1 最后通牒博弈决策树
（摘自 Bolton & Zwick, 1995）

无所获(博弈树参见图 1-1)。以图 1-1 为例,A(即提议者)做出一个决策,这个决策可能是公平分配(左侧,总额为 4,两人分别得 2),也可能是不公平分配(右侧,总额为 h,A 得 $h_{t,1}$,B 得 $h_{t,2}=h-h_{t,1}$),然后 B(即反应者)做出接受或拒绝的决定,不管分配公平与否,只要 B 选择接受,那么 A 和 B 将按 A 提出的分配方案进行分配,如果 B 选择拒绝,那么 A 和 B 都得 0。

在实际研究中,最后通牒博弈通常有两种操作方式:① 提议者和反应者随机配对后同时给出决定,提议者提出分给对方的配额(offer,可理解为出价),与此同时,反应者给出最少可接受配额(minimum acceptable offer,可理解为要价)。若提议者给出的分配额不低于反应者所给出的最少接受值,则两人博弈成功,反应者拿到提议者给出的分配额,提议者得到剩下的部分;若提议者给出的分配额低于反应者所给出的最少接受值,则博弈失败,双方都拿不到钱。这种方式常见于纸笔形式的实验。② 提议者和反应者随机配对后相继给出决定,如前所述规则,先由提议者提出分配建议,然后由反应者决定是接受还是拒绝这一分配方案,接受则双方按分配方案分,拒绝则双方都颗粒无收。这种方式常见于计算机操作的实验。这两种最后通牒博弈的方式都可以玩单轮或多轮,具体视研究目的而定。单次博弈(one-shot game)是指博弈双方只进行一轮博弈,这种方式常见于经济学的研究,多用纸笔问卷方式。多次重复博弈(iterated game)有两种方式,一种是一对参与者之间进行多次博弈,即每个反应者对来自同一个提议者提出的若干个分配方案进行反应,如 Polezzi 等(2008)的 ERP 实验采用了这种重复博弈的方式,被试跟同一个对家连续进行 200 轮博弈,这种设计使得对每一轮提议的加工不独立。另一种方式是重复的单轮博弈(repeated one-shot game),即每个反应者与多个不同的提议者配对进行博弈,与同一个提议者只进行一轮。这种方式可以在实现与同一个对家进行单轮博弈的同时,满足每种提议条件下有多个重复试次的需求,并提高博弈情境的真实性,常见于心理学实验报告。

Güth 等(1982)最早进行最后通牒博弈的实验研究,其初始目的是研究相继交易(sequential bargaining),即考察提议者的分配如何受反应者的决定所影响,以验证传统经济学理论的普遍性。他们在早期交易实验的基础上改变了实验设计,发现最后通牒博弈中,提议者的出价约 35%,众数为 50%,反应者的拒绝率很少,大约在 10%。一个星期后对这一实验进行了重复,发现提议者的出价下降到 31%,众数不再是 50%,出价大多在 20%～30%,反应者的拒绝率提高,大约在 30%(Werner Güth, et al., 1982)。这一结果被称为最后通牒博弈中的异常行为。

早期实验经济学家对博弈行为的实验室研究,意在验证经济人纯粹自利的假设。传统经济学理论假设人是理性的、自利的个人利益最大化者。按照传统经济学理性人自我利益最大化假设,反应者应该接受任何大于 0 的分配方案,因为聊胜于无;而提议者知道反应者的这一倾向,他所提议的分给对方的部分应无限接近于 0。这就是子博弈完美均衡策略。但大量的实证研究结果却一致地发现,在提议者一方,提议方案大多是 5～5 分,平均提议分给对方的部分在总额的 30%～40%,少于 10% 的提议不到 3%。在反应者一方,少于 20% 的提议常会被拒绝,即使当总额提高,不公平的提议也能有较高收入时,也会遭到拒绝(Kahneman, Knetsch, & Thaler, 1986; Thaler, 1988; Weg & Smith, 1993)。由于经典的最后通牒博弈只有一轮,所以拒绝行为不能认为是为了下一轮得到更多。博弈者通常都是匿名的,也不能认为是为了以后的交往。这种拒绝行为对个体利益无益,实际是以个人利益减少为代价,达到与对方收益均等这一公平的目标,被认为反映了反应者的利他性惩罚(altruistic punishment)。自利动机与公平寻求动机的权衡决定着最终的决策行为。

在最后通牒博弈中,反应者可以通过拒绝提议以惩罚提议者的不公平分配行为,因而,提议者的慷慨分配行为有可能只是为了避免被反应者拒绝而造成对自身利益损害的一种策略性行为(Kagel, et al., 1996)。为澄清这一混淆,Kahneman 等人于 1986 年在市场公平性的实证研究中首次引入了独裁者博弈(dictator game)的范式(Kahneman, et al., 1986)。在独裁者博弈中,分配者(allocator)决定分配方案,接受者(recipient)没有拒绝分配方案的权利,只能被动接受。由于分配者的决策完全决定了最后的分配结果,不像最后通牒博弈会受到反应者的选择的影响,因此不涉及策略性考虑,可以更纯粹和有效地研究个体的公平和利他行为。根据传统经济学的理性经济人假说,独裁者博弈中的分配者应该将所有可分配的金额都留给自己,以达到个人利益的最大化。但实证研究发现,只有约 20% 的分配者会选择独占所有金钱,有 20% 的分配者则会选择将金钱平分(Forsythe, Horowitz, Savin, & Sefton, 1994)。这说明,人们确实具有追求公平和利他的行为偏好,这一偏好和害怕被反应者拒绝的因素共同决定了他们在最后通牒博弈中做出偏公平的分配行为。无论是独裁者博弈中的公平分配行为,还是最后通牒博弈中对不公平分配的拒绝行为,都不符合纯粹理性经济人假说。

基于社会现实和实验证据,经济学家提出了若干理论模型来解释人们在最后通牒博弈中的非理性决策行为。他们都认为人们不是完全自利的,人们的效用不仅仅取决于自身得到的收益,也取决于相对利益。但不同学者的关注点不尽相同。

1.2.1 Rabin(1993)公平均衡模型

Rabin(1993)的理论模型基于三个事实:(A) 人们愿意牺牲自己的物质利益去帮助那些友善的人;(B) 人们愿意牺牲自己的物质利益去惩罚那些不厚道的人;

(C) 牺牲的物质利益越小,(A)和(B)的动机对决策行为的影响就越大。因而,Rabin 强调意图的作用,在其理论模型中加入了情绪、程式化事实等因素,并引入了"善意函数"(kindness function),用以衡量博弈方对对方的善意程度的评估,并定义了博弈方 1 对博弈方 2 对待自己的善意程度的信念(Rabin,1993)。以一个双人博弈为例,与只关心自己收益的博弈方不同,如果博弈方 1(博弈方 2 亦然)觉得博弈方 2 的动机"好",那么博弈方 1 采取的策略将有利于博弈方 2;如果博弈 1 觉得博弈方 2 的动机"坏",那么博弈方 1 采取的策略将有损于博弈方 2。总之,博弈方 1 的效用不仅取决于自己的收益,也取决于他对博弈方 2 的动机的信念。Rabin 给出的效用函数提出:① 当博弈方 1 认为博弈方 2 对他不友善,那么博弈方 1 使自己效用最大化的策略是以怨报怨;② 当博弈方 1 认为博弈方 2 对他友善,那么博弈方 1 使自己效用最大化的策略是以德报德;③ 当物质回报高的时候,人们对公平的关心会相应有所减少。因而 Rabin 的公平均衡模型强调了信念的重要性。

1.2.2 Fehr 和 Schimdt(1999)不公平厌恶模型

Fehr 和 Schimdt(1999)的理论模型考虑了多方博弈的模式,并将不完全信息作为变量纳入,且根据公平偏好来衡量善意程度,将公平视为自我为中心的不公平厌恶(inequity aversion)(Fehr & Schmidt,1999)。不公平厌恶指当人们的收益少于或多于他人的收益时,他们会感到不公平。而且在一般情况下,当个体在收益上处于劣势时比处于优势时承受更多的不公平感。当利益分配偏离了平等分配时,人们体验到负效用,并产生抗拒,比如放弃物质利益使结果向更公平的方向发展。

1.2.3 Bolton 和 Ockenfels(2000)公平互惠模型

Bolton 和 Ockenfels(2000)公平互惠模型(Equity, Reciprocity, and Competition,ERC 理论)尽管是不完全信息模型,但全部基于可观察的变量(Bolton & Ockenfels,2000)。ERC 模型认为个体不仅为绝对收益驱动,也为相对利益激励,每个人都会最大化他的激励函数(motivation function),即期望效用函数的一种特例形式。根据 ERC 模型,当有两个可选择的结果,其相对利益相同时,博弈者会选择绝对利益大的那个;当绝对利益一定时,平均分配时博弈方的激励函数值最大,即平均分配具有最大的共同利益,构成了社会参照点(social reference point)。ERC 模型认为,博弈决策就是遵照社会参照点与追逐个人利益这两种力量之间的较量或权衡的结果。换言之,就是追求社会公平与追求自我利益最大化两者之间的竞争影响着个体最后的决策。

自利是生物生存的本能,公平与利他是社会进化的产物。自利与公平动机衍生出公平偏好和不公平厌恶。最后通牒博弈所揭示的决策结果与传统经济人假设不符,引起了不同领域研究者的关注。研究表明,这种不公平厌恶行为并非一成不变,最后通牒博弈的决策行为会受到若干因素的影响。第 2 章将对已有研究进行概述,以期展示当前关于最后通牒博弈的研究现状。第 3 至第 5 章则分别从行为层面、神经系统层面以及基因方面对此展开详细阐述。最后,第 6 章对现有研究成果进行了总结,并指出了一系列有待进一步探索的开放性问题。

第2章　公平博弈研究概述

2.1　研究概述——基于 ISI web of science 数据库的检索

以"ultimatum game"为主题在 ISI web of science 数据库里进行检索,共搜索到文献 637 篇,最早追溯至 1988 年,语言全部为英语。ISI Web of Science 将来源于学术期刊、技术专利、会议录、研究基金、网站资源及其他各种高质量信息资源整合在同一系统内,提供了自然科学(SCI)、工程技术(EI)、社会科学(SSCI)、艺术与人文(AHCI)等多个领域中高质量的学术信息。现根据 ISI web of science 提供的检索结果分析如下。

2.1.1　论文数量

从图 2-1 可看出,关于最后通牒博弈的论文篇数从 1988 年起呈逐年增长趋势(1990 年和 1991 年除外,这两年发表篇数为 0),且自 2000 年后增长迅速,其中 2000、2003、2008 年的增长幅度最大,年均增长率分别为 80％、76％、49％,2010 年独年发表相关论文 87 篇,2011 年为 86 篇。

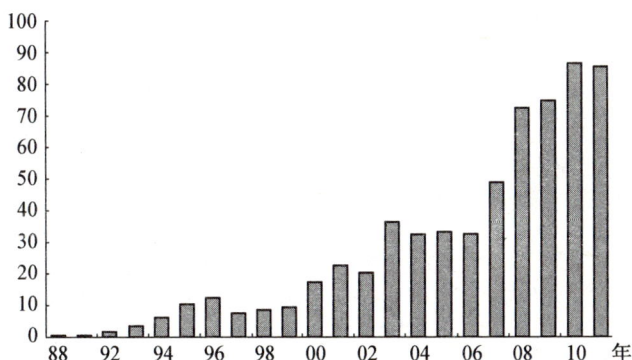

图 2-1　论文发表数量(1988—2011 年)

2.1.2 学科分布

文献主要分布的前 10 个学科为经济学、心理学、行为科学、神经科学、数学、科学技术、社会学、社会问题、生命科学(生医)和政府法律,其分布参见图 2-2。

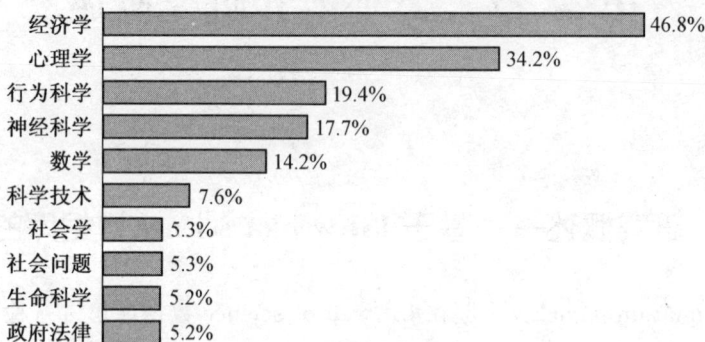

经济学 46.8%
心理学 34.2%
行为科学 19.4%
神经科学 17.7%
数学 14.2%
科学技术 7.6%
社会学 5.3%
社会问题 5.3%
生命科学 5.2%
政府法律 5.2%

图 2-2　文献学科分布(总和＞100％是因为部分文献属交叉学科)

2.1.3 文献类别

文献以 Article 类型为主,即研究者对研究成果进行全局性详细阐述,多为实验报告,占总数的 83.7％。Review 类型论文占 5.5％,一般是研究者对前人的实验结果所做的总结与评述。Meeting 类型论文有 90 余篇,占总数的 14％。另有 Letter 类型论文两篇,是 Hoffman 等人就最后通牒博弈与独裁者博弈提出若干问题(Hoffman, Smith, & McCabe, 1995),Camerer 等研究者对此进行了回应(Camerer & Thaler, 1995)。

2.1.4 引文分析

ISI web of science 数据库的引文报告分析显示,搜索到的 637 篇文献其被引频次总计 13269,每篇文献平均被引次数为 20.8 次,h-index[①] 为 54。其中,被引用次数最多的前 10 篇文献参见表 2-1。由表可知,被引用次数最多的是 Bolton 和 Ockenfels 提出的 ERC 理论模型,其次是 Sanfey 等(2003)在 *Science* 上发表的关

---

① h-index,又称为 h 指数或 h 因子(h-factor),是一种评价学术成就的新方法,是指至多有 h 篇论文分别被引用至少 h 次。2005 年,美国物理学家赫希提出将 h 指数作为评价科学家科研绩效的新指标。布劳温等人将其扩展为期刊 h 指数。此处 h-index 为 54 说明该研究领域发表的被引用次数大于等于 54 次的论文有 54 篇。

于最后通牒博弈的核磁脑成像研究,排在第三位的是 *Fehr* 和 *Fischbacher*(2003)在 Nature 上发表的一篇综述性文章,在该文章中,作者提出互惠和相互合作可能是文化进化与基因—文化共同进化的结果,对理解人类利他行为的本质有重要启发。

表 2-1　被引频次最多的前 10 篇文献

序号	题目	作者	期刊	年份	被引总数	年平均被引数
1	ERC: A theory of equity, reciprocity, and competition	Bolton& Ockenfels	*American Economic Review*	2000	758	58.31
2	The neural basis of economic decision-making in the ultimatum game	Sanfey *et al*.	*Science*	2003	598	59.80
3	The nature of human altruism	Fehr& Fischbacher	*Nature*	2003	524	52.40
4	Fairness and retaliation: The economics of reciprocity	Fehr & Gachter	*Journal of Economic Perspectives*	2000	497	38.31
5	Preferences, property-rights, and anonymity in bargaining games	Hoffman *et al*.	*Games and Economic Behavior*	1994	361	19.05
6	The effects of financial incentives in experiments: A review and capital-labor-production framework	Camerer& Hogarth	*Journal of Risk and Uncertainty*	1999	333	23.79
7	Fairness in simple bargaining experiments	Forsythe *et al*.	*Games and Economic Behavior*	1994	332	17.47
8	Ultimatums, dictators and manners	Camerer & Thaler	*Journal of Economic Perspectives*	1995	323	17.94
9	Monkeys reject unequal pay	Brosnan & de Waal	*Nature*	2003	251	25.10
10	A theory of reciprocity	Falk & Fischbacher	*Games and Economic Behavior*	2006	203	29.00

2.2 研究概述——基于中国知识资源总库的检索

以最后通牒博弈或者最后通牒游戏为关键词在 CNKI 中国资源总库里共搜索到文献 42 篇(1979—2011 年)。国内关于最后通牒博弈的文献最早可追溯到 2001年,一篇以中国人为被试的实证性研究。由图 2-3 可见,国内发表的文献呈逐年上升趋势。这些文献包括 32 篇期刊论文和 10 篇学位论文。其中,期刊论文多属于经济学领域(22 篇)和心理学领域(10 篇)。经济学论文多为对最后通牒博弈的介绍和研究综述,心理学论文则多为实验性研究,包括了对情绪因素及儿童决策特点的探讨。10 篇学位论文中既有模型建构,也有实验性研究,既有对特殊群体的探讨,如经理人的公平偏好、维吾尔族与汉族的决策差异等,也有基于公平偏好的薪酬设计等应用性研究。不难发现,与国际同行相比,国内的研究工作无论是数量还是质量都相差较远。一个突出的问题是国内研究的原创性较差,实验性研究所考查的因素在国际上多已被探讨过。创新,已成为制约国内研究质量的瓶颈。只有多做原创性研究,才能为该领域的发展贡献出自己的力量。

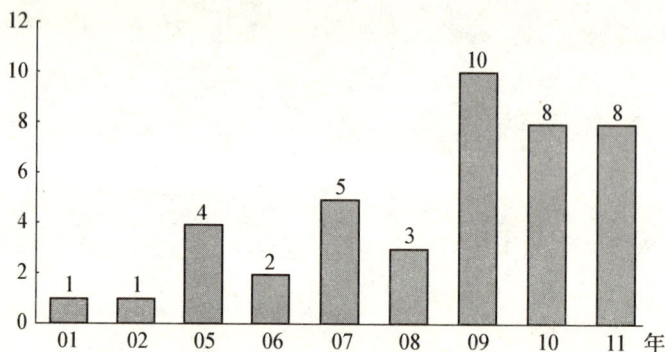

图 2-3 中文文献数量

2.3 小结

从检索结果来看,关于最后通牒博弈的论文在数量上逐年增加,内容上日益丰富,已从经济学科和心理学科扩展到神经科学、数学、生物医学等领域。以下章节将主要从心理学视角阐述行为及神经科学层面的已有研究成果。

第3章　公平博弈的行为科学研究

传统经济学理论认为人是理性的个人利益最大化者。根据这一假设,人们的决策将以个人利益最大化为目标,外界因素的影响甚小。然而大量实证性研究发现,人们的决策行为具有可调节性。决策结果不仅受个体自身因素的影响,也随着实验情境的变更而变化。自 Güth(1982)首次提出最后通牒博弈(Güth, *et al.*, 1982)以来,以该范式研究公平决策的报告日益增多。这些实验结果较为一致地表明,人们具有公平偏好和不公平厌恶的倾向,然而公平偏好和不公平厌恶并非一成不变,它们会受到各种因素的调节。调节因素既包括个体自身的属性,如各种人口统计学特征,也包括实验者设计的情境性因素,如指导语和博弈结构的变化等。尤其需要注意的是,公平博弈作为一种社会性决策,它易受文化因素和情绪因素的影响。其中,情绪因素的作用目前尚存在争议。另外,最近几年,研究者开始关注人格特征与决策行为的相关,也得到了一些有意思的结果。这些研究,从研究方法、内容、技术等方面都有了较大的改进与提升,大大丰富了对决策行为的理解与认识,也促进了理论探讨的深入与发展。

3.1　人口统计学因素

许多研究者关注人口统计学因素在决策行为上造成的差异。常见的人口统计学因素包括性别、年龄、种族、职业、受教育程度、健康状况、收入、亲属状况、宗教信仰等。实验结果表明,这些因素对决策行为的影响与人们的常识性预期并不相符。

3.1.1　性别

性别差异几乎是最受关注的人口统计学因素之一。现实生活中,这种性别差异无处不在。有人戏说:男性与女性的差异比人和大猩猩之间的差异还大。尽管一些女性主义者否认男女有别,认为两性论是个伪命题。但实证研究证实,男性与女性在生物基础和大脑结构上有显著的差异(Allen & Gorski,1990)。神经系统的差异是否意味着社会行为的不同？

Solnick(2001)考察了最后通牒博弈中的性别差异。该研究包括两种条件：一种条件下，游戏者之间是匿名的；另一种条件下，彼此知道对方的性别。结果发现，不同性别的提议者其提出的分配额并无不同，但其提议的分配额受对方性别的影响，对方为男性时得到的分配额更多，尤其当提议者一方为女性时。而当提议者为女性时，反应者无论是男性或女性其要求的最小可接收量都更高，表明人们对女性有着更高的公平预期(Solnick，2001)。但 Saad(2001)的实验却表明，当对方为女性时，男性提议者的出价要高于对方为男性，而女性提议者的出价则不受对方性别的影响。研究者从进化心理学的角度对这结果做出了解释：男性需要利用资源来吸引女性，男性与男性之间是天生的竞争关系(Saad，2001)。同样都是考察性别差异，两个研究却得到了相反的结果，表明了决策行为的不确定性。

Castillo 和 Cross(2008)的实验则表明，尽管平均而言，男性在最后通牒博弈中的出价并不比女性低，但这一平均化实际上掩盖了同一性别内的决策变异，例如，有一小部分的男性表现得相当胆小，以至于不敢在最后通牒博弈中给出更富有攻击性的出价，于是掩蔽了出价上的男女性别差异(Castillo & Cross，2008)。但 Eckel 等(2008)的实验却发现了出价和要价上的性别差异，作为提议者，女性比男性的平均分配倾向更明显，作为反应者，女性对对方的预期和需求都比男性少，因而女性的博弈成功率高于男性(Eckel，de Oliveira，& Grossman，2008)。这个研究结果对商业谈判有一定的启示。

Holm 和 Engseld(2005)的最后通牒博弈实验让参与者可以自由选择游戏对家，发现无论是作为提议者还是作为反应者，都更愿意选择女性为对家(Holm & Engseld，2005)。这个实验从另一个角度表明，女性角色在商业谈判中有着潜在的优势。独裁者博弈实验也证实，当对象为慈善机构时，女性的出价比男性多，而在二人交互情境下，混合性别配对下的出价最高，男—男配对下的出价最低。研究者提出，这个结果提示，在传统上由男性主导的决策中加入女性角色，可能会使决策结果更宜人(Kamas，Preston，& Baum，2008)。另外，Eckel 和 Grossman(2001)的最后通牒博弈实验也得到了有意思的结果：如果低出价是由女性提出的，那么它更容易被接受，研究者称之为绅士精神；如果游戏双方都是女性，那么博弈几乎不会失败，研究者称之为团结精神(Eckel & Grossman，2001)。这与现实生活中常见的，女性有闺蜜易抱成团而男性相对独立的现象一致。

最后通牒博弈实验还发现了性别与其他因素的交互作用。例如，Macfarlan 和 Quinlan(2008)对多米尼加乡下一个基于血缘文化的群落的研究发现，女性在最后通牒博弈中的出价与其跟村民的亲密程度呈负相关，跟村民越亲密，女性的出价越低，而男性的出价则与其跟村民的亲密程度不相关。男性的出价与其兄弟的数量呈正相关,而女性的出价则与兄弟的数量呈负相关。同时,父亲的存在,会提高男性的出价,但会降低女性的出价。研究者解释,该群落存在的父母对女儿的偏爱可能造成了女性在男性同胞中的优越感,从而导致了以上的负相关(Macfarlan & Quinlan,2008)。另一项对 112 名德国高中生的研究发现,程序公平可以减少女性对不公平分配方案的拒绝行为,但不影响男性的拒绝行为(Hack & Lammers,2009)。具体而言,该研究有个重要的操纵是程序公平。在对照条件下,总额为 €6,提议者可以提出 5/1、3/3、1/5 中的一种。在实验条件下,若提议者提出不公平的 5/1 分(提议者得 €5,反应者得 €1),实验者则告知其程序有所变动:提议者需要扔枚硬币,来确定这一分配方案是保留(5/1 分,提议者得 €5,反应者得 €1)还是交换(1/5 分,提议者得 €1,反应者得 €5)。这种操作的好处是不影响提议者的意图(自己拿多份,对方拿少份)。在知道扔硬币的结果后,反应者再来做出接受或拒绝的决定。结果发现,男女性对程序公平的感知没有差异,但程序公平条件下,女性对不公平提议的拒绝率要低得多,而男性的拒绝率不受影响(参见图 3-1)。

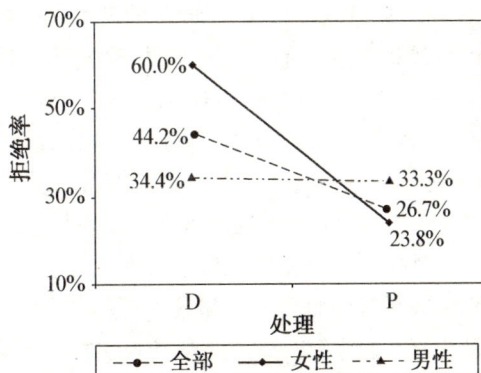

图 3-1 性别与程序公平对拒绝率的交互作用
(摘自 Hack & Lammers,2009)

由以上研究可见,最后通牒博弈的决策行为具有一定的性别差异,而且,性别极易与其他因素一起交互影响着决策。比如,性别会和相貌因素产生交互作用。

3.1.2 相貌

爱美之心,人皆有之。相貌姣好的人更易被人们悦纳,拥有更多的就业机会和相对较高的经济收入(Judge,Hurst, & Simon,2009)。一个心理学实验让一些女性被试在路上假装车子抛锚向过路车求助,结果表明,外貌更具吸引力的女子获得帮助的成功率显著多于外貌一般的女子。经济学上有个术语叫"美丽溢价"(beauty premium),意指外表漂亮的人,不论他们的抱负和志向如何,都会在近乎各方面表现得更出色。比如,外表英俊的男人会比那些看起来缺乏吸引力的同行要多赚 5%的薪金;相貌出色的人会从老师、老板和导师那里得到更多的关注。那么在经济博弈中,美丽是否也会存在溢价效应呢?

最近的一项研究检验了这样一个假设:男性特征明显的人和外表具吸引力的人的平等主义倾向较弱。其假设基于这样的理论:越强壮和越高的男性,以及外表越具吸引力的男女性，他们的社会地位越高，也更加获益于社会的不公平偏爱。研究者使用白光 3D 身体扫描仪取得 118 名被试的身体测量学数据，并使用社会控制取向和社会价值取向量表来获得平等主义倾向性分数。结果发现，男性的身体强壮程度和腰围—胸围比率与平等主义倾向性呈负相关，不管男性还是女性，其自评的吸引力越高，平等主义倾向越弱（Price, Kang, Dunn, & Hopkins, 2011）。这个研究从另一个角度证实了"美丽溢价"效应，那些相貌出众的人很懂得享受这份优势，仿佛得到偏爱是理所当然。然而，平等主义倾向反映的只是一种态度，人们在实际的决策中会如何表现呢？

Solnick 和 Schweitzer（1999）的最后通牒博弈实验对这个问题给予了回答。他们的实验包括三步。首先，70 名大学生被试既作为提议者，提出分配提议（总额为 $10），也作为反应者，给出最小可接受量，然后拍下他们的照片。然后，由另一所大学的 20 名被试对照片进行打分，根据分数筛选出一组最具吸引力的照片（男女性照片各 6 张）和一组最不具吸引力的照片（男女性照片各 6 张）。最后，将 24 幅照片呈现给另一组被试（70 名提议者和 38 名反应者），提议者给每一幅照片提出分配额，反应者则对每一幅照片给出最小可接受量。实验发现，那些最具吸引力与最不具吸引力的被试所提出的分配额和最小可接收量并没有实质性不同。但是，相貌好看与否会影响对方的决策：提议者对具吸引力的对象给出的分配额更多，反应者则索要得更多。该实验一个较有意思的结果是，男性对最具吸引力的女性没有表现出特别的慷慨，而女性对更具吸引力的男性（平均 $5.07）要比对不具吸引力的男性（平均 $4.70）慷慨得多，且给具吸引力和不具吸引力的同性的分配额无差异（Solnick & Schweitzer, 1999）。这个结果部分体现了"美丽溢价"效应。尤其对于女性而言，其决策行为更易受异性外表的影响。这一结果提示，与我们的常识不一致的是，女性可能比男性更"好色"。这一发现有着广泛的应用前景，如广告宣传、商业谈判等。但是，美丽有溢价效应，也有负面影响。该实验的另一个发现是，与对方不具吸引力相比，当对方具吸引力时，反应者提出的最小可接收量大大提高，即对美丽对方的期望更高。这一现象在女性被试身上尤为明显，即女性被试对具吸引力的女性对方要求的最小可接收量远大于不具吸引力的女性对方，且给同性的分配额之差（$3.92 vs. $3.53）大于给异性的分配额差异（$3.77 vs. $3.52）。正如一些经济学家所提到的，对于某些工作岗位而言，美丽的外表不仅不会带来帮助，反而会成为一种负担，因为人们对美丽人士的潜在要求会更高甚至更苛刻。有调查显示，对于有英俊外表的男士而言，在简历中放上照片会大大提高求职成功率，而对于漂亮的女士而言，在简历中放上照片并没有带来更多的青睐。这是不是与 HR 主管多为女性有关呢？

Zaatari 和 Palestis（2009）的研究进一步表明了相貌差异背后的原因。对称性是影响面孔吸引力的指标之一，他们的实验将浮动性不对称（Fluctuating

Asymmetry，FA)作为衡量对称性的指标，FA 是指在某个人群中呈随机分布的偏离对称的程度，进而根据 FA 区分高吸引力面孔和低吸引力面孔。FA 值越小，面部吸引力越高，即越是对称的面孔越具有吸引力。188 个牙买加被试作为提议者，玩两轮最后通牒博弈，一轮是面对面孔不对称的异性反应者，另一轮是面对面孔对称的异性反应者。分配总额为 1000 牙买加币(相当于＄15)，实验者提前告知反应者的决定——少于 30％的出价将会被拒绝。被试除了给出出价外，还要评价对方的吸引力程度。如果被试对两张照片给出的分配额不一样的话，还要陈述理由。结果发现，给对称性面孔的出价高于非对称性面孔，女性提议者尤为明显；有47.9％的被试对对称性面孔的出价更高，28.7％的被试对非对称性面孔的出价更高，23.4％的被试对两者的出价一样。将"对方有吸引力或很可爱"作为理由的被试，更倾向于给对称性面孔更高的出价，而将"对方需要"作为理由的被试，则明显给非对称性面孔的出价更高(Zaatari，Palestis，＆ Trivers，2009)。这个研究对实验结果进行了细致分析，发现一些人对具吸引力的人的出价更高，而另一些人则对具吸引力的人的出价更低，表明了个体在决策上的不同取向。

3.1.3　种族

种族(race)问题在当前社会背景下是个避讳的话题，科学界也是如此。这是因为，人们常将种族问题等同于种族歧视或偏见，害怕对种族差异的研究会深化种族歧视。其实，这本身就是一种偏见。种族差异是一种客观存在，假装视而不见无法掩饰它的存在性，避而不谈可能恰好体现了种族歧视本身。一种可取的态度是，正视种族差异，在了解的基础上进行沟通，达到和平共处。种族差异可视为组群效应(group effect)的一种。组群效应是当前社会心理学领域一个比较热门的议题。人类社会具有群居性特征，群内(ingroup)和群外(outgroup)效应十分明显。

一些富有勇气和远见的研究者已做了一些试探性研究。Eckel 和 Grossman (2001)的最后通牒博弈实验除了发现性别效应外，他们还发现了一个更强的种族效应：黑人学生出价更高，但拒绝的次数也更多(Eckel ＆ Grossman，2001)。Fershtman 和 Gneezy(2001)的实验以以色列大学生为被试，发现不管自己是属哪个民族，所有人对德裔犹太人都持不信任态度。在独裁者博弈中，对德裔犹太人更倾向于一毛不拔，而对东部犹太人则更倾向于平分。在最后通牒博弈中，对东部犹太人的平均出价为 8.4(总额为 20)，而对德裔犹太人的平均出价仅为 5.9。这一结果与对东部犹太人的刻板印象有关：一旦遭到不公平对待，他们的反应会非常强烈(Fershtman ＆ Gneezy，2001)。Ferraro 和 Cummings(2007)的实验比较了美国西班牙裔人和纳瓦霍人在最后通牒博弈中的决策差异。研究者通过在西班牙裔人社区和纳瓦霍人机构发传单的方式招募到西班牙裔人(均在美国出生和生活)和纳瓦霍人各 60 名。实验分四种条件：成员全部为西班牙裔人、大部分为西班牙裔人（21/30）、全部为纳瓦霍人、大部分为纳瓦霍人（23/30）。每个被试均既作为提议者也作为反应者，并在做出决定后给出理由。作为反应者，西班牙裔人给出的最小可接收量高于纳瓦霍人。同时，当组内同族人减少时，人们会提高最小可接收量。作为提议者，当组内成员均为同族人时，纳瓦霍人的出价低于西班牙裔人。当组内同族人减少时，西班牙裔人的出价也会降低。而当组内有西班牙裔人时，纳瓦霍人的出价反而提高（Ferraro & Cummings，2007）。

种族与民族（ethnic）不同，种族反映的是身体特征上的生物性差异，比如肤色、发色等，而民族则反映的是文化、地域、宗教信仰等社会性属性。后一概念的相关研究将在文化差异一节中介绍。

3.1.4 专业

目前绝大多数的研究被试均为在校大学生（方便样本），有研究证明在校大学生与社会人士在最后通牒博弈中的变现并无差异（Gueth，Schmidt，& Sutter，2007）。在很多研究中，研究者会明确指出被试不包括心理系或经济系专业的学生。其原因在于，心理系学生会根据其学习经验来猜测实验的目的和实验者的意图，从而在实验过程中采取符合实验者期望的模式行动而非出自自己的本意。将经济系学生排除在外，则是因为人们对经济系学生的刻板印象：学经济的学生比其他人更自利且他们认为别人也都是自利的，从而可能使结果产生偏误。

Carter 和 Irons(1991)的实验证实这种认识可能是对的。他们让经济学专业的学生和其他专业的学生共同完成最后通牒博弈实验。结果发现，作为提议者，经济学专业的学生比其他专业的学生给出的出价低 7%，作为反应者，经济学专业的学生比其他专业的学生给出的要价则高 8%。而且，这种差异在大学一年级、二年级、四年级之间都存在，说明这种经济学专业的独特效应在一开始就存在，并不会随着课程的学习而消退（Carter & Irons，1991）。

然而，据此做出经济学专业学生的决策行为更符合理性经济人假设这一结论还为时尚早。随后的实验发现了不一样的结果。Kagel 等（1996）的实验表明，经济学专业的学生与心理学专业的学生其在最后通牒博弈中的决策行为并无差异（Kagel，Kim，& Moser，1996）。Stanley 和 Tran(1998)的实验也发现，经济学专业的学生并不比其他专业的学生更自利，反而，他们更倾向于做出公平的 50/50 分配（Stanley & Tran，1998）。

目前关注专业差异的研究仅限于经济学专业与其他专业对比，另一些特别的专业并未纳入。比如，早教专业的学生，他们的专业内容与小孩子的教育相关，这个专业的学生是不是更富爱心而更倾向于做出公平分配呢？目前尚未可知。

3.1.5　年龄

一些研究者从人性本公的角度解释最后通牒博弈结果对传统理论的偏离。该理论认为人天性喜公平,即公平作为一种规范已经内化到个体的意识中,在现实生活中人们倾向于相互公平以待(Güth,1988)。所以在最后通牒博弈中,提议者会提出相对公平的分配方案而反应者会拒绝不公平的方案。另一些研究者则认为提议者提出相对公平的分配方案不是因为对公平的偏好,而是害怕被拒绝后自己的利益受损,其终极目的仍是自我利益的最大化。因而自利才是人的本性所在,遵守公平规范是后天习得的妥协行为(Weg & Zwick,1994)。这两种观点究竟谁是谁非? 发展心理学研究可以为此提供一些洞见。

公平问题是发展心理学中研究儿童道德发展的重要内容之一。皮亚杰曾用成对故事法,对 7～13 岁的儿童的惩罚公平性进行研究,发现该时期的儿童公平判断分别以服从、平等和公道为特征,说明在此年龄段儿童的不公平厌恶已经发展。Damon(1980)在他的社会推理模型中提出,5 岁以前的儿童更偏自利,5～7 岁的儿童则开始倾向于公平以避免发生冲突,之后开始发展公正的概念。Murnighan 和 Saxon(1998)考察了幼儿园、三年级、六年级儿童在最后通牒博弈(分糖果和钱)中的表现。他们的实验发现,年龄较小的儿童比较大儿童的出价更多,作为反应者他们愿意接受更少的出价,但三年级儿童(9 岁左右)例外,他们严格按照公平标准来反应,拒绝不公平的分配。对于最不公平的分配提议,幼儿园儿童的接受率在70% 左右,而三、六年级儿童的接受率则在 40% 左右。研究者指出,幼儿园儿童有时会将所有的糖果和钱分配给对方,这可能是因为他们的计算能力有限,不知道多少算是平分。他们的第二个研究包括了六年级、九年级儿童和大学生被试,发现年龄越大,越倾向于做出策略性的行为:根据对他人行为的预测来调整自己的决策(Murnighan & Saxon,1998)。但是,这个研究无法确定幼儿园儿童的慷慨行为是出于自利还是利他,因为一些幼儿表示是因为"对方一点也没有",也有一些幼儿表示是因为"都给他,这样他就不会来烦我了"(Murnighan & Saxon,1998)。可以确定的是,策略性公平行为是随着年龄增长而习得的,这与心理理论能力的发展有关,也与社会观察学习有关。有研究表明,儿童的策略性公平行为在 9 岁时就出现了(Güroglu, van den Bos, & Crone, 2009)。另有研究发现,已获得心理理论能力(Sally-Anne 任务)的学前儿童在最后通牒博弈中的出价要高于未获得心理理论能力的儿童(Takagishi, Kameshima, Schug, Koizumi, & Yamagishi, 2010)。Harbaugh 等(2007)通过对 7～18 岁被试的研究发现,这些儿童的出价和反应行为与成人研究结果相差不大,但年幼儿童的出价离差较大,而且儿童表现出明显的学习效应:若上一轮提议被拒绝,那么下一轮的出价就会提高。年龄越小,这种模式越明显。而且儿童看到其他儿童的出价较高时会提高自己的出价,但当看到其他儿童的出价被拒绝时却不会提高出价(Harbaugh, Krause, & Vesterlund, 2007)。这些研究暗示,公平行为可能是后天习得的,但没有提供直接的证据。

以上研究都没能明确回答公平行为是天生还是后天形成的这一问题。直到Fehr 等(2008)在 Nature 上发表了一篇令人印象深刻的文章。他们的研究让儿童分糖果,包括三种条件:在[(1,1),(1,0)]中选其一、在[(1,1),(1,2)]中选其一、在[(1,1),(2,0)]中选其一。此外还有一种操纵是,对方与儿童属同一个托儿所或幼儿园或学校(ingroup),或者对方与儿童属不同的托儿所或幼儿园或学校(outgroup)。结果发现,3~8 岁是不公平厌恶发展的关键期(参见图 3-2)。在3~4 岁的时候,幼儿的行为主要是出于自利,而 7~8 岁的儿童开始倾向于平等分配。而且,平等主义概念的发展同时受本位主义思想的桎梏,即幼儿对自己群体内的成员产生偏向(E. Fehr, Bernhard, & Rockenbach, 2008)。这个研究有力地证明了公平乃后天习得的假设。

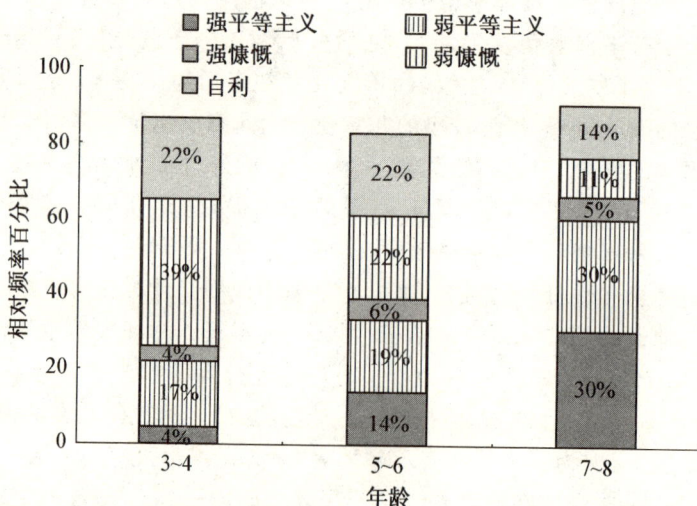

图3-2 组内条件下儿童的行为倾向(摘自 Fehr,Bernhard, & Rockenbach, 2008)

已有研究还发现,年龄可能与其他因素产生交互效应。如 Sutter(2007)比较了儿童、青少年和大学生对分配意图的敏感性。研究发现,儿童和青少年跟大学生一样,能够明确区分对方的意图。但儿童和青少年对不公平分配的拒绝率高于大学生,表明对于年龄较小的被试来说,比起分配意图,他们更关注分配结果(Sutter,2007)。Chris(2009)的研究还发现,4.5~6 岁幼儿的分配行为受对方身份的影响。该实验是个 3×2 的设计,前一个因素表示对方的身份可能是朋友、认识但不是朋友、陌生人,后一个因素指是否需要自己付出代价,其操作如下:不需要付出代价的条件下幼儿面临的选择是"你可以马上拿到一块贴纸,或者,你可以给对方一块贴纸,之后你再拿走一块贴纸",需要付出代价的条件下幼儿面临的选择是"你可以马上拿到两块贴纸,或者,你可以给对方一块贴纸,之后你再拿走一块贴纸"。结果发现,当对方为自己的朋友时,幼儿会做出公平分配,且当自己要付出一定的代价与自己不付出代价时分配得一样多。当对方是个认识的人但不是自己的朋友时,幼儿较少分配给对方。当对方是个陌生人,且自己不需要付出代价时,幼儿会像对待朋友一样做出公平分配;当自己需要付出代价时,幼儿会像对待认识的人一样较少分配资源给对方(Chris,2009)。另一个有意思的研究发现了"地盘优势"(advantages of being on one's own turf),在自己的教室博弈的孩子比在对方的教室博弈的孩子得到的出价更多。也就是说,在对方的教室里的孩子会给对方的出价更高(Han,Li,& Shi,2009)。这些孩子都是学前儿童,已意识到在别人的地盘上应尽量低调。

3.1.6 家庭背景

家庭背景是常见的人口统计学因素之一,包括家庭核心成员的数量、家庭收入状况、父母受教育程度、父母的职业等。迄今,考察家庭背景因素对最后通牒博弈决策影响的研究比较少。Courtiol 等(2009)考察了出生顺序对投资博弈(investment game)的影响。投资博弈的规则如下:两个参与者 A 和 B,实验者提供一笔钱 Y,由 A 先做出决定投资 M 给 B,M 可以是 0～Y 的任意值,一旦 A 做出投资决定后,其投资值 M 会翻三番成为 3M,然后由 B 来决定回馈 R 给 A,R 可以是 0～3M 的任意值。如果 A 选择不投资给 B,则 A 和 B 都得 0。此博弈也被称作信任博弈(trust game),因为 A 对 B 的投资额取决于 A 对 B 有多信任。他们的实验显示,与非头胎大学生以及独生子女相比,头胎大学生给出的投资额更低,回馈额也更少,前两者之间的差异不显著,表明在家庭中的生养顺序会影响到成年后的社会行为(Courtiol,Raymond,& Faurie,2009)。

3.1.7 特殊群体

特殊群体的社会行为一直是临床心理学家和社会心理学家共同关注的问题。特殊群体一般指的是心理障碍群体。常见的心理障碍包括抑郁症、孤独症、焦虑症、精神分裂症、躁狂症、强迫症、睡眠障碍、饮食障碍、物质滥用等,这些障碍群体常具有一定的社会适应困难,并表现出异于常人的社会行为。

抑郁症(depression)是常见的精神心理疾病之一。其主要表现为心情抑郁、情绪低落、精神不振,由此对生活失去兴趣;学习无目的和计划,不愿与人交往,常沉思不愉快的往事。抑郁症患者存在明显的人格异常,如悲观、缺乏自信、多愁善感、易激惹、孤独等。患者一般主观上感到强烈的悲伤和忧郁,阻碍其正常生活和社会交往。抑郁症是一种心理障碍,常伴有相应的思维和行为改变、没有信心,常常想不开,想寻死等。这种心理疾病位居各类精神障碍病症之首,号称"第一心理杀手"。Harle 等(2010)考察了抑郁症患者在最后通牒博弈中的表现。研究者比较了15 名抑郁症患者(抑郁症病患组)和 23 名非抑郁症个体(对照组)在反应者角色上的决策差异。结果发现,尽管抑郁症患者的主观报告显示出对不公平提议具有比对照组更强烈的负性情绪,但他们对不公平提议的接受率却显著高于对照组。在抑郁症病患组,对不公平提议的接受率与他们的静息态心脏迷走神经控制(情绪调节能力的生理指标)呈正相关,但这种正相关在对照组并不存在。这个结果表明,抑郁症患者接受不公平提议与他们是否能有效控制负性情绪有关,但对于正常人而言,对不公平提议的反应却不依赖于情绪调节(Harlé, Allen, & Sanfey, 2010)。情绪因素在最后通牒博弈中的作用比较复杂,将在本章第 4 节详细介绍。

精神分裂症(schizophrenia)是另一种重大精神疾病,症状为思考方式及情绪反应出现崩溃。常见病征包括幻听、偏执、异常妄想及杂乱的言语与思考,并出现社会或职业功能退化。Agay 等(2008)考察了 49 名精神分裂症患者在最后通牒博弈中的表现。该研究发现,作为提议者,与正常对照组相比,精神分裂症患者不会行使自己的主动权,不会做出策略性行为,比如给出过高的出价;作为反应者,精神分裂症患者与对照组的反应并无二致(Agay, Kron, Carmel, Mendlovic, & Levkovitz, 2008)。Csukly 等(2011)的研究主要关注反应者角色的行为差异以及提议者面部表情的影响。结果显示,与对照组相比,精神分裂症患者对不公平提议的接受率显著更高,而对公平提议的接受率则显著更低。对于正常组被试而言,提议者积极的面部表情会提高对提议的接受率,而精神分裂症患者组未表现出此效应。这些结果表明,精神分裂症患者在要求情绪识别和决策的社会经济交往方面存在缺陷,这种缺陷导致了行为策略的不稳定(Csukly, Polgar, Tombor, Rethelyi, & Keri, 2011)。van't Wout 和 Sanfey (2011)的研究则考察了具有精神分裂症特质的正常个体在最后通牒博弈中的表现差异。他们采用精神分裂人格问卷筛查了 1691 个大学生,最后选择了 69 个不同严重程度的大学生参与最后通牒博弈和独裁者博弈,博弈对象可能是人也可能是计算机。结果表明,症状程度越严重的被试,更倾向于给人和计算机更高的分配额,并更多地接受人所提出的极不公平的提议。研究者提出,可能是因为这类人群对不公平提议的情绪反应更迟钝,表明这类人群的社会认知功能缺陷(van't Wout & Sanfey, 2011)。

孤独症(autism)是发生在婴儿时期的一种特殊的精神障碍,又称自闭症。其病征包括不正常的社交能力、沟通能力、兴趣和行为模式。由于孤独症包含了许多症状,因此它经常被看做是一组精神障碍而不是单独的一种精神障碍。Sally 和

Hill(2006)考察了孤独症儿童和非孤独症儿童在囚徒困境博弈①(prisonners' dilemma game)、独裁者博弈和最后通牒博弈中的行为差异。整体上看,孤独症儿童和正常儿童的行为差异并不明显,但孤独症儿童很难在不同版本的囚徒困境博弈中转换策略,而且在最后通牒博弈中,他们更易于接受极不公平的提议,并更易于拒绝公平提议,表明孤独症儿童在策略性行为上存在不足(Sally & Hill, 2006)。

　　Takahashi (2007)考察了吸烟成瘾个体在最后通牒博弈中的决策行为。21 个吸烟成瘾的男性参与实验,这些瘾君子平均每天吸 25±3.5 支香烟。最后通牒博弈采用分配虚拟金钱(总额￥300E)和分配香烟(总额一盒香烟)的方式。被试均为反应者,金钱任务下的分配方案包括(反应者,提议者)= [(￥25E,￥275E), (￥50E,￥250E), (￥75E,￥225E),…,(￥275E,￥25E)];香烟任务的分配方案包括(反应者,提议者)= [(1, 19), (2, 18), (3, 17),…,(19, 1)]。分配方案以升序和降序两种方式呈现,两种方式下接受分配方案的下限的平均值作为被试的最小可接受量。数据分析时,将香烟的最小可接收量换算为日元,以与金钱任务的最小可接受量进行对比,一支香烟相当于 300/20 = ￥15E。结果发现,金钱任务和香烟任务的最小可接受量分别为￥91.7E±7.1 和￥41.3E±8.2(2.75±8.2 支香烟),两者之间有显著差异,表明被试在金钱任务中具有更强烈的不公平厌恶(Takahashi, 2007)。这个研究至少有两点创新,一是体现了不公平厌恶的领域效应(domain effect),即金钱分配与其他物质分配相比,人们更加注重公平;另一个创新是将成瘾个体纳入研究,这类个体的奖赏加工和自我控制能力一般较差。但遗憾的是,研究并没有包括一个控制组,例如非吸烟成瘾的正常被试。另外,研究者对于发现的结果并未给出任何解释。

　　精神病(psychopathy)是一种或者几种心理上的疾病总称,包括人格分裂、失语症、创伤后遗症、暴食症、妄想症、强迫症、虐待狂、反社会人格等多种心理疾病。精神病患者多具有情绪缺陷,无法抑制自私自利的行为,从而妨碍正常的社会交往与生活。Osumi 和 Ohira(2010)考察了精神病患者在最后通牒博弈中的决策行为。研究者筛选了有较高精神病倾向和较低精神病倾向的大学生为被试,让他们完成

---

　　① 经典的囚徒困境描述如下:警方逮捕了甲、乙两名嫌疑犯,但是没有足够的证据定罪,于是警方将他们分别囚禁进行审问并提出三种选择:(1) 如果一方坦白(即"背叛"对方)而另一方保持沉默(即选择"合作"),则将此人及时释放而将对方监禁 8 年;(2) 如果双方均保持沉默(即双方都选择"合作"),则两人同样监禁 3 年;(3) 如果两人相互检举(即互相背叛),则同样监禁 1 年。囚徒困境博弈因操作简单(个体自愿选择与对方合作或不合作)和规则明确[自己背叛而对方合作(temptation,DC)的收益＞双方合作(cooperation,CC)的收益＞双方背叛(defect, DD)的收益＞自己合作而对方背叛(sucker,CD)的收益],成为研究困境合作的经典范式。

最后通牒博弈,同时还记录他们对公平和不公平提议的皮电反应①。与具较低精神病倾向的大学生相比,有较高精神病倾向的大学生对不公平提议的接受率更高。具较低精神病倾向的大学生对不公平提议相对于公平提议而言,有剧烈的皮电反应,而有较高精神病倾向的大学生对不公平提议和公平提议的皮电反应没有差异。这些结果表明,精神病倾向较高的被试对不公平提议不敏感,从而能理性地接受(Takahiro Osumi & Ohira,2010)。研究者将精神病患者对不公平提议的接受率更高认为是精神病患者理性的表现,认为是精神病患者积极的一面,这一观点还有待商榷。因为对不公平提议的接受率更高,还有可能是由于社会认知功能存在缺陷,不识好歹或欠缺公平价值观造成的。单凭此实验结果无法证明精神病患者更理性这一观点。一个明显的悖论是:如果精神病患者更理性的话,怎么会罹患精神病呢? 毕竟,精神病的一个突出症状就是"不理性"(irrational)。

Curry 等(2011)也考察了病态人格在经济博弈中的决策行为。被试均为大学生。研究者将被试在病态人格问卷(Psychopathic Personality Inventory,PPI)中的得分与其在囚徒困境博弈和最后通牒博弈中的行为进行相关分析,发现病态人格问卷中子量表马基雅维利主义的自我中心得分与合作行为呈负相关,但在最后通牒博弈决策中却有不同的效应。最后通牒博弈中,有 21 人(总人数为 90)的出价少于 2(总额为 10),有 30 人的出价大于 2 少于 5,有 30 人的出价为 5,另有 9 人出价在 8 以上。那些出价少于 2 的人比出价在 8 以上的人在马基雅维利主义的自我中心量表上得分更低,而在社会权势量表上的得分更高。实验结果表明,合作行为和病态人格都具有多态性,病态人格的不同特征对社会交往的影响也不同(Curry,Chesters,& Viding,2011)。这一研究虽然卖点是病态人格的决策差异,但实际上调查的是正常人群,充其量也只是症状最轻微的病态人格。真正的精神病患者其决策差异应该更为明显。

Yun 等(2011)考察了另一特殊群体——在数学上有特殊天分的青少年在最后通牒博弈中的表现。数学天才儿童尽管有着超乎寻常的认知能力,但他们通常学业不良、社会交往也不成功,因为他们在社会性和情绪发展上存在缺陷。22 个数学天才儿童和 24 个正常儿童进行重复最后通牒博弈。实验结果发现,数学天才儿童与正常儿童在平均出价上没有差异,但正常儿童给出平均出价的频率显著高于给出不公平的出价,数学天才儿童则无此差异。与正常儿童相比,数学天才儿童对出价的拒

---

① 皮电反应是由皮肤电阻或电导的变化而造成的。皮肤电阻或电导随皮肤汗腺机能变化而改变。交感神经兴奋,汗腺活动加强,分泌汗液较多。由于汗内盐成分较多使皮肤导电能力增高,形成大的皮肤电反应。皮肤电反应是交感神经系统功能的直接指标,常用来作为情绪变化的一种间接生理指标,情绪反应会引起皮肤电水平的急剧变化,但皮电反应无法辨明情绪反应的性质和内容。

绝率更高,表现在数学天才儿童常拒绝公平出价,最后赢得的金额也少于正常儿童(Yun, Chung, Jang, Kim, & Jeong, 2011)。该研究采用的是重复博弈,这种方式更要求表现出公平、合作和互惠。然而,数学天才儿童在这些技能上似乎存在缺陷。

有关其他障碍群体在最后通牒博弈中的决策差异的研究较少,鉴于对特殊群体的研究有助于对正常行为的理解,因而有必要扩大研究范围,将更多的障碍群体纳入在内。

3.1.8　小结

人口统计学因素对最后通牒博弈中表现的行为影响通常不会太强烈,但这些效应经常很显著或较具吸引力,从而能吸引大众的注意。一些研究得到了很有意思的结果,比如女性比男性更大方,而且女性对漂亮的男性更慷慨。另一些研究则极具启示作用,比如发展心理学研究显示,年幼的儿童其行为更偏自利,随着年龄的增长,儿童开始倾向于公平。这一结果表明,公平并非与生俱来,而是在后天环境、教育及社会因素的影响下而逐渐习得的。对特殊障碍群体的研究则对理解决策行为的产生机制提供了佐证,例如对抑郁症和精神分类症患者的研究表明,情绪调节和社会线索的提取可能是决定最后通牒博弈决策行为的重要因素。然而,相关研究才刚刚开始,对特殊群体的进一步研究将能提供更多的洞见。Güth 等(2007)曾在《德国时代周报》[①]上发布了一个实验,收集到 5132 名 8～96 岁的读者的数据,这些读者通过邮件、传真或互联网的方式参与实验。该实验综合考察了性别、年龄、受教育程度等人口统计学因素对博弈行为的影响,以及不同媒介收集的数据之间是否有差异,并将这些数据与实验室研究所获取的大学生的数据进行对比。结果发现,年龄越大,越倾向于提出公平出价;女性比男性的出价更加公平,男性的出价更加自利;使用互联网方式的被试其出价低于使用邮件和传真方式的被试。另一方面,年龄越大,越倾向于拒绝不公平的出价;男性比女性更容易接受较低的出价;使用互联网方式的被试比使用邮件和传真方式的被试更容易接受较低的出价,且专家学者对低出价的接受率最高。大学生的实验结果与社会人士的实验结果并无差异(Güth, Schmidt, & Sutter, 2007)。这个实验有力地证明:绝大多数博弈实验采用大学生为被试,其结果可以推广到社会人士。还有其他一些人口统计学因素未见系统探讨,如家庭社会经济地位、社会阶层、职业等。我们的实验曾以大学生为被试,考察了家庭年收入与博弈决策行为的关系,未发现有统计学意义的正相关或负相关。这些因素的影响有待进一步考察。

---

① 《德国时代周报》创办于 1946 年 2 月 21 日,是一份覆盖全德国的德语周报。该周报的目标读者首先是受过高等教育的人或者说是受过高等教育有知识的公民。他们的政治立场自由。

3.2　实验情境性因素

人口统计学因素是实验被试的自身属性，研究者只有选择权，没有主动控制和调整权。而实验情境性因素则是由研究者根据一定的实验目的主动设计、操纵和掌控的因素。这些因素可以是针对实验被试施加的额外因素，也可能是对实验规则的细微更改和变动，还有可能是若干种因素的交叉、整合和删减。实验情境性因素常有两种形式：① 量的变化，比如金钱额度的高低；② 质的变化，比如博弈双方是匿名还是朋友。这些因素的选择与具体的实验目的相关，反映了实验者的意图，也体现了最后通牒博弈决策的情境依赖性。

3.2.1　指导语

实验指导语是由实验者编写的有关实验规则、内容和操作的说明语，即在实验开始前，给被试的介绍性材料，其内容一般包括：实验内容、实验要求、操作方法等。其形式可以是口头介绍，也可以是书面介绍，还可以是计算机界面的文档。指导语的控制是实验里比较重要的一环，因为指导语的细微差别可能引起实验结果的较大差异，而被试也会根据指导语来猜测实验的意图，有可能掩饰自己真实的想法，因而，实验者一般会严格控制指导语，保证被试的理解无误。

Hoffman 等(1994)探讨了指导语措辞对最后通牒博弈行为的影响。在他们的实验中，游戏被描述成经典的最后通牒博弈，或者买卖交换游戏(游戏双方的身份分别是买家和卖家，由卖家定一个价格，由买家决定买或不买)，发现买卖交换游戏指导语下，提议者提出的分配额明显少于(～10%)最后通牒博弈指导语下的分配额(Hoffman，McCabe，Shachat，& Smith，1994)。这个实验表明，指导语会影响被试对博弈的解释，而社会规范可能在此发挥着重要作用，例如，对于买卖交换游戏，追求个人利润是社会规范所认可的，而在最后通牒博弈下，慷慨解囊和公平分配似乎才是社会赞许的行为。在他们的后续实验中，在指导语中让被试(提议者)去"考虑你希望买家/反应者怎样去选择，同时也要考虑买家/反应者会希望你怎么选择"。这种指导语使得出价提高了 5%～10%(Hoffman，McCabe，& Smith，2000)。可能是因为，这种促进式指导语一方面使提议者更担心出价被拒绝，另一方面也促使提议者更多地为对方考虑，即一种关注他人的倾向(other-regarding orientation)，从而使出价更慷慨。

心理学有个著名的框架效应(framing effect)，类似于指导语效应。框架效应是指对相同信息的不同描述或表达，会导致决策产生不同的结果这一现象。其起源于 Kahneman 和 Tversky(1981)的经典"亚洲疾病问题"实验。实验如下：

想象美国正准备对付一种罕见的亚洲疾病,预计该疾病的发作将导致 600 人死亡。现有两种与疾病作斗争的方案可供选择。假定对各方案所产生后果的精确科学估算如下所示:

情景一:对第一组被试($N＝152$)叙述下面情景:如果采用 A 方案,200 人将生还(72％)[①];如果采用 B 方案,有 1/3 的机会 600 人将生还,而有 2/3 的机会无人将生还(28％);

情景二:对第二组被试($N＝155$)叙述同样的情景,同时将解决方案改为 C 和 D:如果采用 C 方案,400 人将死去(22％);如果采用 D 方案,有 1/3 的机会无人将死去,而有 2/3 的机会 600 人将死去(78％)。

实质上情景一和情景二中的方案是一样的(A＝C,B＝D),只是改变描述方式,将"生还"改为"死去"而已。正是由于这小小的语言形式的改变,使得人们的认知参照点发生了改变,由情景一的"收益"心态到情景二的"损失"心态。即是以死亡还是以救活作为参照点,使得在第一种情景下被试把救活看做是收益,死亡看做是损失。不同的参照点,人们对待风险的态度是不同的。面临收益时人们会小心翼翼选择风险规避;面临损失时人们甘愿冒风险倾向风险偏好。因此,在第一种情景下表现为风险规避,第二种情景下则倾向于风险寻求。

有一个故事可以形象地说明框架效应:有个吝啬鬼不小心掉进河里,好心人趴在岸边喊到"快把手给我,我把你拉上来",但这吝啬鬼就是不肯伸出自己的手。好心人开始很纳闷,后来突然醒悟,冲着快要下沉的吝啬鬼大喊"我把手给你,你快抓住我",这吝啬鬼一下就抓住了这个好心人的手而获救。这个效应被应用到了博弈决策的实验中。该研究采用独裁者博弈范式(博弈一方为分配者,另一方为接受者;由分配者提出一个利益分配方案,接受者没有决定权,只能被动接受该分配方案下的利益),在实验一中设置了"自我"和"他人"两种框架,分别从分配者(自我)的角度,以及从接受者(相对于分配者为"他人")的角度对分配方案进行描述。结果发现,当从分配者角度描述分配方案和结果时,分配者的决策表现出利己倾向,而当从接受者角度描述方案时,分配者会表现出利他行为(参见图 3-3)。这可能是由于自我框架启动了分配者的自我概念,从而激发了对自身利益的关注,因此表现出较多的利己行为;而"他人"框架则启动了分配者对于他人利益的关注,并会激发对他人的同情,因此表现出较多的利他行为。也有可能是因为这种"自我—他人"框架启动了特定利益接受对象的概念,在"自我"框架下,分配者为利益接受方,而在"他人"框架下,接受者为利益接受方。为了验证这种基于利益接受方的知觉

---

① 括号内百分比表示选择该方案的人数占总人数的比例。即在第一种情景下,选择 A 方案的占 72％,剩下 28％选择 B 方案。在第二种情景下,选择 C 方案的占 22％,78％选择 D 方案。

框架效应,实验二以"得"、"失"、"留"、"给"四种动词框架分别从"分配者通过该方案得到的金钱利益"、"分配者通过该方案减少的金钱利益"、"分配者通过该方案留给自己的金钱利益"以及"分配者通过该方案给予接受者的金钱利益"这四个角度对分配方案进行描述。结果与实验一类似,若当前框架给出的利益接受者为分配者本人("得"、"失"、"留"),分配者表现出利己行为;若当前框架给出的利益接受者为接受者时("给"),分配者会表现出利他行为(参见图3-3)。为进一步证实基于利益接受方的知觉框架效应,实验三将前两个实验中使用的框架加以结合,以"自我—得"、"自我—给"、"他人—得"、"他人—给",产生不同的利益接受方知觉框架。前两个实验的结果得到重复,分配者在"自我—得"和"他人—给"两种框架下(分配者知觉到的利益接受方为分配者自身)表现出利己行为模式,而在"自我—给"和"他人—得"框架下(分配者知觉到的利益接受者为接受者)表现出利他行为模式(侯然,2009)。这些实验结果表明了博弈决策中的框架效应。

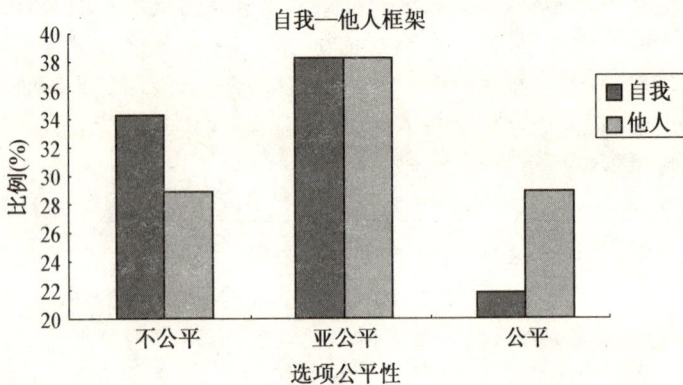

图3-3 独裁者博弈中个体决策的框架效应(摘自侯然,2009)

3.2.2 呈现方式

最后通牒博弈的规则虽然简单,但呈现方式却可以变化多样,而且研究发现,不同呈现方式下的决策结果也有差异。

最后通牒博弈中,反应者有两种选择:接受或拒绝提议者所提出的提议。如果接受,则提议就是最后的结果;如果拒绝,则双方结果为0~0。在传统的最后通牒博弈中,呈现的只是提议方案,即,拒绝提议所带来的0~0后果只处于隐性水平,需要反应者额外地联想到博弈规则才能提取到这个信息。在进行最后通牒博弈决策的过程中,反应者需要将自己的结果与提议者的结果进行比较,这种比较与决定绝对收益的比较是不同的。为了自我利益,反应者需要关注于自身结果的比较,即接受和拒绝情况下自身所得的结果之间的比较,也即个体内比较(intrapersonal comparison)。还需要关注于自身结果与对方结果的比较，即个体间比较(interpersonal comparison)。传统使用的单纯呈现提议方案的方式，使得反应者更关注于自己收益跟对方收益的比较，侧重提议的公平性，而忽略了拒绝后给个人收益带来的损失，即强化了个体间比较，弱化了个体内比较，从而可能会提高对不公平提议的拒绝率。Handgraaf 等(2004)的研究变化了博弈的呈现方式，将拒绝提议所带来的 0~0 后果明确呈现给反应者。结果表明，当结果的个体内可比性较弱时，反应者更关注提议的公平性特征，从而使得拒绝率升高，表明了个体内比较(绝对结果)和个体间比较(相对的或公平)对最后通牒博弈的影响。当个体内比较更易提取，反应者更关注于自我利益；当个体间比较更易提取，反应者则表现出更多的不公平厌恶(Handgraaf, Dijk, Wilke, & Vermunt, 2004)。

最近的一项研究比较了三种不同呈现方式给(giving)、分(splitting)、拿(taking)条件下的最后通牒博弈中的提议者决策行为。研究用计算机图片呈现实验情景，两个人(表示提议者和反应者)相对而坐，中间隔着一张桌子。在"给"方式下，筹码放在桌上靠提议者一方的边上；在"分"方式下，筹码放在桌上靠中间的地方；在"拿"方式下，筹码放在桌上靠反应者一方的边上(参见图 3-4)。"给"方式下，提议者要声明给对方多少；"分"方式下，提议者要声明分对方多少；"拿"方式下，提议者要声明拿对方多少。结果发现，"拿"方式下分配给对方的筹码最多(64，总额 100)，其次是"分"方式(59[①])，"给"方式下的分配提议最少(49)(Leliveld, van Dijk, & van Beest, 2008)。不同于上一个研究，通过呈现方式引发了不同的比较

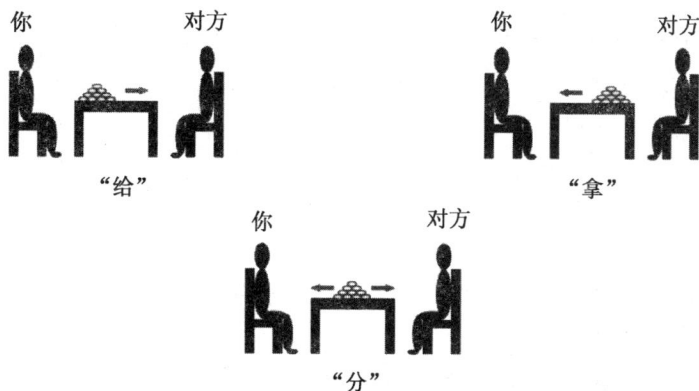

图 3-4　"给"、"拿"、"分"三种呈现方式(摘自 Leliveld, *et al*, 2008)

---

① 分给对方的筹码超过总数的一半，是因为每个筹码的兑换值对提议者和反应者不同，对于提议者来说，1 个筹码约合 8 欧分，而对于反应者来说，1 个筹码约合 4 欧分。提议者和反应者均明确知道这一信息。

倾向,此研究是通过不同的呈现方式,诱发了不同的权力意识,即对筹码的所有权的感知不同,伴随着不同的社会规范行为,从而产生了不同的分配结果。

经济学家习惯用博弈树来解释博弈规则,但绝大多数实验很少采用博弈树的方式来呈现,而用口头解释或书面说明的方式来介绍规则。Stahl 和 Haruvy 看到了这个漏洞,认为这可能是导致以往实验结果与理性经济人假设不一致的原因之一。他们在实验中采用了抽象的博弈树的呈现方式,结果发现绝大多数行为都是自利的(Stahl & Haruvy, 2008)。再次表明博弈呈现方式对决策结果的影响。

3.2.3　金额大小

绝大多数的最后通牒博弈研究采用的报酬方式是基本被试费(show-up fee)加博弈决策报酬,如果是一轮博弈的话,决策结果就是最后的报酬,如果是多轮博弈的话,一般会随机抽取其中一轮的结果作为最后的报酬。也有研究采用在博弈过程中使用代币的点数或筹码,最后再根据一定的比率兑换成金钱这样的方式。另有少数研究采用学分式报酬。心理学家与经济学家之间存在一个讨论,即,使用虚拟报酬与真实金钱作为报酬是否会得到类似的行为结果。经济学家强调,经济博弈应采用真实的金钱报酬,这样结果才有推广性。心理学家则认为,虚拟金钱条件在揭示人类决策机制上具有类似的效果。尽管从经验上讲,是否有真实的金钱报酬其决策结果一定会有所不同,但实证研究的结果却并不一致。

Forsythe 等(1994)比较了报酬真实与虚拟条件下最后通牒博弈和独裁者博弈的决策差异,发现最后通牒博弈下,提议者与反应者的决策行为不受报酬真实与虚拟的影响,但独裁者博弈下提议者在虚拟条件下提出的分配额更多(Forsythe, *et al.*, 1994)。另一个实验则发现金钱奖赏和其他奖赏类型对博弈决策的影响存在差异,比起虚拟金钱奖赏,真实金钱奖赏时提议者分给自己的钱更多(Fantino, Gaitan, Kennelly, & Stolarz-Fantino, 2007)。他们的实验还有个发现,那就是,停止一个冗长乏味的任务,其奖励效果可堪媲美真实金钱报酬的奖赏效果。

关于报酬对博弈决策的影响,还有一个重要的争论就是金额大小的影响。实际上,在最后通牒博弈的实验结果刚一发布时,就有经济学家提出质疑,提议者之所以会提出偏公平的出价,而反应者会拒绝不公平的提议,是因为实验的金额数目太小,即对被试自身经济利益的影响太小,公平的代价太小。只要金额大幅度提高,公平行为需要付出较大代价,对个体的经济收益造成较大影响,人们就会表现出理性行为。一些研究者为回应这些质疑,做了一些比较"昂贵"的实验。实验结果多数并不支持以上猜想。例如 Hoffman, *et al.*(1996)比较了分 $10 与 $100 (Hoffman, McCabe, & Smith, 1996)的差异。对于大学生被试来说,只需 20 分钟左右就可拿到 $100 的一部分,是笔很不错的收入,因为花同样时间参与其他的实验,其报酬在＄10 左右。实验除了总额为＄10 或＄100 这个因素外,还有一种控制是角色分配,一种条件下被试作为提议者与反应者是随机指定的(随机获权),另一种条件下被试先完成一个测验,测验得分排名靠前的被试为提议者,测验得分排名靠后的被试为反应者(竞争获权)。结果发现,在随机获权条件下,总额为＄10 或＄100 不影响被试的出价,被试都倾向于做出接近公平的分配,在竞争获权条件下,总额为＄10 或＄100 也不影响被试的出价,被试都倾向于给出比较少的出价。在随机获权条件下,总额为＄100 时的拒绝率反而更高,竞争获权条件下,总额为＄10 或＄100 不影响反应者的拒绝率。这些结果表明,将分配金额提高 10 倍(从＄10 到＄100),并不会使提议者和反应者的行为偏向自我利益最大化的决策。总额为＄100 时的拒绝率更高则提示,金额越大,人们更追求公平的分配,因为不公平的分配意味着自身损失的加大。对于提议者也是如此,金额较大,一旦提议被拒绝,则自身的损失也就越多。

Tompkinson 等(1995)使用问卷的方式,比较了总额从＄10 到＄10000 时的决策差异。提议者声明出价,反应者声明最小接受值。结果发现,只有 16％的被试表现出自利倾向,其余被试都更关注公平。证据表明,对公平的关注在总额较大时会有所减少。但仍有 60％的被试,其出价的比例并不随总额加大而变化。当总额为＄10000 时,仍有 28％的被试声明的出价和最小接受值为总额的一半(Tompkinson & Bethwaite, 1995)。但这个实验采用的是问卷形式,被试的决策不会有真实的金钱结果,因而其结果的价值有限。有一些实验试图考察金额特别大是否有影响。例如在印度尼西亚和斯洛伐克共和国进行的实验,在高额条件下,印度尼西亚实验的总额相当于被试月薪的三倍,斯洛伐克共和国实验的金额大约是被试一周的薪水;在低额条件下,印度尼西亚实验的总额相当于两天的薪水,斯洛伐克共和国实验的金额大约是几个小时的薪水。实验结果发现,高额和低额并不影响提议者的出价,但影响反应者的行为。当额度提高时,反应者的接受率相应升高(Lisa, 1999)。后来的一个实验也得到类似的结果,总额较高时,反应者所要求的最小可接受量的比例明显低于总额较低时,而且,总额提高,并不影响提议者的出价(Munier & Zaharia, 2002)。然而,研究者明确提出,尽管提议者的出价比例无变化,但其决策的动机可能有所不同,总额较低时可能是出于公平动机,而总额较高时,则可能是害怕出价少导致对方拒绝而使自身的利益受损。由此可见,尽管研究者通常会强调金额大小不影响最后通牒博弈的决策,但在高额条件下反应者的确更易于接受不公平的分配方案。

关于金额大小影响决策的实验结果不尽一致,可能是因为有其他因素在发挥调节作用,如文化差异。文化差异的影响受到很多研究者的关注,将在本章第 5 节详细介绍。

3.2.4 信息完备性

经典的最后通牒博弈中,提议者和反应者均知道分配金额的总量以及具体的分配方案,即关键信息对于参与者双方来说是完备的。但在一些实验中,信息对于参与者来说是不完备的。实验者通过操纵信息完备性这个因素,来考察决策结果的偏离。在这些实验中,一般只有提议者知道确切的总额数量,反应者要么不知道总额,要么只知道总额的模糊分布。这种有限信息使得博弈变得更加复杂一些。其一,当反应者不知道总额数量时,他需要根据提议者的出价来推测总额的范围,使得博弈在实质上变复杂了。其二,如果反应者不知道提议者在博弈中的底线,那么反应者就无法判断自身所得份额是否太少。这种模糊信息使反应者无从得知分配方案是否公平,有可能会促使反应者在决策时只关注自身利益。研究者最初关注信息完备性对决策的影响的目的是,考察提议者提出偏公平的出价和反应者拒绝较低的出价的行为是出于本性上的公平偏好还是出于策略性考虑。

例如 Kagel 等(1996)的最后通牒博弈实验让参与者分配 100 个筹码,这些筹码的价值(兑换率)对提议者和反应者是不同的($0.1 或 $0.3)。第一种条件下,提议者和反应者均知道每个筹码对于自己以及对方的价值;第二种条件下,双方都知道每个筹码对于自己的价值,且提议者知道每个筹码对于对方的价值;第三种条件下,双方都知道每个筹码对于自己的价值,且反应者知道每个筹码对于对方的价值。结果发现,当只有提议者知道筹码对双方的不同价值且对提议者的价值更高时,提议者的出价约为筹码数量的 45%,若对反应者的价值更高时,提议者的出价约为筹码数量的 30%。若反应者知道筹码对提议者的价值更高时,他们会要求超过筹码数量一半的出价,以使双方的收益均等(Kagel, *et al.*, 1996)。这个实验结果表明,最后通牒博弈中的偏公平出价是策略性行为,提议者的公平考虑是以自利为前提的,可能是一种"表面上的公平"。

Croson 等(1996)的最后通牒博弈实验除了控制信息完备性(反应者知道总额或不知道总额)外,还控制了呈现方式这一因素:提议者的出价以具体数值的方式或以占总额百分比的方式呈现给反应者。结果发现,当以具体数值呈现时,反应者不知道总额条件下,提议者给出的出价显著低于反应者知道总额的条件,而且反应者对较少出价的接受率更高;当反应者知道总额时,以百分比方式呈现与以具体数值呈现相比,反应者对出价的平均要求以及对较少出价的拒绝率都更高。这一结果表明,当相对收益的信息更容易被提取时,人们对公平的要求更高(Croson, 1996)。

Güth 和 van Damme (1998)考察了三人博弈实验的情境。在他们的实验中,除了提议者和反应者之外,还有一个反应者角色;但这个角色本身没有选择权,只能被动地接受结果。提议者 X 将 120 个筹码(价值约合＄6.8)分给包括自己在内的三人(x,y,z),y 是给有决策权的反应者 Y,z 给没有决策权的反应者 Z,x 是给提议者自己的部分。有决策权的反应者 Y 可以接受或拒绝提议者的分配方案,如果接受,则三人拿到相应的 x,y,z,如果拒绝,则三人都得 0。这种情景下,Y 在决策时除了考虑自己的利益外,还要考虑一个无辜的第三人 Z 的利益。实验的重要控制因素是信息的不完全性。第一种条件下,Y 知道(x,y,z)的具体数值,第二种条件下,Y 只知道与自己最相关的(y)的具体数值,第三种条件下,Y 只知道与自己不太相关的(z)的具体数值。X,Y,Z 三人都明确知道这三种条件。这种实验设计可以考察提议者在不同信息条件下是否会调整自己的出价,也可以考察有决策权的反应者在决策时是否会在意无辜的第三人的利益。实验结果发现,当反应者只知道(y)时,提议者会像在二人博弈时一样,对 Y 的出价在总额的 30％～40％,而对 Z 的出价的只有 5％～10％。而当反应者只知道(z)时,提议者给 Z 的出价会相对提高,以显示自己并不是过于自利。总体上看,信息越不透明,提议者的行为就更自利,在只明示(z)时,提议者会将绝大部分的筹码都给自己(Güth & van Damme, 1998)。

大部分相关研究都表明,反应者在有限信息条件下会接受额度较少的出价,即对不公平提议的接受率会提高。即使当总额很大时,提议者也会利用这种信息不透明的优势,给反应者比较低的出价。这一实证结果对现实生活很有指导意义。当前我国经济社会发展迅速,社会不公现象层出不穷,政府公信力处于较低水平。要扭转这种局势,提高公民对政府的信任态度,真正实施信息公开透明化是个重要措施。

3.2.5　社会比较

社会生活中,人们常常通过与他人进行比较,以评估自身的能力、水平,并合理地估计自身所处的地位。心理学上将之称为社会比较(social comparison)。Festinger 于 1954 年在其文章中提出了相似性理论,即经典的社会比较理论。该理论认为,个体内部存在一种向上的驱动力,使得自己与他人进行比较,这一过程即为社会比较。Festinger 认为这种向上的驱动力决定了人们倾向于和比自己稍微好的个体进行比较,且这种比较体现在能力和观点两个方面,比较对象与个体越相似,比较对象的信息就会对个体自我评价结果的形成越有用。社会比较对人类决策与判断具有重要的作用。例如,员工往往将自己的薪水与岗位类似的员工的薪水进行比较,以确认是否得到了应有的报酬。另外,现实生活中常见的"嫉妒"、"幸灾乐祸"、"比上不足,比下有余"等情感体验,都表明了社会比较的普遍存在性及其影响的广泛性。

　　社会比较对最后通牒博弈的影响显然易见。针对提议者所提出的分配提议,反应者会将自己的收益与对方的收益进行比较,从而得出是否公平这一判断,即前面提到的个体间比较,也即公平判断是由社会比较得出的。这点由亚当斯著名的公平理论也可以看出,该理论还有一个名字叫社会比较理论。该理论认为,员工将自己获得的"报酬"(包括金钱、工作安排以及获得的赏识等)与自己的"投入"(包括教育程度、所作努力、用于工作的时间、精力和其他无形损耗等)的比值与组织内其他人作社会比较,只有相等时,他才认为公平。最后通牒博弈中提议者提出偏公平的出价,其中也有社会比较的作用。此时,社会规范发挥着比较参照点的功能。

　　有实验从另外一个角度考察了社会比较对最后通牒博弈决策行为的影响。如Knez和Camerer(1995)在研究中采用了三人一组的最后通牒博弈范式,即由一个提议者分别同时与两个反应者博弈。在社会比较条件下,反应者决策前可以获知提议者给另外一个反应者的分配额。在无社会比较条件下,反应者决策前不知道提议者给另外一个反应者的分配额。实验结果表明,有一半的被试受到了社会比较的影响,随着他人收到配额的增加,被试选择接受的最低出价会提高(Knez & Camerer, 1995)。Bohnet和Zeckhauser(2004)的研究采用了经典的最后通牒博弈范式。在社会比较条件下,在反应者决策之前向其呈现同时进行博弈的所有组的提议者给出的出价的平均值。在非社会比较条件下,反应者决策前不知道这一信息。除了社会比较这一因素外,实验者还控制了信息完全性,即部分反应者知道总额数量,另一半反应者不知道。因而该实验是一个 2×2 的被试间设计。结果发现,社会比较条件相对于非社会比较条件,相同出价的情况下反应者的拒绝率升高,而提议者在社会比较条件下给出的出价也更多。相比于不知道总额数量,当反应者知道总额数量时,得到了类似的结果,即提议者给出的出价更多,相同出价的情况下反应者的拒绝率更高(Bohnet & Zeckhauser, 2004)。

　　社会比较有三种方向,即平行社会比较(lateral social comparison)、上行社会比较(upward social comparison)和下行社会比较(downward social comparison)。平行社会比较指与跟自己差不多的人进行社会比较;上行社会比较指与优于自己的人进行社会比较;下行社会比较指与不如自己的人进行社会比较。有实验考察了不同社会比较方向对最后通牒博弈决策行为的影响。实验采用 8 人一组同步进行的方式,其中,只有一人为真被试,其余皆为实验助手。被试全部充当反应者。告知被试共有 4 组博弈游戏同时进行,每轮游戏开始前实验系统对提议者和反应者两两随机配对,即每轮游戏中对家不固定,且游戏过程中大家是匿名的。实验过程中被试不仅知道自己被对家分给的钱数,也知道其余三位反应者被各自对家分给钱数的平均值(实验者操纵)。实验条件操纵如下:公平水平

为 2、3、4 三种,即被试得到的出价分别为 2 元、3 元、4 元(总额都为 10 元);在下
行社会比较条件下,其他三位反应者得到的平均出价比被试得到的出价少 1.0
元;平行社会比较时,其他三位反应者得到的平均出价与被试得到的出价相同;
上行社会比较时,其他三位反应者得到的平均出价比被试得到的出价多 1.0 元。
在反应者看到对家给出的出价时,出价平均值信息同时呈现。结果发现了显著
的社会比较效应,上行社会比较条件下的拒绝率(44%)大于平行社会比较条件
(18%)和下行社会比较条件(16%),平行社会比较条件和下行社会比较条件下
的拒绝率无差异(周玉芹,2010)。

3.2.6　外部选择

外部选择(outside option)指的是当博弈失败时(反应者拒绝提议者的分配方
案),参与者可以获得的额外的报酬。

前面 Knez 和 Camerer (1995)的研究中,如果反应者拒绝,则提议者和反应者
还有两种外部选择:＄2 和＄4。结果发现,反应者对出价的拒绝率高于其他研究
结果,高达 50%。这可能是因为外部选择使得参与者对分配金额有了不同的解释
(Knez & Camerer, 1995)。Schmitt (2004)考察了外部选择、不对等报酬(提议者
和反应者的筹码兑换率不同)以及信息状态的影响。结果发现,当提议者的筹码兑
换率高于反应者时,提议者的出价明显更少。相对于提议者有外部选择的条件,当
反应者有外部选择时,出价更高且拒绝率更少。当反应者有外部选择时,一样的出
价更可能被拒绝。与外部选择为＄0 相比,外部选择为＄2 时,反应者更倾向于拒
绝低出价。例如,对于同样是＄3.8 的出价,当反应者的外部选择为＄0 时,其被拒
绝的可能性是 38.1%,而当反应者的外部选择为＄2 时,其被拒绝的可能性上升至
60.6%(Schmitt,2004)。这些实验结果再次表明,提议者的公平出价行为不是出
于公平偏好,而是策略性行为。当提议者有外部选择时,提议者会利用这一优势,
提出相对较低的出价。而当反应者有外部选择时,一旦出价偏低,反应者会毫不犹
豫地拒绝。此时,外部选择会改变游戏者对公平分配的感知。

3.2.7　权力大小

经典的最后通牒博弈中,提议者与反应者的关系是完全相互依赖的,一旦提议
者提出的方案被反应者拒绝,则提议者和反应者都颗粒无收。有研究者突发奇想,
试图变化提议者与反应者之间依赖关系的强弱。例如,Suleiman(1996)的实验在
最后通牒博弈中加入了折现因素 $\delta(0<\delta<1)$,变化了提议者与反应者之间的依赖
关系。在这个 δ 游戏范式下,用反应者拒绝的提议额乘以 δ。例如,当 $\delta=0.5$,提
议额为 60－40 时,拒绝将使双方的金额乘以 0.5,得到 30－20 的分配额(可以看成

是外部选择的一种变式)。当 $\delta=0$ 时,就是经典的最后通牒博弈(拒绝将使双方金额都为 0)。而当 $\delta=1$ 时,就是经典的独裁者博弈(拒绝不改变双方金额)。因此,当 δ 值从 0 到 1 之间变化时,就形成了从最后通牒博弈(反应者具有一定权力)到独裁者博弈的连续(反应者毫无权力)。这个研究发现,δ 越大(反应者权力越小),即提议者的权力越大,其提议的分配额越少(Suleiman,1996)。受这一研究启发,后来的研究者使用这个游戏考察了 δ 处于极端值的情况。结果发现 δ 越接近于 1,提议分配额越少,证实提议者和反应者之间的权力差距越大,分配额越少。该实验一个十分有意思的结果是,他们发现,与 $\delta=0.9$ 的条件相比,$\delta=1$ 的条件下分配额反而增加了。研究者推测,只要反应者还拥有一些报复的权力(即使很小),提议者就会更关注于自身利益的最大化。而当反应者完全没有报复权力时,提议者则会更关注于双方的利益,比如公平性(van Dijk & Vermunt,2000)。这个实验结果具有广泛的应用意义。这些结果提示,有时候"示弱"比"示强"能取得更好的谈判效果。

3.2.8 社会距离

社会距离(social distance)是个相对于物理距离的概念,指的是个体与个体、个体与群体或群体与群体之间的联系与亲密的程度,其近义词是人际距离、心理距离。社会距离的一个核心成分,也是最受关注的成分,是情感联系。其操作性含义是,个体对另一个个体或群体成员的共情程度(感同身受的一种体验,悲所悲喜所喜)。对另一个体或群体成员的共情程度越高,对其情感的感受程度越深,则与其社会距离越小。心理学上常用 Bogardus 社会距离量表来衡量人们之间社会距离的大小。根据该量表,夫妻和近亲之间的社会距离最小,其次是亲密朋友,然后依次是熟悉的邻居、同一个单位的同事、同一个国家的人、旅居在本国的人、非本国人。

绝大多数的最后通牒博弈研究强调参与者的匿名性,以排除情感等无关因素对实验结果的干扰。但一些研究者认为,在实际的现实生活和经济交往中,主体之间并不是相互陌生的,许多的经济行为都发生在熟人或朋友之间,因而将社会距离纳入研究范围,具有其现实意义。

一些研究者开始了有益的探索。例如,通过让提议者和反应者面对面,或者在实验前可以交流,或者让提议者知道反应者的身份等方式,缩短提议者、反应者和实验者之间的人际距离,发现人际距离缩短后,提议者的分配额会提高。因此,社会距离越大,分配额越少。而当与提议者和实验者完全陌生时,反应者更易于接受低份额的提议。这表明当社会距离减小时,公平的重要性凸显(Bolton & Zwick,1995)。另外关于组内(ingroup)和组外(outgroup)成员的决策研究也发现,对组外成员的分配额少于给组内成员的分配额（Robert & Carnevale，1997）。这里的组内和组外，也可视为社会距离的大小。Bohnet 和 Frey（1999）以大学刚入学的新生为被试，考察了独裁者博弈中三种社会距离下的决策差异：博弈双方匿名、单方认识（一种条件下，独裁者默视接受者几秒，另一种条件下，独裁者默视接受者几秒，并让接受者做简单的自我介绍，如姓名、家乡、专业、爱好等）以及双方认识（双方默视对方几秒）。结果发现，独裁者的出价在有简单介绍的单方认识情况下最高（占总额的 52%），其次是双方认识的情况（占总额的 50%），然后是无自我介绍的单方认识情况（占总额的 35%），匿名情况下的出价最少（占总额的 21%）（Bohnet & Frey，1999）。这种控制双方认识程度的操纵方式，使博弈对象成为可见的具体的某个人，从而缩短了社会距离，并提高了人们的亲社会行为。然而，一个明显的不足是，让提议者看到接受者，其影响的不仅仅是社会距离。提议者出价的变化可能还跟接受者的外部特征有关，如前面提过的人口统计学因素、性别、外貌等因素，都可能影响提议者的出价。这里提议者的出价还有可能受到策略的影响，因为双方都是一个大学的学生，以后还有进一步交往的机会，此时表现出友好行为，可能是为了将来的互惠。尤其是双方认识的情况下，互惠的动机可能发挥着重要作用。

Charness 和 Gneezy（2008）采用了巧妙的方式来控制社会距离的大小：向提议者呈现或不呈现对方的姓氏。即通过姓氏的呈现来缩小提议者和反应者之间的距离。实验的被试双方分别来自两个大学，实验既包括最后通牒博弈也包括独裁者博弈。结果发现，知道对方的姓氏会提高提议者在独裁者博弈中的出价，然而这一控制并不影响提议者在最后通牒博弈中的出价（Charness & Gneezy，2008）。研究者认为，最后通牒博弈与独裁者博弈有较大的区别。独裁者博弈更像是一个慈善或捐献博弈，而最后通牒博弈则更多地涉及策略。这种策略性思考可能会掩盖社会距离的影响。毕竟，在他们的实验中，揭露姓氏所带来的社会距离的变化并不是特别大。这个方法的巧妙之处在于，排除了性别、外貌等因素对决策结果的混淆。

3.2.9　认知负荷

决策的产生是由认知和情绪两大系统的共同参与完成的（Lieberman，2007；McClure，Laibson，Loewenstein，& Cohen，2004；Sanfey & Chang，2008）。合理的决策离不开认知系统的调控。认知系统根据一定的目的和意图对进行着的行为实施监测和调控，是概念驱动的自上而下的加工，系统在信息整合后指导做出适应性决策。认知负荷（cognitive load）是反映认知系统功能变化的指标，它是指人在信息加工过程中所必需的心理资源的总量，即在思维和推理（包括知觉、记忆、言语等）过程中付出努力的水平，需要的努力越多，认知负荷就越高。澳大利亚心理学家 John Sweller 于 20 世纪 80 年代提出认知负荷理论,其理论基础主要是资源有限理论。资源有限理论认为,人的认知资源(主要表现在工作记忆容量上)是有限的,而任何问题解决活动都要消耗认知资源,都有可能造成认知上的负荷。如果加工某种信息所需要的认知资源超过了人本身所具有的认知资源的总量,就会造成认知超负荷(cognitive overload),从而影响完成任务的效果和效率。此处的工作记忆是一种对信息进行暂时加工和贮存的能量有限的记忆系统,储存在工作记忆中的信息可供立即使用,这一功能在许多复杂的认知活动中起重要作用。然而,工作记忆系统的容量是有限的,这是资源有限论的核心。探讨认知负荷对博弈决策的影响,本质是为了考察认知控制系统在决策产生中所发挥的作用。其逻辑是,若高认知负荷占据了有限的认知资源,则分配到决策任务中的认知努力就会减少,从而影响自我控制和协调能力,进而影响具体决策行为的产生。

实证研究常通过双任务范式来研究认知系统功能变化对某一任务完成绩效的影响。所谓双任务范式,指的是让被试执行两个明显不同的任务,然后研究者来评估这两个任务间相互影响的程度。常见的操纵认知负荷程度的方法是控制工作记忆任务的难易,工作记忆任务越难,认知负荷越高。我们的一个实验考察了不同认知负荷条件下最后通牒博弈中反应者对不公平提议的决策差异。该实验采用双任务范式,被试除了完成最后通牒博弈外,还要完成一个工作记忆任务,以调节认知负荷的大小。工作记忆任务是识记博弈开始前在屏幕上出现的一串字母,在完成最后通牒博弈决策后,再判断之后出现的一个字母是否在博弈开始时的字母串里呈现过。高工作记忆负荷条件下,识记的字母串由 5 个不同的字母组成,低工作记忆负荷条件下,识记的字母串由 5 个相同的字母组成(参见图 3-5)。实验结果发现,尽管高、低工作记忆负荷条件下被试对不公平提议的拒绝率没有显著差异,但

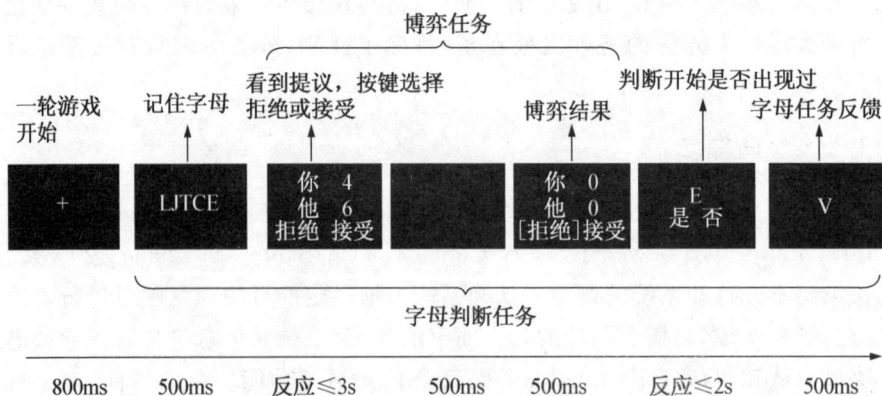

图 3-5　认知负荷影响最后通牒博弈决策的实验流程图

工作记忆任务的加入相对于无工作记忆任务的条件,整体上降低了对提议的拒绝率(有工作记忆条件下 15％,无工作记忆条件下 37％),表明了认知因素在最后通牒博弈决策中的调节作用。高、低工作记忆负荷不影响反应者对提议的拒绝率,其中的一个原因可能是因为高、低工作记忆负荷的差异程度不够大。相对于高校大学生被试,工作记忆任务的难度相对较小,其正确率接近天花板效应(90％ vs. 97％),因而不足以构成认知资源投入的较大差距。

有一项研究采用时间贴现任务,让被试在即刻得到报酬与一段时间后得到更多的报酬之间选择,考察了工作记忆负荷对冲动决策的影响。该研究通过外在提高工作记忆负荷(在完成决策任务的同时识记数字串)和内在提高工作记忆负荷(将决策备选项由两项增加到三、四项)后,被试对延迟奖赏的折现率提高,即被试更倾向于即时满足,选择即刻得到报酬,这表明工作记忆负荷加重促进了冲动决策(Hinson, Jameson, & Whitney, 2003)。一个原因可能是工作记忆任务消耗了认知资源,使即时奖赏带来的冲动得不到抑制,从而导致了非理性的决策(McClure, et al., 2004)。值得一提的是,该研究所发现的决策差异,只发现于工作记忆负荷相对于无工作记忆负荷的 block 相比,两种工作记忆负荷任务下的决策没有差异。这些结果说明,工作记忆对决策的影响可能是全或无的方式,而不是梯度模式。进一步的研究可以通过系统变化认知负荷(参数设计)来检验这一假设。

Cappelletti 等(2011)考察了当博弈者的认知资源受时间压力的限制和认知负荷影响时,其在最后通牒博弈中的决策差异。该实验是个 2(认知负荷:有负荷和无负荷)×2(时间压力:较少的时间限制和较多的时间限制)×2(奖励:高和低)的被试间设计。认知负荷的操纵也是通过双任务范式。有认知负荷条件下,被试在完成最后通牒博弈任务的同时需要识记 5 个三位数的数字。无认知负荷条件下,被试不需要识记数字。时间压力通过最后通牒博弈决策的时间限制来操纵。高时间压力下,被试有 15 秒的时间提出提议,有 30 秒的时间对提议做出拒绝或接受的决定。低时间压力下,被试有 180 秒的时间提出提议和对提议做出拒绝或接受的决定。为了加大认知负荷的激励效果,实验者还操纵了数字识记任务的金钱奖励力度,在高奖励条件下,识记每个数字约合 0.3,高奖励条件下,识记每个数字约合 0.03。结果发现,时间压力较大时,提议者的出价更高。但有无认知负荷并不影响提议者的出价,且奖励的多少也未造成差异。时间压力大而出价更高的结果,很容易让人得出这样的解释:一旦认知控制受限,人们就遵从公平分配这一启发式法则(第一反应),即一种利他的倾向。然而,研究者对数据做了进一步分析,将提议者的出价与他们声明的最小可接收量进行比较,结果发现,时间压力大之下的高出价不是出于对他人利益的关注,而是出于策略性思考:他人会如何反应

(Cappelletti, Güth, & Ploner, 2011)。但研究者的这一解释是推测性的,有待进一步研究考察,时间压力大之下的高出价究竟是出于公平还是出于策略。

其他的一些方法也可以造成认知资源的耗竭,如压力情景、体力不支、睡眠剥夺以及决策疲劳等。有研究显示,做出一系列需要花费精力和深思熟虑的决策后,会降低在后续任务中的自我控制能力(Vohs, *et al.*, 2008),还有可能使人们更易被产品的情感特征所吸引(Bruyneel, Dewitte, Vohs, & Warlop, 2006)。在Anderson 和 Dickinson(2010)的最后通牒博弈实验中,睡眠剥夺(36 个小时不睡觉)使反应者的反应更加具有攻击性,即对不公平出价的拒绝率大大提高(Anderson & Dickinson, 2010)。认知负荷对决策的影响,是个很有意思的话题,需要更多的证据来阐释已有研究结果的不一致。

3.2.10 意图

意图(intention),可以理解为出发点或者动机。最后通牒博弈中,反应者会拒绝不公平的提议,其原因可能有二:一是反感有人不公平地对待自己并从中获益;二是仅仅是讨厌不等额的分配。意图因素的加入,将可以分离出是哪一种动机在驱动着反应者的拒绝行为。如果不公平的出价不是由提议者故意提出的,那么反应者还会拒绝吗?毕竟,法律上对故意伤害和过失伤害的量刑截然不同。

一种操纵意图的方式是通过程序。Hibbing 和 Alford(2004)报告了一个很有启发性的实验。被试来到实验室后,先通过计算机媒介,让被试完成一个实验前的小调查,调查的内容包括人口统计学背景、政治立场和活动参与情况以及对他人及对政府的信任等。调查结束后,告知被试,将通过计算机程序随机决定被试的角色。实际上,所有的被试皆为反应者。然后告诉被试,分配的总额是 $20,提议者有三种选择:一是简单提出自己拿多少给反应者多少;二是放弃自己决定,由计算机决定二人之间怎么分,即由计算机产生一个随机数,可能是 21 种分配方案里的一种;三是根据前面调查中"你在路上花了多少时间来做今天这个实验?"这个问题的答案来决定,即由计算机根据双方回答的时间长短计算出二人相应应拿到多少钱。随后,会告诉被试提议者的选择,并告诉最后的分配结果,由被试决定是接受还是拒绝。实际上,所有被试看到的分配方案都是 $18:$2(提议者得 $18,反应者得 $2)。结果发现,提议者自行决定程序下对分配方案的接受率为 32%,当分配结果是根据距离远近而定时,接受率上升为 71%,而当分配结果是计算机随机决定时,接受率上升至 80%(Hibbing & Alford, 2004)。该研究表明,提议者的意图或动机是反应者决策时重点考虑的因素之一。

另一种操纵意图的方式是通过备选方案。Falk 等(2003)的研究将最后通牒博弈分解为 4 个小博弈(参见图 3-6)。提议者 P 在每个小博弈里都有两个选择。以图 3-6(a)为例,P 的两个选择(x,y)分别是 8/2 分和 5/5 分,反应者 R 如果接受,则按提议者的方案分,如果拒绝,则两人都得 0。在(b)、(c)、(d)里,P 的两个选择(x,y)分别是 8/2 分和 2/8 分、8/2 分和 8/2 分、8/2 分和 10/0 分。重点考察在不同的备选方案情景下,反应者对 8/2 分的决策结果。实验发现,反应者对 8/2 分的拒绝率在(a)、(b)、(c)、(d)四种条件下分别为 44%、27%、18%、9%。研究者认为,这是因为反应者对提议者的动机或意图的心理评价不同。当备选方案为 5/5 分时,出价 8/2 分是不公平的,提议者的意图是自利。当备选方案为 2/8 分时,出价 8/2 分也是更偏自利的,因为提议者在面对两个不对称的方案时选择了有利于自己的一个。当备选方案为 8/2 分时,出价 8/2 分是中性的,提议者的意图不好不坏,因为提议者本身无从选择。当备选方案为 10/0 分时,出价 8/2 分是公平的,提议者的意图是友好的,因为提议者没有选择更有利于自己的那个方案(Falk, Fehr, & Fischbacher, 2003)。该研究结果也证实,同样的分配方案,意图不同,反应者的决策行为也不同。

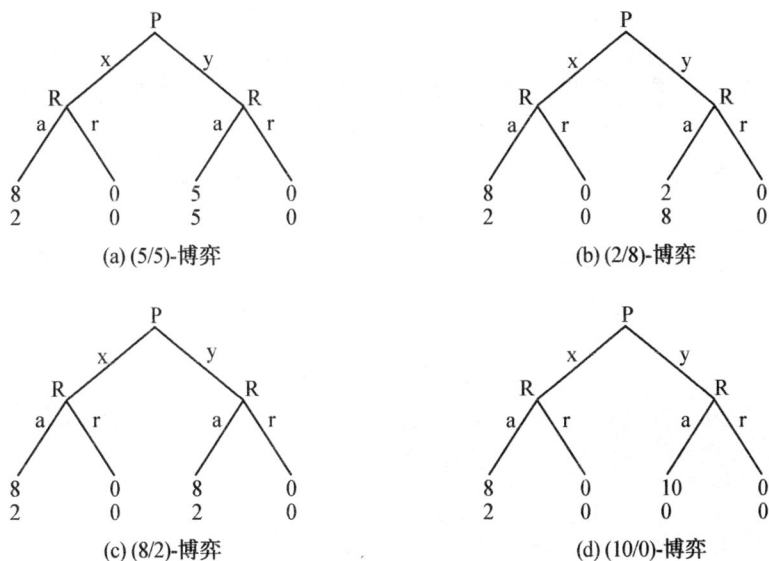

图 3-6　最后通牒博弈中的备选方案(摘自 Falk 等,2003)

最近的研究则显示,意图对反应者决策行为的影响会受到其他因素的调节。如 Bellemare 等(2011)通过一个在线的网络调查平台(CentERpanel),收集到 1304 名参与者的数据,包括 678 名提议者和 626 名反应者。提议者有 8 个备选方案:A∈{(1000,0),(850,150),(700,300),(550,450),(450,550),(150,850),(300,

700),(0,1000)}。与其他研究不同的是,在给反应者呈现给他的真实方案之前,反应者要对这8种备选方案都给出接受或拒绝的决定。反应者做出决策后,还要回答这8种备选方案被作为出价的概率,每个方案的概率之和为100%。该调查一个重要的操纵是:一半的提议者有选择权,即方案是由提议者决定的,此为标准博弈条件;另一半的提议者没有选择权,即方案是由计算机随机抽取的,此为随机博弈条件。实验结果发现,标准博弈条件下提议者的出价多为公平分配,其原因可能是害怕被拒绝,也有可能是因为不喜欢占别人的便宜。反应者对低于450的出价的接受率在随机博弈条件下比在标准博弈条件下更高,以0出价为例,两种条件下接受率相差13.5%。实验还发现,受过良好教育的年龄在35岁以下的群体,其接受率显著高于其他群体(年龄在35岁以上、大学教育程度以下),尤其是对于出价超过550的方案。该研究最后还提出了结构模型来解释反应者的决策行为,其中关键的两个参数是分配偏好和知觉到的意图。该模型的一个亮点是指出,这两个参数的相对重要性依赖于被试所来自的群体,以及出价是否对反应者有利。整体而言,不公平厌恶的权重胜过知觉到的意图的影响,后者在青年和受过良好教育的群体中的权重更大。年轻人和受过良好教育的群体持自利导向的分配偏好。该研究还发现,预期违反是衡量意图影响力的决定因素:当提议者有意提出低出价,且反应者预期该出价的概率非常低时,即提议者提出低出价出乎反应者的意料,那么它被拒绝的可能性将大幅提高(Bellemare, Kroeger, & van Soest, 2011)。这个研究结果提示,反应者拒绝不公平提议的另一个原因可能是预期违反。在社会规范的影响下,个体的预期都是公平分配,且预期一般都是自我偏向的。一旦实际出价低于预期,就会引起不满,进而使反应者做出拒绝的选择。

3.2.11　启动效应

启动效应(priming effect)是指执行某一任务对后来执行其他类似任务的影响作用,通常是易化作用。一般认为,启动效应与记忆有关,启动刺激激活了与之相关的记忆,使这部分的记忆处于活跃的状态,其加工过程变短,从而影响到后续对其他刺激的加工。启动刺激还可能启动某个概念,并增加使用该概念来解释它所适用信息的可能性,从而影响对相关信息的判断与评价。例如,当给人们呈现一组汉字,假如里面含有"告"这个字,随后让他们写出部首是"告"的字时,这些人回答"告"的概率会更大。因而,启动效应在一定程度上类似于锚定效应,就是对人的思维方向给予导向。启动效应在心理学上应用得很广,有研究者将其引入到最后通牒博弈的研究中。

Kay等人发现,提议者的自利行为可以被某些特定的条件所启动。在接触商务领域的物品以后,最后通牒博弈中提议者的行为会表现得更加自利。他们设置的一个实验情境是，让被试在进行最后通牒博弈前先完成一项知觉任务（评定图片中物品的高度），其中启动组被试看到的是一组商务场合下常见的典型物品（公文包、会议桌等）的图片，控制组被试看到的则是一组与商务无关的物品（插座、电话等）的图片。在另一个实验中，启动是通过周围环境中真实的物品实现的：启动组被试是在一个放着一些商务用品（公文包、文件夹、常用于行政场合的外形较正式的钢笔）的环境下完成最后通牒博弈的，而控制组被试完成实验的环境中则没有具有典型商务特征的物品（用普通背包、硬纸板、木质铅笔代替）。研究者认为这种内隐的物质启动（material priming）能够增强竞争概念的认知通达，让被试在理解交互情境时对合作性的感知减小，进而做出更加自利的分配行为（Kay，et al.，2004）。

3.2.12　小结

关于实验情境性因素对最后通牒博弈的影响，内容比较丰富、方向也比较分散，既有对博弈呈现方式的变化，也有对博弈规则的改进，既有对博弈者单、双方信息的补充，也有对博弈结构的扩展。这些因素在一定程度上都会影响到最终的决策行为。比如，信息的不完全披露会促使提议者做出更有利于自己的分配，从而表明提议者在最后通牒博弈中的出价不是出于公平考虑，而是一种策略性行为。而加入外部选择后，反应者对不公平提议的拒绝率会提高，说明游戏者对"公平"的解释与认知不是一成不变的。

还有一些研究考察了其他实验情境性因素对决策行为的影响。例如，经典的最后通牒博弈只包括两个游戏者：一个提议者与一个反应者。当游戏参与者超过两人，其决策结果会发生变化吗？有实验者将二人博弈扩展到多人博弈，可以考察更丰富的决策信息。前面 Güth 和 van Damme（1998）的实验就是一个三人博弈范式。不过，该实验考察的核心因素是信息完全性而不是多人博弈。另外，传统的最后通牒博弈中博弈双方的角色是随机指定的。一些研究将随机指定角色的方式进行了更改，让被试先进行一些测试或比赛，然后根据测试结果的优差赋予提议者和反应者的角色。因为在最后通牒博弈中，提议者一方有优先决定权，这在一定程度上已经构成了一种不公平，如程序不公平。研究表明，与提议者的身份被随机指定相比，通过一定任务获得或竞争赢取提议者身份的条件下所提出的分配额降低。例如当提议者身份由一个测验得分高低决定时，提议者的决策更加自利（Hoffman，et al.，1994）。

值得一提的是，有些实验因素对决策行为的影响其结果尚不一致，例如认知负荷的影响、金额数量的影响等。它们需要多次研究以及更深入地探索。目前尚未被研究的、有可能影响最后通牒博弈决策的因素还有很多，都有待进一步探讨。

3.3 个性特征因素

经济学、社会学等学科通常将揭示一般规律作为基本原则,热衷于提出这样的假设:人们对 Y 做出 X 行为。而忽视了一个基本事实:一千个人眼里有一千个哈姆雷特。同一个具体问题,不同的人有不同的认知和反应。即使一个一般模型可以准确地描述绝大多数人的行为,总有一些人的反应是截然不同的模式。因而,考察个体差异是有益的补充。

个体差异,是指个体在成长过程中受遗传和环境的交互影响,使个体在身心特征上显示出的彼此各不相同的现象。个体之间的差异可以表现在各个方面,如能力、气质、性格、爱好、价值观等。个体差异研究是心理学研究的特色所在,其中,尤其是针对人格的研究,更是取得了丰硕的成果。现在基本上能想到的人格差异,国际上都有相应的标准化量表工具。目前,对最后通牒博弈决策的个体差异研究,多集中于个性特征,如人格上。

3.3.1 越独立和越世故的人出价越自利

Brandstatter 和 Konigstein(2001)最早探讨了最后通牒博弈决策中的人格差异。最后通牒博弈决策取决于经济理性与公平动机的权衡,其相对权重对于个体来说有所不同。研究者考察了自利性对提议者行为的影响,以及互惠倾向对反应者行为的影响。其自利性指标以 16PA 人格问卷中的"独立性"(independence)和"世故性"(tough-mindness)来衡量,互惠倾向指标以 16PA 人格问卷中的"情绪稳定性"(emotion stability)和"外向性"(extraversion)来衡量。结果发现,提议者的决策行为与独立和世故得分呈正相关,越独立和越世故的提议者的决策越出于自我利益的最大化。而互惠倾向越高,对提议的拒绝率也越高(Brandstatter & Konigstein, 2001)。

3.3.2 极大化者的出价更低

Schwartz 等(2002)考察了极大化者(maximizer)和满意化者(satisficer)在决策中的差异。满意化者指一旦寻到满足标准(有可能其标准很高)的选项,就会做出决定并感到很满意的人。而极大化者则指想找到最优选择的人,即使他们已找到符合标准的选项,也不会立刻做出决定,要一直等到穷尽所有选项并确定最佳的一个后,再做出决定。研究者在研究一中编制了一份极大化 vs. 满意化调查问卷,区分出两类人群,然后将两类人群与其他量表得分进行相关分析,发现满意化者比极大化者具有更高的生活满意度、幸福感、乐观主义倾向和自尊,而极大化者比满意化者具有更多的后悔和抑郁感。研究二中研究者比较了极大化者和满意化者在社会比较倾向以及消费行为上的差异,发现极大化者更频繁地做出社会比较,包括上行社会比较和下行社会比较,且极大化者在购物中会更多地进行产品比较、社会比较和假设思维(counterfactual thinking),并更多地出现消费后悔体验。在其第四个研究中,被试先完成极大化 vs. 满意化调查问卷,7 周后通过网络方式完成两个版本的最后通牒博弈,每个博弈包括 10 轮,每轮博弈要分配的总额不等(\$8～\$15)。在标准最后通牒博弈中,提议者做出提议,然后反馈反应者是接受还是拒绝的决定(由计算机程序给出,但根据的是真人的反应)。在改进版的最后通牒博弈中,除了给提议者反馈反应者的决定外,还告知提议者反应者的保留价格,即最小可接受值。研究者的目的是想比较极大化者和满意化者的决策策略以及后悔反应。提议者的出价多为总额的一半(占总试次的 53.4%),其次是不足总额的一半(占总试次的 37.3%),还有少数超过总额的一半(占总试次的 9.3%)。对于男性被试而言,在极大化者 vs. 满意化者问卷中得分越高(越倾向于极大化者),越倾向于给出低于总额一半的出价,但这一效应在女性被试身上并不明显。研究者按极大化者 vs. 满意化者问卷得分的中位数将被试分为极大化和满意化两组,结果发现,与不呈现反应者最小可接受值条件相比,在呈现反应者最小可接受值条件下,满意化组更少给出低于总额一半的出价(32.2% vs. 39.4%),但极大化组给出低于总额一半的出价比例更高(48.1% vs. 35.9%)。不出意料,在极大化者 vs. 满意化者问卷[①]中得分越高,对博弈结果的满意度越低(Schwartz, et al. , 2002)。遗憾的是,该研究没有比较极大化者和满意化者在最后通牒博弈中反应者一方的决策差异。该研究认为,极大化者比满意化者更注重相对位置,更多地进行社会比较,这一假设更应从反应者一方的决策寻找证据。

3.3.3　对公正越敏感的人出价越公平

一项研究考察了个体在公正敏感性(justice sensitivity)维度上的差异,区别了对自己受到不公正对待的体验的敏感性(受害者敏感)、对观察到他人受到不公正对待的敏感性(观察者敏感)、对不公平事件中的获益者敏感(肇事者敏感)三类公正敏感倾向性人群,发现观察者敏感度和肇事者敏感度量表得分高的被试,其提议方案更倾向于公平,而受害者敏感度越高的被试其提议方案越不公平(Fetchenhauer & Huang, 2004)。

---

① Schwartz 根据自己对极大化者 vs. 满意化者的研究结果,写了一本畅销书《*The Paradox of Choice：Why More Is Less*》,讲的是现代人在生活各层面面临的各种抉择,包括教育、职业、人际关系、性别角色、两性交往、子女教养以及宗教等,提出选择过多反而让人更不幸福的观点。该书的中译本叫《无从选择》。

3.3.4　对奖赏的反应越敏感的人越倾向于策略性出价

Scheres 和 Sanfey(2006)考察了一个与经济行为有关的一项个性特征差异：行为激活系统(Behavioral Activation System，BAS)。行为激活系统是负责欲望的动机系统，对奖励、非惩罚刺激作出反应，一旦激活就产生趋近行为，并体会到正向情绪，如兴奋、快乐、希望等，包括三个成分：对奖赏的反应、驱动力和乐趣寻求。计算被试在行为激活系统量表中的得分与其在最后通牒博弈和独裁者博弈中的出价的相关，发现，在行为激活系统驱动力量表和奖赏反应量表中的得分越高，在最后通牒博弈中的出价越多，而在独裁者博弈中的出价越少。研究者对这一分歧结果的解释是，在驱动力量表和奖赏反应量表中的高得分，意味着这样一种策略：首先寻求奖赏可能性的最大化，继而寻求奖赏数量的最大化(Scheres & Sanfey，2006)。这一研究的贡献不仅在于揭示了在行为激活系统中的个体差异会影响其在经济博弈决策中的行为，还在于它提示了最后通牒博弈中的策略性出价行为除了基于共情、公平和自利这些因素外，还可能有其他驱动力因素，比如，奖赏概率的最大化。

3.3.5　越诚实和谦虚的人出价越公平

国际上最著名的人格分类莫过于人格五因素模式，即"大五人格"，五个维度因素是神经质(Neuroticism)、外倾性(Extraversion)、经验开放性(Openness)、宜人性(Agreeableness)和认真性(Conscientiousness)。之后，研究提出了第六因素，即诚实—谦虚维度(Honesty-Humility)。Hilbig 和 Zettler (2009)考察了诚实—谦虚维度上的个体差异在经济中的合作行为上的表现。对 134 名被试的研究发现，诚实—谦虚维度上得分较低的个体在独裁者博弈中的行为更自利，在最后通牒博弈中的出价稍微偏公平一些。而在诚实—谦虚维度上得分较高的个体在独裁者博弈和最后通牒博弈中的行为都比较偏公平，表现出一种稳定的公平倾向(Hilbig & Zettler，2009)。

3.3.6　出价行为与自我超越 vs. 自我提升的个人价值观一致

Lonnqvist 等(2011)综合考察了个人价值观和情境性地位因素对最后通牒博弈中提议者和反应者的决策行为的影响。对于提议者来说，在自我超越 vs. 自我提升(Self-Transcendence vs. Self-Enhancement)价值观维度上的得分越高，越倾向于给出更高的出价，但仅限于被提示具有强势地位的提议者(在指导语中，解释完博弈规则后，告知一组提议者：在这个任务中你的地位是强势地位，因为由你来决定怎么分；告知另一组提议者：在这个任务中你的地位是弱势地位，因为你只能决定怎么分)。对于反应者来说，在自我超越 vs. 自我提升价值观维度上的得分越高，越倾向于接受较低的出价,但也仅限于被提示具有强势地位的反应者(在指导语中,解释完博弈规则后,告知一组反应者:在这个任务中你的地位是强势地位,因为由你来决定是接受还是拒绝该分配方案;告知另一组反应者:在这个任务中你的地位是弱势地位,因为你只能决定是接受还是拒绝该分配方案)。这一结果表明,赋予个体情境性的强/弱势地位,会诱发与其在自我超越 vs. 自我提升价值观维度上的立场一致的行为(Lonnqvist, Walkowitz, Verkasalo, & Wichardt, 2011)。

3.3.7　越信任他人和越有安全感的人其决策越理性

Nguyen 等 (2011)分析了 129 个健康成年人在人口统计学因素(如年龄、性别、教育程度)、认知能力(如智力、工作记忆、反应速度、语言、视空间、记忆、执行功能)、人格(如大五人格、积极情感、消极情绪)上的特征与其在最后通牒博弈决策中的行为的关系。结果发现,在最后通牒博弈中表现出理性行为的被试(不管出价公平不公平都接受),有着更高水平的信任、更高的安全感,对他人有着更好的态度。而在最后通牒博弈中表现出非理性行为的被试(拒绝不公平的出价),则有着更强的消极情绪,比如生气和轻蔑。研究只发现理性行为者和非理性行为者在人格特征上的差异,未发现两者在人口统计学以及认知能力上的差异(Nguyen, *et al.*, 2011)。这一结果提示,决策行为的个体差异更多地体现在人格特征和情绪方面,而非基本的人口变量和认知能力。

3.3.8　社会价值取向的影响

经济博弈中被研究最多的个体差异是社会价值取向(social value orientation)。社会价值取向是个体内在动机的指标,反映了个体对自己和他人结果的特定偏好(Messick & McClintock, 1968)。社会价值取向常分为三种类型:合作型、个体型和竞争型。合作型又称亲社会型,指个体追求群体利益的最大化,在人际交往中表现出对他人利益的高度关注,个体型追求自我绝对利益的最大化,竞争型追求相对他人利益的最大化,后两者常合称为亲自我型,行为上表现为对自我利益更加关注(Van Lange, 1999)。

部分研究探讨了不同社会价值取向类型的个体其心理机制上的差异。首先,亲社会型个体与亲自我型个体对"理性"有不同的认知。一项研究发现,亲社会型个体预期明智的人会表现出更多的合作行为,亲自我型个体则预期不明智的人会有更多的合作行为,即亲社会型个体认为合作取向是理性的,而亲自我型个体认为自利取向是理性的(Van Lange & Liebrand, 1991)。其次,亲社会型个体与亲自我型个体对他人的行为有不同的认知评价。亲社会型个体更倾向于从好坏维度评价他人的行为,认为合作是好的、道德的,竞争是不好的,而亲自我型个体更倾向于从效能的强弱维度进行评价,认为竞争是强大的,合作是软弱的(Liebrand, Jansen, Rijken & Suhre, 1986)。这一结果在后来的研究中得到了验证,亲社会型个体表现出对"合作"行为的自我服务偏见(egocentric bias),即表现出强烈的"自己—合作—他人—竞争"联结,亲自我型个体对"合作—竞争"不持好坏性评价,并没有表现出这一联结倾向(Beggan, Messick & Allison, 1988)。Van Dijk 等(2004)设计了两个实验评价了提议者的社会价值取向性,然后完成一个信息不对称的最后通牒博弈,筹码对于提议者的价值是反应者的两倍。一半的提议者被告知反应者知道这个信息(信息对称条件),另一半被告知反应者不知道这个差异(信息不对称条件)。结果发现,亲自我型提议者根据对方知道与否调整提议分配额,在认为反应者不知道差异的条件下提出的分配额更少。而亲社会型提议者的决策则不受此信息的影响,在两种信息条件下的提议额相似(Van Dijk, De Cremer, & Handgraaf, 2004)。Van Dijk 等的另一个实验证明亲自我型提议者会根据反应者拥有的报复权大小而调整行为,而亲社会型不受此影响。因而,他们认为,即使最后通牒博弈中存在自私的行为,但也不能排除存在利他的行为,后者与亲社会型社会价值取向有关(Van Dijk & Vermunt, 2000)。还有一些人格特征也会起相似效果,例如共情或者社会比较倾向(Hill & Sally, 2003)。

然而,采用与 Van Dijk 等相同的测量工具(社会价值取向问卷),我们的实验考察了社会价值取向与囚徒困境博弈、最后通牒博弈、独裁者决策的关系,均未发现社会价值取向与决策行为有相关。而社会价值取向测量的结果,即各类取向者在人群中所占的比例与国外的报告无异。我们猜测,社会价值取向对博弈决策行为的影响会受到其他因素的调节,比如文化特质等。文化差异对决策行为的影响将在第五节详细介绍。

3.3.9　人格特征差异的微弱效应

尽管绝大多数研究都报告人格特征会影响博弈决策行为,也有研究发现影响较小。例如,最近一项研究以美国海军学院的学生为被试,考察了人格特征与独裁者博弈、最后通牒博弈、信任博弈和囚徒困境博弈决策的关系。该研究的一大特点是,被试在入学考试时就完成了曼布二式类型指标[①](Myers-Briggs Type Indicator, MBTI)

---

① MBTI 是当今世界上应用最广泛的性格测试工具。其理论依据是瑞士心理学家 Carl Jung 的观点:每个人都通过一系列的思维模式来达成对世界的认知。它已经被翻译成近 20 种世界主要语言,每年的使用者多达 200 多万,其中不乏世界 500 强之内的大型企业。MBTI 是一种迫选型、自我报告式的性格评估工具,用以衡量和描述人们在获取信息、作出决策、精力消耗、对待生活等方面的心理活动规律和性格类型。它以 Carl Jung 的性格理论为基础,由美国的 Katherine C Briggs 和 Isabel Briggs Myers 母女共同研制开发。

测试,因而该研究对人格特征的测量与博弈实验任务是完全独立与分离的,不会产生相互干扰。MBTI 可以测量个人在指向上是偏外向还是内向,在知觉上是偏感觉还是直觉,在判断上是偏思考还是感受,对待外部世界是以评判的态度还是以感知的态度。回归分析发现,尽管男性在独裁者博弈和信任博弈中的出价更多,而在最后通牒博弈中的出价更少,但是,性别回归系数都不显著。高年级学生普遍出价更低。人格差异效应比较复杂:外向型人格在最后通牒博弈、信任博弈和囚徒困境博弈中有更多的合作行为,在独裁者博弈中的出价却更少,但外向型需和感受判断型合并一起后,回归系数才显著。偏外向和感受判断型的人在独裁者博弈、最后通牒博弈和信任博弈中的出价更高,在信任博弈中回馈得也更多。然而,其他性格特征的回归系数都不显著。因而,该研究只发现了比较微弱的人格特征差异效应,这与其被试的高度同质性有关系,也可能与测量工具有关(Swope, Cadigan, Schmitt, & Shupp, 2008)。

3.3.10　小结

可以看出,目前关于决策行为的个体差异研究才刚刚开始,一些比较著名的人格分型尚未见探讨,如实践中经常用到的 A 型人格与 B 型人格、T 型人格等。另外,采用大样本被试量,也能有助于发现显著差异。在考察人格特征的同时,将经济收入、价值观、心境等因素也纳入,将能得到更丰富的结果。

3.4　情绪因素

恐怕没有任何一个其他学科,像心理学科这样重视情绪的作用。情绪对行为的影响如此之大,以至于像经济学这种长期拒情绪于门外的学科也不得不考虑将情绪因素纳入经济模型。情绪的魅力何在? 先从情绪本身谈起。

3.4.1　情绪

情绪(emotion)是个蕴含丰富的概念,广义上包括所有的感情(affection)体验,但主要是指对外部世界和内部世界的不同的反应,包括主观体验即感受(feeling)、身体自发的反应,包括面部表情、语调表情、躯体动作、神经系统的变化等,以及行为倾向。其核心成分是对事件的评估(evaluation)和鉴定(appraisal),即对事件的重要性进行评价,然后对于重要的事件给予标记,以易于进行进一步加工。对事件的评估有可能是自发的、无意识的自动化过程,比如恐惧感的产生在皮层下通路就可以产生。而鉴定则需要意识的判断、认知监控和解释等过程的参与。

情绪的分类有多种方法,比如将情绪分为基本情绪和复杂情绪,前者指普遍性的人类共同具有的在面部表情上十分类似的情绪体验,如喜、怒、哀、惧、惊讶和厌恶等。后者指包含多种基本情绪在内的社会性情绪,如内疚和羞耻等。目前更常用的分类方法是维度分类,按唤醒(arousal)和效价(valence)两个维度来描述情绪。唤醒指的是对刺激的生理反应的强度或力度,效价则指的是体验是愉悦的(positive)还是负面的(negative)。后一分类在实证研究中更为常见。

情绪的产生是自动的。当人们评价与己相关的事件时,常伴随着情绪的发生。当事件符合自己的预期、偏好时,会产生正性情绪,而当事件不符合自己的偏好时,就会产生负性情绪。情绪的一大特点是认知不可介入(cognitively impenetrable):当事件关乎自己时,或给予一定的刺激,人们无法选择有情绪或者没有情绪。因而,情绪是可以操纵的。

情绪的操纵也有多种方法。实验室实验常用的方法是情绪刺激诱发法。情绪刺激有:面部表情的面孔图片、喜剧和悲剧电影片段、喜感和悲感音乐等。实验室研究较常用的刺激是带情绪色彩的场景和词语,比如盛开的鲜花、可爱的婴儿等。国际上常用国际情绪图片系统(International Affective Picture System,IAPS)的素材,该数据库对研究者免费开放(http://csea. phhp. ufl. edu/media. html)。该数据库的图片采用大样本从唤醒、效价和控制度三个维度给予了主观评估,是标准化的情绪诱发素材。另外,研究者还开发了英语词语、英语短文和情绪声音系统,供有特殊要求的实验研究用。另外还有一些特殊的情绪刺激,比如用于恐惧实验的电击术、用于动物实验的奖赏性食物果汁等。实验室实验另一常用的方法是药物诱发法。常用的作用于情绪系统的药物有肾上腺素、普萘洛尔等,在决策领域用得最多的药物是催产素。

情绪的测量一般采用主观报告法,即让被试在里克特量表上记录自己的情绪状态、情绪体验等。这一方法用得最多,但也有潜在的弊端。比如,让被试主观报告,可能会影响被试对该体验的评价。另外,一些情绪的发生具有一过性的特点,如果不是即时表达,则有可能测量的只是情绪记忆,其客观性和准确性都有所欠缺。因而,人们开始采用生理学记录方法来测量情绪反应。最常用的技术是皮肤电传导(skin conductance response,SCR)。通过置放在被试手指上的电极记录并通过皮肤传导电流,被试不会有任何不适感觉。电极可以记录自发唤醒时皮肤细微的电导变化。该方法的最大优势是无创性,并可以和其他技术同时使用,但是,SCR有一个不足,需要花费较长的时间(多达几秒钟)对出现的事件进行反应,所以呈现的刺激之间需要间隔一定的时间。同时,其他的动作,比如按键反应,会影响SCR的记录。另外,SCR反应的只是情绪的唤醒度,而不能显示情绪的效价,也区别不了情绪的具体类别或性质。能实现这一功能的技术是肌电扫描法(electromyography,EMG)。EMG采用电子学仪器记录肌肉静止或收缩时的电活动,并应用电刺激以记录神经、肌肉兴奋及传导功能的方法,有表面导出和针电极法两种,前者是把电极贴附在皮肤上导出电位,后者是把针电极刺入肌肉导出局部电位的方法。用后一种方法能分别记录肌肉每次的动作电位,并根据从每秒数次到二三十次的肌肉动作电位情况,发现频率的异常。情绪研究中常利用 EMG 测量面部肌肉群对情绪诱发刺激的反应以及利用惊恐反射强度指标,比如眨眼的频率和力度,来反映情绪的性质是正性还是负性。面部肌肉动作反应也可用面部反应编码系统(facial action coding system,FACS)来衡量。该系统首先对研究者进行训练,通过视觉方式检测面部的具体肌肉运动反应,经过培训后的研究者可以记录被试在实验过程中的面部表情并编码表情所表达的具体基本情绪类型。反应时任务也可以用来衡量情绪,不过是以间接的方式。如果情绪使得反应时增加,则表明情绪对任务加工产生了干扰或者冲突。如果情绪使得反应时减少,则表明情绪对任务加工产生了易化和促进作用。但这种推测显然是笼统的,反应不出具体的作用方式。具体采用何种方式来测量情绪,主要依据是实验目的和具体的实验设计,如果实验中的因素较多,用反应时测量是不恰当的。如果实验对时间分辨率要求较高,则 SCR 方式是不理想的,因为该方式需要较长的时间来检测信号。

3.4.2　情绪对最后通牒博弈的影响

传统经济学强调经济人的理性方面,认为人是完全理性的自我利益最大化者。然而,实证研究却发现了情绪的重要作用。越来越多的研究者开始认同,决策的产生是认知和情绪两大系统共同参与完成的(McClure, *et al.*, 2004)。认知和情绪的关系一直是备受争议的话题。情绪对认知产生影响和渲染,但又受认知的调节和控制。两者类似博弈关系,可以是相加(合作关系),也可以是相减(竞争关系),还可能是此消彼长(互斥关系)。具体到最后通牒博弈中,情绪的重要作用似乎已成共识,但研究结果并不一致。一些研究结果证实情绪发挥着作用,另一些研究结果则发现情绪的作用很小。

3.4.2.1　情绪影响最后通牒博弈决策

(1)比起不公平,生气因素能更好地预测拒绝行为。

Pillutla 和 Murnighan(1996)最早探讨了情绪因素在最后通牒博弈决策中的影响。他们的最后通牒博弈任务有两种条件:一种是完全信息条件,反应者知道分配的总额是 $20,绝大多数的出价都是 $1 或 $2,反应者需判断出价是否公平,在不完全信息条件下,反应者不知道分配的总额也无需判断出价是否公平。反应者还有 $0、$1 或 $2 三张外部选择。另一种条件是,告知部分反应者:提议者给出出价前知道他们的外部选择,另一部分反应者则被告知:提议者给出出价前不知道他们的外部选择。结果发现,不完全信息条件下的拒绝率为 25%,而完全信息条件下,当双方都知道有外部选择时,拒绝率上升至 50%。当外部选择为 $2

时,许多 $1 的出价也被接受了,表明反应者并不是仅从自我利益最大化出发决策的。该研究发现,生气和不公平评价呈显著的正相关,但有 35.1% 报告有不公平感但没有生气感,表明不公平和生气情绪相对独立。知道总额时报告的生气情绪更甚,在提议者知道反应者有外部选择时,报告的生气情绪最强烈。重要的是,回归分析发现,不公平感和生气因素都可以独立地预测拒绝行为,但生气的预测力更佳(Pillutla & Murnighan, 1996)。该研究首次表明了生气情绪在反应者拒绝行为中的作用,然而,生气情绪和不公平感在该研究中都是分类变量,都不是实验控制的变量,因而很难说是严格的预测变量。

(2) 恼火,而不是生气,与反应者的拒绝率呈正相关。

最后通牒博弈中,反应者面对一个正的但是不公平的出价,思想上要经过这样的斗争:拒绝以惩罚对方并获得情绪上的满意感,或接受以赢取更多的金钱并获得情绪上的满意感。这两种不同的动机都关乎情绪,反应者如何抉择呢? 如果情绪强度比较低,则反应者可能会选择一种折中的方式来解决冲突,比如选择一种不那么剧烈的惩罚方式。如果情绪强度很大,无法轻易做出妥协,那么反应者可能会选择两败俱伤。为验证这个假设,Bosman 和 van Winden (2002)设计了实验,同时还试图探讨是什么情绪驱动着惩罚。78 名被试首先完成一个 30 分钟的计算机优化任务,该任务要求被试寻找最大值,然后获取报酬。计算机任务结束后被试被随机分为两组,一组为提议者,另一组为反应者。两两配对后完成一轮分钱游戏,由提议者提出从反应者的报酬里拿走多少,然后由反应者决定要从自己的报酬里毁掉多少。之后被试填写一个问卷,问题包括预期、动机和情绪。为测量反应者看到出价时的体验,实验者在问卷中列出了 11 个情绪名词:恼火(irritation)、生气(anger)、蔑视(contempt)、嫉妒(envy)、羡慕(jealousy)、悲伤(sadness)、高兴(happiness)、快乐(joy)、羞耻(shame)、恐惧(fear)和惊讶(surprise),让被试对每种情绪进行从一点没有到非常强烈的 1—7 点式打分。研究者既包括了正性情绪词语,也包括了负性情绪词语,这样不至于造成一种强迫被试选择一种负性情绪的倾向。结果发现,反应者的行为表现出两种倾向:要么毁掉所有(双方都拿不到),要么一点也不放弃。这两种倾向的反应者体验到的情绪也有很大不同,尤其是负性情绪。总体而言,提议者要求拿去的份额越多,体验的负性情绪越强烈。而体验到的负性情绪越强烈,则更倾向于毁掉所有的报酬,起关键作用的两种负性情绪是蔑视和恼火(而不是生气)(Bosman & van Winden, 2002)。尽管该研究采用的范式非经典的最后通牒博弈,但很类似,其研究结果也很有启示意义,比如,蔑视和恼火才是驱动拒绝行为的负性情绪,而不是通常所认为的生气,尽管两者有着高度的相关。

(3) 反应者拒绝不公平分配是为了建立名声,而不是惩罚对方。

Abbink 等(2004)采用一个简化版的最后通牒博弈,考察了惩罚行为背后的情绪因素。在简化版的最后通牒博弈中,提议者只有两种选择:要么公平分配(5/5)、要么有利于自己的分配(8/2)。反应者不能拒绝公平的分配,但可以拒绝不公平的分配。每个被试玩 8 轮游戏,每一轮的对家都不同。在即时反馈条件下,反应者的决定每次都立刻反馈给提议者。而在延迟反馈条件下,反应者的决定并不立刻反馈给提议者,而是在 8 轮游戏全部结束后再告知。由于博弈对家每轮都是不同的,所以反应者对提议者的拒绝不会使下一轮得到公平分配,但是,拒绝行为对其他反应者有好处。结果发现,在即时反馈和延迟反馈条件下,不公平的分配都会被拒绝,拒绝率在即时反馈条件下更高(40.6% vs. 22.5%),且随着实验的进行,其拒绝率不断下降,而延迟反馈条件下拒绝率不随时间发生变化。对于提议者来说,延迟反馈条件下,选择公平分配的比例更多(49.8% vs. 35.7%)。研究者解释反应者的行为是为了表现一种"不好惹"的名声(tough reputation),以促使提议者在后来的轮次中选择更公平的分配。这种策略似乎很奏效,因为进一步的数据分析表明,提议者的选择随着时间变得更趋于公平分配,且拒绝提议比接受提议使提议者更多地在下一轮转向选择公平分配(Abbink, Sadrieh, & Zamir, 2004)。这个研究在一定程度上表明,反应者的拒绝行为不是出于惩罚以获得情绪上的快感,而是出于建立名声,以教育提议者,让其改邪归正,从而使双方得到共赢。这一假设在该研究最后的数据分析中得到了证实:反应者最后得到的平均报酬与拒绝率呈正相关,且当拒绝率处于较低或较高两端水平时,提议者和反应者的共同受益达到最大。

(4) 最后通牒博弈中的情绪效用存在个体差异。

Haselhuhn 和 Mellers(2005)采用改编的最后通牒博弈和独裁者博弈,让被试针对每一种出价给出自己的偏好,并让被试根据每一种出价想象自己感受到的愉悦情绪体验。结果发现,被试从公平和贪婪中获取到愉悦感的程度是不一样的,他们基于策略性及非策略性愉悦感所做出的选择也是不同的。策略性愉悦感指对出价的预期感受,而非策略性愉悦感则是指对接受的出价的感受。那些愉悦感主要来自更多报酬的被试,倾向于在最后通牒博弈中提出公平出价,而在独裁者博弈中提出自利的出价。那些愉悦感主要来自公平分配的被试,则在最后通牒博弈和独裁者博弈中都提出公平出价(Haselhuhn & Mellers, 2005)。这一研究实际上揭示了另一个事实:情绪效用存在个体差异,有些人从利益最大化中获取最大的愉悦感,而有些人则从公平中得到最大的愉悦感。

Dunn 等(2010)的研究证实了情绪维度上的个体差异。该研究考察了情绪气质上的个体差异对不公平提议的拒绝率的影响。情绪气质是指一种特质,倾向于偏正性情绪体验或偏负性情绪体验,即日常生活中绝大部分时间所体验到的情绪是偏积极还是偏消极,对应积极乐观和消极悲观的人生态度。实验发现,高正性情绪特质和低负性情绪特质的个体对不公平提议的拒绝率更高。这一结果与一些研究所认为的，负性情绪调节失败导致对不公平提议的拒绝这一假设不符。研究者提出了另一种假设：自我价值感是情绪气质与拒绝行为的关系的基础，那些具正性情绪气质的人认为自己值得更多的分配，而那些具负性情绪气质的人对自己持悲观的放弃态度，认为"从桌子底下捡些残羹剩炙"就可以了，因而对不公平提议也全盘接受(Dunn, Makarova, Evans, & Clark, 2010)。自我价值感是研究者的推测，未在研究中进行测量，因而研究者的假设有待进一步的实验证据加以证明。

(5) 情绪得到表达后对不公平提议的拒绝率下降。

以上研究揭示的都是相关关系，而不是因果关系。虽然研究结果表明不公平提议会产生负性情绪，但不能确定，负性情绪是否是反应者产生拒绝行为的直接驱动因素。若不公平提议诱发的负性情绪是导致其被拒绝的重要原因，那么其中可能有两种机制在发挥作用：① 遭到不公平待遇诱发了个体的自我防御机制和攻击欲望，从而使报复和惩罚的需求上升，即拒绝行为的功能是对对方进行实质性惩罚。② 一旦情绪被唤醒后，个体有将之表达出来的需求，即拒绝行为的功能是作为负性情绪的发泄途径，向对方表达自己遭到不公平待遇后的不满和抗议。前一假设未得到上面 Abbink 等(2004)的研究结果的证实。后一假设却得到了 Xiao 和 Houser (2005)的研究的支持。他们的研究采用了经典的最后通牒博弈，一个主要的控制因素是，在提议者提出分配方案后，一组反应者被试可以向提议者发送书面信息，另一组则不可以。结果发现，可以发送信息组被试对不公平提议的拒绝率低于不可发送信息组。研究者认为，发送信息这个方式，给被试提供了一个表达自己情绪的途径。当情绪得到表达后，不再需要通过拒绝这种需要付出额外代价的方式来惩罚对方(Xiao & Houser, 2005)。这个研究，首次从因果关系角度体现了情绪在反应者拒绝行为中的作用。然而，这个研究存在着方法上的不足，将在后文详细探讨。

(6) 不公平提议诱发更强烈的皮肤电导反应。

不公平提议会诱发负性情绪，这一结果得到了后来一个采用皮肤电传导(SCR)记录法的研究的证实。该研究记录了被试在进行最后通牒博弈时的皮肤电导数据，发现不公平提议比公平提议诱发了更高的皮肤电导反应，且皮肤电导反应与对不公平提议的拒绝率相关，皮肤电导反应越强，拒绝率越高。而且，这一模式只存在于提议者为人时。当提议者为计算机时，没有发现效应。这些结果表明，与公平提议相比，不公平提议使被试经受了更强烈的情绪唤醒。研究者提出，生气的情绪比提议不公平本身能更好地预测对不公平提议的拒绝行为(van't Wout, Kahn, Sanfey, & Aleman, 2006)。然而，正如前面所提到的，SCR 只能反映情绪的唤醒强度，而不能反映情绪的内容和性质。

　　Osumi 和 Ohira（2009）同时记录了被试看到公平与不公平提议时的心电和皮肤电反应。被试都为反应者，每人完成 30 轮博弈。分配提议有十次公平 5/5，十次劣势不公平（四次 1/9，四次 2/8，两次 3/7），十次优势不公平（两次 7/3，四次 8/2，两次 9/1）。结果发现，与被接受的提议相比，被拒绝的提议诱发了明显的心率减速，提议越不公平，减速越明显。但这种差异只表现在早期，晚期的心率反应和皮肤电反应都没有表现出任何差异。研究者认为，个体在社会环境中一旦出现处于劣势和不愉快的感知，就会产生一种定向反应，因而当拒绝行为发生时，这种定向反应就被激发，而产生心率上的变化（Takahiro Osumi & Ohira，2009）。该研究未发现皮肤电反应的变化，与上面一个研究结果不一致，可能是由于记录仪器的不同以及具体的实验操作不同造成的。

　　（7）诱发负性情绪对不公平提议的拒绝率提高。

　　以上的研究都考察的是博弈过程中由提议所诱发的情绪对决策行为的影响，Harle 和 Sanfey（2007）则考察了偶发性情绪（与当时情境无关的情绪）的渲染作用。他们的实验用 3～5 分钟的电影片段诱导了两个基本情绪：快乐和悲伤，并与控制组的中性情绪对比，然后让被试作为反应者完成最后通牒博弈。结果发现，悲伤情绪下对不公平提议的拒绝率更高，而快乐情绪则与中性情绪下的行为决策无差异（Harle & Sanfey，2007）。研究者认为，悲伤的状态使反应者将注意更加集中于不公平提议所产生的负性情绪后果上，而忽视了接受提议能带来的积极效果。而且，根据情绪加工的动机理论，悲伤情绪激发了一种警戒（vigilant）的加工方式。在这种加工倾向下，与潜在的威胁或有害性信息有关的内容得到了强化加工（Forgas，2003）。处于悲伤状态的被试，与处于正性或中性情绪的被试相比，更关注于不公平提议所包含的威胁性信息。这种威胁信号激发了被试的自卫本能，从而导致了更多的拒绝行为。Andrade 和 Ariely（2009）采用类似的视觉片段启动任务，也发现诱发生气情绪后对不公平提议的拒绝率升高，且效应能持续较长的时间（Andrade & Ariely，2009）。Srivastava 等（2009）采用引导式的自传体回忆的方式诱发生气情绪，也得到了类似的结果（Srivastava，Espinoza，& Fedorikhin，2009）。

　　Moretti 和 Pellegrino（2010）考察了两种不同的负性情绪对最后通牒博弈决策行为的影响。在其第一个实验中，将诱发的厌恶情绪，与悲伤和中性情绪相比。第二个实验中，加入了社会情境因素，即博弈对象为人或为计算机。实验结果表明，与悲伤和中性情绪相比，诱发厌恶情绪后对不公平提议的拒绝率提高，而诱发的悲伤情绪却没有产生效应。然而，当博弈对象是计算机时，厌恶情绪对拒绝率不会产生效应。研究者认为，厌恶情绪和社会规范违反可能享有共同的计算成分，比如在神经系统内，可能有着相同的加工脑区（Moretti & Di Pellegrino，2010）。这一假设,得到了神经科学证据的支持,具体将在第四章进行阐述。

无独有偶,Bonini 等(2011)也考察了厌恶情绪在最后通牒博弈决策中的影响,但却得到了相反的结果。该实验通过发出难闻的气味来诱发厌恶情绪。发现厌恶气味组的被试对不公平提议的接受率更高。这个效应主要是由男性被试引起的,他们报告了更强烈的厌恶情绪,而对不公平提议的判断却没那么不公平。研究者提出了无意识贴现的(spontaneous discounting)解释,即在有难闻气味的房间,被试将由不公平提议诱发的厌恶情绪归因到难闻的气味上(Bonini, et al., 2011)。研究者的解释虽然有一定道理,但却不能解释为何女性没有发生无意识贴现现象。

Martinez 等(2011)用自传体回忆方式和想象场景两种方式诱发了后悔和失望两种情绪,并考察了对最后通牒博弈的影响。发现诱发后悔情绪被试的亲社会行为增加,而诱发失望情绪后亲社会行为减少(Martinez, Zeelenberg, & Rijsman, 2011)。这表明同样都是负性情绪,对决策行为的影响方向却可能是相反的。

由以上诱发负性情绪然后看拒绝率变化的研究可知,目前这一结果还是试验性的。比如,一些研究发现诱发的悲伤情绪可以提高拒绝率,而另一些研究则未发现悲伤情绪的主效应。一些研究发现诱发厌恶情绪可以使拒绝率提高,另一些研究却发现诱发厌恶情绪会降低拒绝率。这种不一致的实验结果表明,情绪对决策行为的影响很复杂也很微妙,很可能有其他因素在发生中介或调节作用。

(8)情绪调节后对不公平提议的拒绝率降低

如果情绪对决策行为发生着重要影响,那么对情绪进行适当调节,将会发现在决策行为上的变化。van't Wout 等(2010)对这一假设进行了验证。在开始博弈任务前,指导被试在看到提议后对体验到的情绪进行调节,告知一组被试用压制法调节(引导被试尽量抑制看到提议时感到的情绪,不要表现出来,也不要影响你的决定),另一组被试用重新评价法调节(引导被试尽量对提议采取中性的态度),基线条件下不给被试做任何引导。发现相对于基线条件,对情绪的重新评价使拒绝率大大降低,然而压抑情绪却没有产生效应。这一结果表明,对情绪进行评估比压抑所产生的调节效果更好(van't Wout, Chang, & Sanfey, 2010)。然而,这一结果还可能有其他解释,比如对情绪的重新评价,除了调节情绪外,还引导被试做出更理性的决定。而压抑情绪却没有这样的诱导作用。因而,该结果可能不是情绪调节的作用,而是引导语激活了认知控制系统,使被试做出了更理性的决策。

"当你生气时,在说话前请数十个数;如果你非常生气,那么请数一百个数。"这是 Thomas Jefferson 的名言,体现了时间延迟对情绪的调节作用。Wang 等(2011)采用这种方式,考察了情绪调节后的决策变化。实验一是单因素三水平设计:无延迟(被试看到提议后立刻做出决定)、无任务的 5 分钟延迟(看到提议后不立刻做出决定,而是等 5 分钟,这 5 分钟没有任何指导语让被试做任务)、有任务的

5 分钟延迟(看到提议后不立刻做出决定,而是等 5 分钟,这 5 分钟内,被试要写下从小到大的一串数字)。发现三种条件下对 $2 的出价(总额为 $10)的拒绝率呈递减趋势,依次为 47.8％、16.7％、13.3％。实验二将出价变成 $1,也发现无延迟条件下的拒绝率(76.5％)比有 5 分钟延迟条件下更高(57.8％),而将延迟时间变成 30 秒和 2.5 分钟,则只在 2.5 分钟延迟条件下观察到惩罚行为的减少。实验三除时间延迟外(30 秒和 2.5 分钟),还加入了思维引导:分心任务(写下最近一次去商店的经历)、重新评价任务(写下你的想法)、思考任务(写下你对提议的感受)。结果发现,延迟 30 秒的拒绝率是延迟 2.5 分钟的两倍,三种思维引导任务的拒绝率没有显著差异,但延迟 2.5 分钟条件下,思考任务后的拒绝率是分心任务的三倍,是重新评价任务的两倍(Wang, *et al*., 2011)。该研究的实验三中,其思考任务实际上将被试的注意力引导至对提议的情绪感受上,因而拒绝率升高,而分心任务则起到了分散注意力的作用,情绪的作用也因而减少。

同样采用时间延迟任务,Grimm 和 Mengel(2011)将被试分为三组,分别为延迟实验组、无延迟实验组、控制组。无延迟实验组看完提议后马上做出决定,过 10 分钟以后做问卷;延迟实验组看完提议后先做问卷,过 10 分钟后做出决定;控制组看完提议后马上做决定,10 分钟后做问卷,并且问被试是否想推翻决定。三组的问卷不同。第一组是中性问题的问卷,第二组是认知问题,第三组是社会问题,如"……你觉得这公平吗"。结果发现,推迟做决定的时间(该实验中推迟 10 分钟)使反应者对不公平分配的接受率升高。结果表明,人们在没有通过与他人明确或暗示性地交流来表达情绪的情况下,也能成功地从认知上控制负性情绪(Grimm & Mengel,2011)。

(9) 情绪角度解释提议者的行为。

以上研究均探讨了情绪对拒绝率的影响,即对反应者决策的影响。Nelissen 等(2011)则试图从情绪的角度解释提议者的行为。实验一通过外部选择选项,控制了提议被拒绝的后果,以及原始所有权(initial ownership)。外部选择有高低两种水平,高水平下,若提议被拒绝,则提议者得总额的 90％,反应者得 10％;低水平下,若提议被拒绝,则提议者得总额的 10％,反应者得 90％。对于一组被试,分配的金钱的原始所有权归提议者,对于另一组被试,原始所有权归反应者。提议者给出出价后,让被试评定一旦出价因太少而被拒绝后,在"害怕"、"担心"、"紧张"感受上的程度,并给出"感到内疚"、"感到难过"、"感到后悔"的程度。结果发现,外部选择和原始所有权这两个因素都影响提议额:当外部选择处于低水平时,提议额更多,当原始所有权属于反应者时,提议额也更多。且外部选择处于低水平时,提议者预期的害怕情绪更甚,而当原始所有权属于反应者时,提议者预期的内疚情绪更甚。实验二直接对害怕和内疚情绪进行了控制,采用自传体回忆的程序用来诱发害怕、内疚情绪,让被试写下最近让他们感到害怕/内疚的一个事件,细节越多越好。在控制组,被试只需写下生活中最平常的一天,然后被试完成最后通牒博弈(分配 25 个筹码,告诉被试,反应者只知道一个大概的范围,在 10～25 个)。博弈结束后,让被试读一下自己写下的材料,并报告自己感到害怕/内疚的程度,以及感受难过的程度。结果发现它们直接影响着提议者的出价,害怕(10.81±1.44)和内疚诱发组(10.52±1.54)的出价比控制组(9.29±2.12)更高(Nelissen, Leliveld, van Dijk, & Zeelenberg, 2011)。当绝大多数研究认为提议者的公平出价是出于策略考虑或公平偏好时,这个研究提示,情绪可能发挥着一定的作用:害怕被拒绝的情绪,以及伤害对方的内疚感。

3.4.2.2　情绪不影响最后通牒博弈决策

(1) 情绪不是拒绝行为的决定因素。

以上研究提示,最后通牒博弈中反应者对不公平提议的拒绝行为可以由负性情绪来解释,但这一结果更多地是由相关关系研究得出,而不是由因果关系的研究得出。负性情绪是否是拒绝行为的直接驱动力? Civai 等(2010)通过为自己博弈和为他人博弈的范式考察了这个问题。在他们的研究中,被试既要作为第一方反应者也要作为第三方反应者,作为第一方反应者时,被试的决策结果决定了自己的收入和提议者的收入,作为第三方反应者时,被试的决策结果决定了他人的收入,与自己的收入没有关系。除了最后通牒博弈,被试还要完成一个自由赢的任务,在这个任务中,由计算机随机给出一些钱(与最后通牒博弈中的出价对等),被试通过接受或拒绝来赢取相应的报酬。因而,该实验是一个 2(任务:最后通牒博弈、自由赢任务)×2(角色:第一方反应者、第三方反应者)×5(出价:€1、€2、€3、€4、€5)的被试内设计,每种条件下重复 4 次,被试共进行 80 个试次。最后通牒博弈的对家是同一个提议者,但被试每次的决策结果不会即时反馈给提议者,而是在最后结束后告知。因而,被试每一次的决策不会影响下一试次提议者的出价。在整个实验过程中,通过 SCR 同时记录被试的皮电反应。实验结束后,被试还要完成一个情绪问卷,报告作为第一方和第三方反应者时在看到€1、€3、€5 出价时的感受,从－6 到＋6 分别代表强烈的负性情绪和强烈的正性情绪。实验结果发现,最后通牒博弈的拒绝率显著高于计算机任务,出价越不公平拒绝率越高,但是作为第一方反应者和第三方反应者的拒绝率没有差异。然而,作为第一方反应者和第三方反应者在出价的情绪评价上存在差异,作为第一方反应者时,对公平出价更偏正性情绪,对不公平出价更偏负性情绪。作为第一方反应者和第三方反应者在皮肤电导反应上也有差异,作为第一方反应者时的皮电反应更强烈,但整体上看,不公平出价和公平出价的皮电反应没有差异(Civai, Corradi-Dell'Acqua, Gamer, & Rumiati, 2010)。作为第一方反应者和第三方反应者在情绪评价上有差异而拒绝行为上无差异,这一研究结果提示,负性情绪可能不是拒绝行为背后的直接动因,至少不是关键的动因。维护社会规范,或者建立名声,可能是更重要的因素。其后,研究者采用同样的范式进行了核磁成像实验,将在第四章详细介绍。

（2）情绪表达不影响拒绝率。

Xiao 和 Houser（2005）的研究让一组反应者被试以向提议者发送书面信息的方式来作为情绪表达的途径,发现,可以发送信息组被试对不公平提议的拒绝率低于不可发送信息组。研究者认为,发送信息这个方式,给被试提供了一个表达自己情绪的途径。当情绪得到表达后,不再需要通过拒绝这种需要付出额外代价的方式来惩罚对方（Xiao & Houser, 2005）。这个研究,尽管从因果关系角度表明了情绪在反应者拒绝行为中的作用,但是,该研究结果不足以作为充分证据来证明情绪表达对拒绝行为的影响。其一,该研究采用了被试间设计,且被试只做一轮决策,可能会存在基线误差。其二,书面信息可以写在反应者被试做出接受或拒绝的决定之前或之后,且并不限定写不写或写什么。这种模糊性的指导语可能会产生混淆性结果,例如有一个被试所写的信息根本与研究内容无关（"今天的天气很好"）。其三,对不公平提议的拒绝率计算基于一个比较小的样本（12/20 vs. 6/19）。其四,这个研究并不能得出决策与情绪表达之间的直接关系。以不公平提议 90/10 为例,即使在情绪表达组,四个被试中也有三个被试选择了拒绝。

基于以上原因,有必要对情绪表达是否影响决策作进一步研究。我们的实验采用由反应者直接向对家表达情绪的方式,考察了情绪表达对拒绝率的影响。被试与不同的对家完成多轮的最后通牒博弈,将提议者提出的分配方案呈现给反应者（被试）,被试选择图片以表达看到该方案的感受,一些试次里,图片是 5 个表情图片,另一些试次里是几何形状构成的图片（参见图 3-7）,选择图片后再决定是否接受该方案。图片均为灰度,每个图片大小为 58＊58 像素。其中带情绪的表情图片排列按照负性情绪→正性情绪梯度变化依次从左到右,或按照正性情绪→负性情绪梯度变化依次从左到右,实验内随机。被试最后的报酬在参与实验应得的报酬的基础上根据其在游戏中的选择作相应的变化。

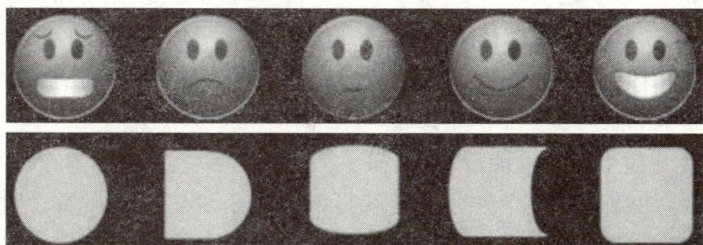

图 3-7　实验采用的情绪/几何图片示例

该实验一个重要的控制是,在一些试次里,被试可以通过选择相应的表情图片,向对方表达自己看到分配提议时的情绪感受,在另一些试次里,被试只能选择几何图片,因而无法向对方表达自己看到提议时的情绪感受。通过这个处理,可以比较给情绪尤其是负性情绪表达的通道后,拒绝行为是否会减少。实验的结果未能证实拒绝行为会减少的预期:选择情绪图片和几何图片相比,对提议的拒绝率没有差异。但是,由此得出情绪的表达不影响拒绝率这个结论尚需谨慎。

我们又做了另一个实验,与前一个实验的差异仅在于,第二个实验没有表达情绪这一步,被试在看到提议后,直接做出接受或拒绝的决定。结果发现,实验二(37%)整体上的拒绝率高于实验一(25%)[$F(1, 58) = 6.92, p < 0.05$],表明有情绪表达任务相对于无情绪表达任务,减少了对不公平提议的拒绝行为。这和 Xiao 和 Houser(2005)的研究结果一致。他们的研究也采用了被试间比较的方式,一组被试可以向对方发送书面信息,另一组被试没有进行这个步骤。发现可发送信息的被试对不公平提议的拒绝率低于不可发送信息组(Xiao & Houser, 2005)。然而,尽管情绪表达在一定程度上降低了拒绝行为,但不公平提议下的拒绝率仍有相当高的比例,这表明,拒绝行为作为负性情绪的发泄通道,只是其完成的功能的一部分,惩戒对方、维护社会公平正义等因素可能占更高的权重。

在有情绪表达任务下,选择情绪图片或几何图片对提议的拒绝率没有影响,这个结果的产生可能有以下几个原因:① 几何图片也承载了某种情绪信息。由于实验是事件相关而非区组的设计,选择表情图片和几何图片的试次随机呈现,因而两类试次间没有明确的任务切换,使得在选择几何图片时也可能表达或释放了某种情绪。② 情绪表达的力度不够,采用表情作为材料太过简单,达不到情绪宣泄的作用,导致被试把情绪带到了之后的决策中。③ 被试形成了稳定的决策策略和倾向,比如接受公平提议拒绝不公平提议。一旦形成这种稳定的策略,决策就不易受到情绪表达与否的影响了。反应时数据也发现,公平和极不公平提议下的反应时最少,中间状态提议的反应时较长,表明被试对两端水平提议的策略相对简单而稳定。对每个被试每种条件下前 10 个试次和最后 10 个试次的决策行为的比较也发现两者几乎完全一致,表明在经过练习程序后,被试即形成了稳定的策略和决策倾向。④ 拒绝行为本身不仅仅作为情绪尤其是负性情绪的发泄途径。拒绝行为可能是还由其他原因促成,而非仅由负性情绪导致。这些原因可能包括惩戒对方、维护社会公平正义、维护个人自尊等(Bolton & Zwick, 1995)。

为验证第一和第二个可能性,我们做了第三个实验。实验三中,将情绪表达深化为情绪宣泄,让被试对对方头像选择敲打或握手来表达或宣泄自己看到提议时的感受,次数由被试自主决定。非情绪宣泄组则判断对方头像是男是女。实验三还加入了另一个因素:对方知情不知情。对方知情条件下,被试选择敲打或握手的操纵会反馈给对方,而对方不知情条件下,被试选择敲打或握手的操纵不会反馈给对方。加入这个因素是想考察,惩罚动机和情绪宣泄的交互作用。实验将情绪作为被试内因素,将知情与否作为被试间因素。本实验假设:① 若对不公平提议的拒绝主要是出于情绪原因,被试的负性情绪通过敲打头像宣泄完,则在对方知情组和对方不知情组情绪宣泄条件下,对不公平提议的拒绝率都显著低于无情绪宣泄条件;② 若拒绝不公平提议是为了维护公平而对对方做出惩罚,则在对方知情时,敲打头像除了宣泄负性情绪外,还起到惩罚对方、向对方表示抗议的作用,因而对方知情组对不公平提议的拒绝率应低于对方不知情组。结果发现,情绪宣泄和知情与否的主效应均不显著,交互作用也不显著。

为进一步验证情绪宣泄的作用,我们做了第四个实验。实验四中,将情绪宣泄作为被试间因素,在情绪宣泄组,让被试对对方头像选择敲打或握手来表达或宣泄自己看到提议时的感受,次数由被试自主决定。非情绪宣泄组,让被试按键判断对方的肤色是偏白还是偏黑(对方是中国人),次数也由被试自主决定。两组被试对对方头像的操作都会即时反馈给对方。实验结果再次发现,被试对不公平提议的拒绝率受提议公平水平的影响,但不受情绪宣泄的调节,且公平水平和情绪宣泄之间无交互作用。

根据这四个实验的结果,我们认为,被试在实验中采取了简单而稳定的决策策略和倾向,比如接受公平提议拒绝不公平提议,其行为证据是,被试对不公平提议的拒绝率高于公平提议,且这一效应和知情与否以及情绪宣泄都不存在交互作用。因而,情绪宣泄和发送惩罚信号都不是拒绝行为的最关键因素。

3.4.3　小结

由以上研究可知,情绪对最后通牒博弈行为的影响虽然已成共识,但仍缺乏最直接有力的实验证据的支持。一些将情绪报告与拒绝率的相关分析研究证实,报告的负性情绪与拒绝率呈正相关,但另一些研究发现,负性情绪与拒绝率不相关。甚至同样是采用 SCR 技术的研究,有些报告不公平提议诱发了更强的皮电反应,有些则报告公平出价和不公平出价的皮电反应无差异。同样给予被试情绪表达或宣泄的机会与途径,Xiao 和 Houser(2005)的研究发现了情绪表达使拒绝率降低,而我们的多个实验则表明情绪表达对拒绝率无影响。因此,有关情绪的研究结果存在较大的不一致。可以确定的是,不公平会引发负性情绪,但最终的决策(拒绝或接受)是不是直接由情绪所致,则不确定。其中的一个可能是:情绪发挥着一定作用,但这种作用不是最关键的,即情绪不是导向拒绝行为的必要因素,认知(理性分析)才是关键,公平社会规范的内化是决定因素。

不难看出,在那些支持情绪发挥作用的研究中,其结果多为间接证据,比如那些操纵情绪的研究,一般采用的是外部情绪诱发,这种启动范式,究竟改变的是情绪本身,还是也有其他因素也得到了变化,目前很难确定。例如,Bonini 等(2011)通过发出难闻的气味来诱发厌恶情绪,发现厌恶气味组的被试对不公平提议的接受率反而更高。另外,皮肤电反应的证据只能说不公平诱发了负性情绪,不能说负性情绪导致了拒绝行为。所以,情绪与拒绝行为之间的关系还需进一步的研究来阐明。

3.5 文化因素

以上研究均是从微观角度探讨相关因素对最后通牒博弈决策行为的影响,有研究者从宏观角度探讨了其他因素的作用,比如文化。文化是一个非常有趣的因素。研究者试图通过跨文化研究来揭示文化因素的影响。跨文化研究(cross-cultural studies),也称"全文化研究"(holocultural studies),是人类学及其相关科学如社会学、心理学、经济学、政治学的一项研究方法,指通过比较世界上多个地区或社会的各种不同文化样本来考察人类心理和行为的特征,并验证关于人类行为与文化的假设。例如,以语言、风俗习惯、社会制度、育儿方式等均不相同的民族为样本,搜集资料,进行文化间的比较,研究他们之间在心理和行为上的相同点和不同点。有三种常用的跨文化研究方法:第一种是案例比较研究,即通过自然不加控制搜集来的一手资料进行质的和量的分析;第二种是针对同一个现象的各种不同变体,所做的经过控制的比较;第三种则是在一组案例之中,进行抽样比较。有别于比较研究(comparative studies)检视在某些社会之中的相似特征,跨文化研究运用一组充足的样本,因此可以运用统计分析,针对所欲探讨的问题,分析在几个特质之间是否具有相关性。跨文化研究已由许多学科的社会科学家所采用,特别是文化人类学与心理学。目前,跨文化研究在众多方面已取得了丰富而令人诧异的结果,发现人类在许多行为上存在文化差异。

3.5.1 文化差异

世界上不同的国家与地区之间,存在着文化差别,即文化差异(cultural differences)。文化差异是指人类信仰和行为上的差异,这些差异表现在价值观念、是非标准、社会习俗、心理状态和民族语言等方面,是由文化背景和历史形成的。

Hofstede(1984,2001)的研究工作被视为跨文化研究的典范。以大型跨国公司 IBM 为依托,对其来自 50 多个不同国家和 3 个地区的职员的数据进行了实证分析,Hofstede 得出"组织具有文化属性"(organizations are cultural-bounded)的结论(Hofstede,2001)。他还总结了四种与工作价值观相关的文化差异指标。

3.5.1.1　权力距离(power distance)

权力距离指上级和下属之间权力的不对等程度。即在一个组织当中,权力的集中程度和领导的独裁程度,以及一个社会在多大的程度上可以接受组织当中这种权力分配的不平等,在企业当中可以理解为员工和管理者之间的社会距离。一种文化究竟是大的权力距离还是小的权力距离,必然会从该社会内权力大小不等的成员的价值观中反映出来。因此研究社会成员的价值观,就可以判定一个社会对权力差距的接受程度。

权力距离指标的计算基于对三个问题的回答。第一个问题是问非管理岗的雇员,员工不敢向经理表达他们的不同意见这种现象出现的频率。第二个问题是问下属在他们眼里,领导的决策风格是怎样的。第三个问题则问下属,他们希望领导采取何种决策风格。根据这些指标,建立起不同国家和地区的权力距离指数。根据该研究,美国是权力距离相对较小的国家,美国员工倾向于不接受管理特权的观念,下级通常认为上级是"和我一样的人"。所以在美国,员工与管理者之间更平等,关系也更融洽,员工也更善于学习、进步和超越自我,实现个人价值。中国相对而言,是权力距离较大的国家,在这里地位象征非常重要,所谓"官大一级压死人"。上级所拥有的特权被认为是理所应当的,这种特权大大地有助于上级对下属权力的实施。然而,这种较大的权力距离显然不利于制度进步和文化、科技的创新。

3.5.1.2　对不确定性的规避(uncertainty avoidance)

在任何一个社会,人们对于不确定的、含糊的、前途未卜的情境,都会感到面对的是一种威胁,从而总是试图加以规避。规避的方法很多,例如提供更大的职业稳定性,订立更多的正规条令,不允许出现越轨的思想和行为,追求绝对真实的东西,努力获得专门的知识等。不同民族、国家或地区,规避不确定性的迫切程度是不一样的。相对而言,在不确定性规避程度低的社会当中,人们普遍有一种安全感,倾向于放松的生活态度和鼓励冒险的倾向。而在不确定性规避程度高的社会当中,人们则普遍有一种高度的紧迫感和进取心,因而易形成一种努力工作的内心冲动。

例如,日本是不确定性规避程度较高的社会,因而在日本,"全面质量管理"这一员工广泛参与的管理形式取得了极大的成功,"终身雇用制"也得到了很好地推行。与此相反,美国是不确定性规避程度低的社会,同样的人本主义政策在美国企业中则不一定行得通,比如在日本推行良好的"全面质量管理",在美国却几乎没有成效。中国与日本相似,也属于不确定性规避程度较高的社会,这与中国的社会保障制度不健全也有一定关系。此外,不确定性规避程度低的社会,人们较容易接受生活中固有的不确定性,能够接受更多的意见,上级对下属的授权被执行得更为彻底,员工倾向于自主管理和独立的工作。而在不确定性规避程度高的社会,上级倾向于对下属进行严格的控制和清晰的指示。

3.5.1.3 个人主义与集体主义（individualism versus collectivism）

"个人主义"是指一种结合松散的社会组织结构，其中每个人都重视自身的价值与需要，依靠个人的努力来为自己谋取利益。"集体主义"则指一种结合紧密的社会组织，其中的人往往以"在群体之内"和"在群体之外"来区分，他们期望得到"群体之内"的人员的照顾，但同时也以对该群体保持绝对的忠诚作为回报。美国是崇尚个人主义的社会，强调个性自由及个人的成就。中国和日本都是崇尚集体主义的社会，人们对组织有一种感情依赖。

个人主义指数的计算基于对关于工作目的的14个调查问题的回答，要求反应者指出14个项目的相对重要性。通过重要性的打分，可以得出个人主义指数以及下面的女性度指数。

个人主义与集体主义这一分类在工作以外的其他方面也有着较广的应用，其中常以美国作为个人主义文化的代表，中国作为集体主义文化的代表，并逐渐成为大家的共识。

3.5.1.4 男性度与女性度（masculine versus feminality）

男性度与女性度即社会上对男女角色的价值标准。对于男性社会而言，居于统治地位的是男性气概，如自信武断、进取好胜，对于金钱的索取，执著而坦然，女性常得不到良好的教育以及工作机会；而女性社会则完全与之相反，女子能受到良好教育并得到较好的工作机会。一个社会对"男子气概"的评价越高，其男子与女子之间的价值观差异也就越大。美国是男性度较强的国家，企业当中重大决策通常由高层做出，员工由于频繁地变换工作，对企业缺乏认同感，因而员工通常不会积极地参与管理。中国是一个女性度的社会，注重和谐和道德伦理，崇尚积极入世的精神。

通过对上述文化四维度调查数据的分析，Hofstede证实了不同国家或地区的文化之间存在着很大的差异，而且这种差异在人们的头脑中根深蒂固，很难轻易改变。随后，根据中国文化协会调查的结果，Hofstede加入了第五个维度：儒家文化影响。

3.5.1.5 长期取向与短期取向（long vs short term orientation）

中国文化协会（1987）以中国传统文化为基础，对来自22个不同国家的大学生，展开了一项中国价值观调查，并得出一个有别于西方文化的维度。调查的因素分析结果与Hofstede的工作相关的文化维度相似，只有一个因素例外，即儒家文化的影响。这个新的文化维度包括四个项目：① 等级关系；② 勤俭节约；③ 坚持不懈；④ 差耻感。这四个项目体现了儒家价值观对中国社会的影响。Hofstede后来将这一东方文化特有的文化特征作为文化差异的第五个维度，并将其命名为长期取向。长期取向的价值观注重节约与坚定；短期取向的价值观尊重传统，履行社会责任,并爱"面子"。这一维度的积极与消极的价值取向都可以在儒家教义中找到。

Inglehart 和 Baker(2000)根据世界价值观调查①(World Values Survey),提出了两个重要的文化差异维度:传统-世俗理性价值观(traditional versus secular-rational values)和生存-自我实现价值观(survival versus self-expression values)(Inglehart & Baker,2000)。前者指的是人们对流产、民族自豪感、服从和尊重权威等话题的态度,后者指的是对同性恋、幸福、信任、财产和人身安全对自我实现和生活质量的重要性等方面的态度。较高生存价值观的社会强调财产和人身安全,较高自我实现价值观的社会更重视自我实现、主观幸福感和生活质量。传统/世俗理性价值观主要反映了宗教信仰在社会中的重要程度,还包括家庭纽带的重要性以及对权威的顺从。根据该调查结果,在传统-世俗理性价值观和生存-自我实现价值观维度上,中国处于较高世俗理性价值观和较高生存价值观的位置。

3.5.2　公平博弈中的文化差异

文化因素对最后通牒博弈的影响是很多人类学即社会学学者关注的问题。Roth 等(1991)的实验考察了美国、南斯拉夫、日本和以色列被试在最后通牒博弈和一个市场环境实验中的行为,发现市场环境实验下耶路撒冷、东京、卢布尔雅那、匹兹堡人们的行为近似,而在最后通牒博弈中,第一轮游戏下美国和南斯拉夫人提出的配额高于日本人,而日本人的提议额高于以色列。后两者的提议额要低10%。在日本和以色列,反应者拒绝的次数要少一些。日本人和以色列人出价低,且拒绝率也更低。研究者认为,造成实验对象之间不同行为的原因,不是基于某种特性特点,如攻击性和严苛的态度,而是因为在不同背景下,人们对什么是合理出价有着不同的理解(Roth, Prasnikar, Okuno-Fujiwara, & Zamir, 1991)。然而,同样是将日本人和美国人进行比较,Buchan 等(1997)则发现日本人的出价更高。

---

① 世界价值观调查起源于 1981 年的欧洲价值观调查,之后每五年为一波,至今已有五波数据。参与这个调查的国家由第一波在美国密西根大学社会学系教授 Ronald Inglehart 号召下的 22 个发达国家,扩大到第四波包含非洲与伊斯兰教国家在内的总共 80 多国。此调查涵盖的母体已经达到全球人口的 85%。五波调查资料提供社会科学领域学者可探讨的议题非常广泛,至今超过 400 篇且运用20 多种语言的论文或专著于国际知名的研讨会、期刊或出版社发表。世界价值观调查的变量有幸福、自信等多重性格和生活状态的自我报告,对朋友、家庭、婚姻、工作、政治、宗教的重视态度,对犯罪、独裁、贿赂、腐败的容忍程度,对社会信任、互相关心、公平、民主的感知,对子女价值观的教育,如想象力、节俭、善良、刻苦、不自私的灌输,对社会组织的参与程度,邻居的关系和社区的价值观,对环境保护、动物权益的看法等。著名的幸福与收入的相互关系以及幸福感排名即出自该调查。该调查结果数据可以在线下载,网址:http://www.wvsevsdb.com/wvs/WVSData.jsp

这一相反的结果说明文化的效应是多么微妙。但有研究者认为,对美日这样的国家进行比较,很难称得上是文化差异,因为这两个国家在一些重要的文化特征上十分接近。文化传统相差较大的地区间的比较将能提供更丰富的视角和结果。其中,影响最大的一个文化差异研究来自经济学家和人类学家之间跨学科的合作调查。

Henrich(2000)通过对秘鲁和马奇根加(Machiguenga)的农夫进行的实地最后通牒博弈实验发现,该地农夫的出价比在其他实验中所得到的出价要少得多,其平均值大约是总额的 26%(总额大约为他们在伐木和石油公司工作日薪的 2.3 倍),而众数是总额的 15%,而且基本上接受任何出价(只有一次例外)。这一结果扭转了以前所有的实验结果(出价在 45%左右,拒绝<20%的出价),第一次发现了最接近理性经济人假设的结果(Joseph Henrich,2000)。这一结果引发了研究者对以下问题的思考:① 人们从何处获得原则、预期和公平观念? ② 为什么不同群体的人们持有不同的原则? ③ 这些原则在多大程度上影响着现实经济行为? 只有通过跨文化研究,才能回答这些问题。

Henrich 的这一结果引起了他的一个研究人类学的同事关注。他的同事注意到,在马奇根加,人们以移动的单个家庭为单位和以由家庭扩展的小村庄的形式,分散居住于秘鲁——亚马逊东南部的热带森林地区。他们以狩猎、捕鱼、刀耕火种式的农业生产为生。马奇根加人的群体一般不超过 300 人,生活资料由家庭自给自足,家与家之间绝少进行经济交往,与陌生人进行交易更是闻所未闻。这些说着阿拉瓦克语的人们没有社会等级或复杂的政治,其经济交换和分享只存在于亲属圈子内。家庭以外的合作很少见,除了偶尔的捕鱼活动。他们推测:这种极端的社会和经济单位的独立性使马奇根加人没有分享观念。要验证这个假设,需要对多个不同文化群体进行比较。于是 Henrich 和 Boyd 等组织了一个较大规模的跨文化研究,涉及 15 个在文化方面存在很大差异的社会群体,包括卡札克、拉买拉拉、津巴布韦、马普切、阿彻尔等国家和地区在内。在大约十几个文化区域中,出价的均值和众数均比许多发达国家中所观察到的要低,拒绝率也更低,但在不同的文化区域间也存在差异。统计发现,这些出价始终要高于效用最大化时的出价。许多实验对象解释说他之所以会出价较高是因为拒绝行为会在村子里引起不满。而在巴拉圭的猎人和印度尼西亚的拉买拉拉捕鲸人,其出价竟超出总金额的一半。研究者指出,这种超乎公平的出价行为表明,有些文化可能鼓励一种分出更多的原则,这是在狩猎过程中形成的,因为没有人可以独自占有猎物;也有可能是一种有挑衅意味的馈赠行为。接受一个不寻常的慷慨馈赠(例如在一次成功的狩猎后分得过重的肉)会导致接受者在今后有义务偿还更多,并且接受这种馈赠会被认为是某种侮辱(等于承认了馈赠者是比接受者更出色的猎手)。实验结果似乎证实了这种可能性。这些超乎公平的出价被拒绝的概率高达 37%(Henrich, *et al*., 2001;

Henrich, et al., 2005)。这个研究所发现的结果在其他实验中很少见,具有重要的启示意义。这些异同寻常的出价和拒绝行为是文化差异的一种微妙的非言语表达。Henrich 等(2005)将结果发表在所在学科排名第一的 *Behavioral & Brain Sciences* 期刊上,该刊在同一期还发表了 24 篇由经济学家、社会学家、人类学家、心理学家等撰写的评论文章,这些作者都是业界很有声望的学者,包括"实验经济学之父"、2002 年诺贝尔经济学奖获得者 Vernon L. Smith(当时他已近 80 岁高龄)。

　　Henrich 等的研究掀起了一股跨文化研究热潮。Gurven(2004)也发现生活在玻利维亚亚马逊地区的茨玛尼人表现出明显不同于现代社会人的决策结果,该部落也是以狩猎和农耕文化为主。研究者调查了离中心城市圣伯加距离远近不同的 5 个村庄。研究发现,茨玛尼人给出的出价低于西方文化下的平均出价,但拒绝率为 0。距离中心城市较远的农夫,其出价高于离中心城市较近的农夫大约 10%。研究进一步指出,不同市场化程度、馈赠的代价、合作经验可以解释结果的大部分变异。虽然这些因素很重要,但更重要的因素是村庄内的成员关系(Gurven, 2004)。以往的跨文化研究多研究的是不同文化内成员间的博弈行为,Chuah 等(2007)则考察了参与者与来自同一文化背景的对方进行博弈,或者与来自不同文化背景的对方进行博弈。该研究的被试是马来西亚人和英国人,分别在马来西亚和英国两地进行实验。研究发现,与大多数研究的结果一致的是,总体而言,出价在总额的 40%～50%,众数为 50%(马来西亚人给出公平出价的人数占 73%,而英国人占 58%)。其中,马来西亚人的出价最多(平均为 48.8%),英国人的出价相对低一些(43.8%)。马来西亚提议者给英国反应者的出价受实验地点的影响,地点在马来西亚时的出价为 42.59%,地点在英国时的出价为 46.63%。但英国提议者对马来西亚反应者的出价却不受实验地点的影响(44.87% vs. 44.15%)。提议者在国外比在国内出价高,近似于前文提到的地盘效应(在别人的地盘上行为更加慷慨一些)。整体而言,拒绝率在 3.57%～19.23%,英国反应者的拒绝率(16.5%)高于马来西亚反应者(8.2%)。在英国地域,马来西亚人对英国人出价的拒绝率相对较高(19.2%),尽管出价达 44.15%。这些结果显示了群体的文化背景对经济行为的深刻影响(Chuah, Hoffmann, Jones, & Williams, 2007)。随后,Chuah 等(2009)将马来西亚提议者和英国提议者在出价上的差异与其在世界价值观问卷中的回答做了相关分析。结果发现,性别、年龄、收入、受教育程度等人口统计学变量不能解释出价的变异。根据世界价值观问卷,研究者析出了 19 个维度:对宗教、体育、慈善等组织机构的参与性,对罪犯、移民、同性恋等人群的接纳性,性别权力,个人追求,成就动机,工作动机,后物质主义,政治活动,经济保护主义,对公共组织的信任,对媒体的信任,对游说组织的信任,对国际组织的信任,对政治体制的观点,对民主建设的观点,对贫穷的归因,对宗教的态度,公德心,个人自由。研究发现,马来西亚人和英国人除了在社会机构参与性、政治体制观、对游说组织和国际组织的信任、对民主建设的态度、经济保护主义、个人追求、公德心 8 个方面无差异外,在其他 11 个方面都存在差异。回归分析发现,价值观分数比国籍能更好地预测出价的差异。其中,持物质主义思想和无宗教态度以及重视工作的娱乐性质的人给出的出价更高。而积极参与不同的组织、对外资持积极态度以及尊重个人自由的人对出价的接受率更高(Chuah, Hoffmann, Jones, & Williams, 2009)。由此可见,不同文化背景下的决策差异,跟公民持有的价值观和态度不同有关,即文化态度是关键的中介变量。最近有研究者比较了汉族、藏族、新加坡人在最后通牒博弈中的决策,发现与汉族人相比,藏族人对提议的接受率更高,且不受提议的配额大小的影响,这与他们深广的佛教文化不无关系(Chen, Tang, 2009)。

由上可见,跨文化研究的一个重大贡献是寻找可以解释文化差异的变量。实验对象的理解(如 Henrich 要花近一个小时的时间向马奇根加人解释博弈规则,而仍有部分人因无法理解而被放弃)、计算能力、教育程度、匿名交易和隐私性等看起来都是不太起作用的变量。但研究者发现有两个变量可以解释出价上的差异:一个是社会交往或生存方式,另一个是市场一体化程度或经济规模。一个文化如果具有更多的合作行为和较强的市场一体化程度,则更容易形成公平分配的原则。

3.5.3　公平博弈中的文化差异的元分析

Oosterbeek 等(2004)对最后通牒博弈决策的研究进行了元分析。元分析是质的分析之外的一种定量分析手段。它运用一些测量和统计分析技术,总结和评价已有的研究结果。元分析最重要的是判定研究结果,对研究结果进行统计显著性水平检验和效果量的测定,是对统计结果的再统计,以寻求一个综合的结论。剔除涉及虚拟金钱分配、提议者从给定选项中选一个提议、单方信息不完全、小组决策、三人博弈、非匿名等设计的研究,他们的元分析筛选出 37 个研究,来自 25 个不同国家的数据。从每个研究中抽取如下信息:出价占总额的比例、拒绝率、出版年份、实验进行的年份、实验所在的国家、总额大小(除以该地的人均 GDP)、样本量、样本来源(是否经济专业学生)、策略性方法(反应者提出最小可接收量而不是针对具体的提议做出决定)(参见表 3-1)。分析结果发现,总额越大,出价的比例越小,而使用策略性方法则使出价提高。重要的是,该研究分析了决策行为的文化差异。将不同国家按地区分布合并为 8 个作为哑变量(对定性变量的量化,通常取值为 0 或 1)纳入模型,发现,不同地区的出价没有差异,但反应者行为有所不同。亚洲反应者比美国反应者的拒绝率更高,美国东部反应者的拒绝率比美国西部反应者的拒绝率更高。但不能说这个差异是文化差异,因为他们的文化背景相似,需要找出在其中发挥作用的文化特质因素。因而,研究者根据 Hofstede (1991)以及 Inglehart (2000)的研究,析出权力距离、个人主义、对权威的顺从三个文化特质,并从世界价值观调查问卷中析出信任、竞争等态度,但分析结果发现,这些因素既不影响分配额也不影响拒绝率(Oosterbeek, Sloof, & van de Kuilen, 2004)。Grace 和 Kemp (2005)在 Oosterbeek 等(2004)的元分析结果的基础上,进一步考察了在现实生活中的行为,发现对出价的拒绝率与国家的公共社会性支出占 GDP 的比例呈正相关,对健康和养老保障的社会性支出占 GDP 的比例越大,拒绝率越高($r = 0.51$),对健康和养老保障的社会性支出占社会公共性支出的比例越大,拒绝率也越高($r = 0.50$),提议者的出价与对健康和养老保障的社会性支出占社会公共性支出的比例的相关呈边缘显著($r = -0.47, p < 0.10$)。该结果表明,良好的社会保障体系和社会支持下人们更愿意追求公平(Grace & Kemp, 2005)。

表 3-1 元分析研究中不同国家决策行为的描述性统计

地区	数量	出价	拒绝率	个人主义	权力距离	顺从权威	信任	竞争	人均GDP	基尼指数
澳大利亚	1	39.21	16.1	55	11	−0.05	0.32	6.78	12955	23.1
玻利维亚	1	37	0						1721	42
智利	1	34	6.7	23	63	1.1	0.23	5.94	4890	56.5
厄瓜多尔	2	34.5	7.5	8	78				2830	46.6
法国	3	40.24	30.78	71	68	−0.15	0.23	5.97	13918	32.7
德国	1	36.7	9.52	67	35	−1.3	0.38	6.75	11666	30
洪都拉斯	1	45.7	23.05						1385	53.7
印度尼西亚	4	46.63	14.63	14	78				2102	36.5
以色列	5	41.71	17.73	54	13				9843	35.5
日本	3	44.73	19.27	46	54	−1.58	0.42	5.52	15105	24.9
南斯拉夫	1	44.33	26.67	27	76	−0.65	0.3	7.07	4548	31.9
肯尼亚	1	44	4	27	64				914	57.5
蒙古	2	35.5	5						1842	33.2
荷兰	2	42.25	9.24	80	38	−0.55	0.56	5.6	13281	31.5
几内亚	2	40.5	33.5						1606	50.9
巴拉圭	1	51	0						2178	59.1
秘鲁	1	26	4.8	16	64	1.75	0.05	6.54	2092	46.2

续 表

地区	数量	出价	拒绝率	个人主义	权力距离	顺从权威	信任	竞争	人均GDP	基尼指数
罗马	2	36.95	23.5	0.16	7.32				2043	28.2
斯洛文尼亚	3	43.17	12.67	−0.55	0.23	6.97			4095	19.5
西班牙	1	26.66	29.17	51	57	0.6	0.34	5.7	9802	38.5
瑞典	1	35.23	18.18	71	31	−1.35	0.66	6.78	13986	25
坦桑尼亚	4	37.5	19.25	27	64				534	38.2
英国	2	34.33	23.38	89	35	0.1	0.44	6.19	12724	32.6
美国东部	22	40.54	17.15	91	40	1.11	0.5	6.7	17945	40.1
美国西部	6	42.64	9.41	91	40	1.11	0.5	6.7	17945	40.1
津巴布韦	2	43	8.5						1162	56.8

注：表中数量指研究项数；个人主义指在 Hofstede's (1991) 中个人主义的指数，指数越高，则越倾向于个人主义；权力距离是 Hofstede's (1991) 中权力距离的指数，指数越高，则等级关系越森严；权威顺从指数越高，越尊重和顺从权威；信任是指该地区认为绝大多数人是可信任的人数占总人数的比例，即数值越大，表明人们之间越倾向于相互信任；竞争指数指对竞争的态度，数值越大，对竞争的态度越积极；人均 GDP 来自 1990 年世界银行的数据；基尼指数来自 1990 年世界收入差距数据库，是定量测定社会居民收入分配差异程度的指标，基尼指数是基尼系数乘以 100 得到的，指数越大，表明财富分配越不均匀，居民收入差距越大，一般以 40 作为警戒线。

最近，Marlowe 等（2011）以 Henrich 等（2001）的数据为基础，提取了最后通牒博弈中的出价最小可接受值，比较了人口规模的影响。将群居规模较小的群体作为本地群，比如移动的营地式村落、农耕社会的一个小村庄或者工业社会里的一个城市，将按民族、语言聚集的群体作为民族群体，然后根据人口规模进行排序。结果发现，尽管人口规模越小，在独裁者博弈中的出价越少，但不影响在最后通牒博弈中的最小可接收量。研究者认为，惩罚不公平行为可能具有文化普遍性（Marlowe, et al., 2011）。

总之，目前对文化差异的研究尚是试验性的，结果莫衷一是，还需要更多的研究以揭示具体哪些文化特质影响着人们的决策行为。有必要开展跨国合作，基于大样本调查和实验，以深入了解文化差异背后的影响机制。

3.6　损益情境

已有关于公平博弈的研究存在一个局限：只关注了获益情境下的公平与不公

平的利益分配,而忽视了损失情境下的公平与不公平的损失分摊。在现实生活中,人们不仅会分享红利薪酬等,还会分担一定的负面结果与风险;公平与不公平不仅出现在利益分享的条件下,也出现于责任分担的条件下。例如,自 2007 年末席卷全球的经济危机和金融困境,当前欧洲各国的欧债危机、美国的经济下行以及中国当前楼市遭遇的寒冬,使得损失分担成为各国面临的重要社会问题之一。因而,研究损失情境下的分配应当成为研究不公平厌恶的一个重要组成部分。我们针对已有研究的空白,进行了一系列的实验研究,并得到了重要的研究结果。

3.6.1　损失厌恶

建立在个体理性偏好的一系列严格的公理基础上的期望效用理论(expected utility theory),是现代决策论的基础,它提供了理性决策的标准。该理论认为个体的决策基于对各选项的效用计算。一个有风险的选项的效用等于该选项所带来的后果的期望效用,即可能结果与发生概率的乘积。当面临选择时,理性的决策者会选择那个具有最大期望效用的选项。但在现实生活中,人们的决策模式与期望效用理论所预测的并不一致。人们的决策并非如经典经济学理论所说的具有稳定性和一致性,直觉判断、决策框架等因素都可能使人们的决策偏离理性。2002 年度诺贝尔经济学奖获得者 Daniel Kahneman 提出了前景理论(prospect theory),以修正期望效用理论,并解释和预测现实生活中人们的决策行为。在其前景理论中,Daniel Kahneman 给出了价值函数,并提出了损失厌恶(loss aversion)的概念,即人们对损失尤其敏感,并极力避免损失(Kahneman & Tversky,1979)。

前景理论中,以中性参照点 0 点为基准,将结果定义为收益(正偏离)或损失(负偏离)。用价值曲线(value function)表示参见图 3-8。尽管个体间可能存在主观价值上的差异,但价值曲线一般情况下表现为 S 形,在参照点以上呈现凹状,在参照点以下呈现凸状(Tversky & Kahneman,1981)。

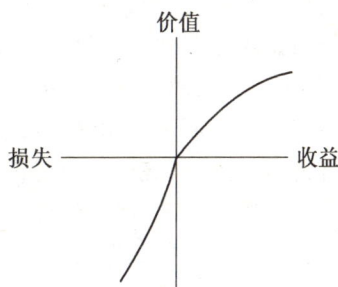

图 3-8　价值曲线
(摘自 Tversky & Kahneman,1981)

根据价值函数,损失下的价值曲线比收益下更陡峭,这表明人们对损失的反应更强烈。损失一定金钱所带来的痛苦的程度强于等量收益所带来的愉悦的程度,因而比起得到一定的收益,人们更愿意规避等量的损失。风险决策中,在收益框架下,人们表现出风险规避,而在损失框架下,人们表现出风险寻求,以期规避损失。这就是损失厌恶理论。

Buchan 等(2005)最早考察了收益和损失下的最后通牒博弈。研究者采用问卷调查的方式,让被试扮演双重角色,既作为提议者提出分配方案,也作为反应者提出最小可接受量,被试随机配对。在获益情境下(总额＄100),被试作为提议者时声明他们希望分给反应者的最大数目、作为反应者时声明他们愿意接受的最小数目;若提议者的分配量大于等于反应者的要求量,则提议被接受,双方按提议分钱;反之,若提议者的分配量小于反应者的要求量,则提议被拒绝,双方均无收益。在损失情境下(总额＄100),被试作为提议者声明反应者应该分担多少损失、作为反应者声明可接受的最大赔付量;若提议者的分配量小于等于反应者的最大可接受量,则提议被接受,双方按提议付钱;反之,若提议者的分配量大于反应者的可接受量,则提议被拒绝,双方均赔付＄100。结果发现,作为反应者所提出的最小可接受量均小于作为提议者所提出的分配量,其上限均不超过总额的 50％;作为提议者,损失情境下的分配量多于获益情境下的分配量;作为反应者,损失情境下的可接受量多于收益下的可接受量;损失情境下的可接受量小于建议者的分配量,从而使得损失下的不公平提议更易被拒绝。该研究还对中国、日本、美国被试进行了跨文化比较,发现结果类似,表明文化差异的影响相对较小(Buchan, Croson, Johnson, Wu, & John, 2005)。

这个研究首次将损失情境引入最后通牒博弈,但有几个方面限制了它的理论价值。其一,被试扮演双重角色。Güth 等(1982)发现被试在双重角色条件下的分配量更多,这个效应是否会影响 Buchan 等(2005)的实验结果尚不得而知。其二,被试被告知只有一对被试被随机抽取按实验结果获得相应报酬,这种设置可能会影响被试对任务的实际投入和参与程度。其三,作为反应者,被试并未面对具体的分配提议,真正面对具体分配提议时的决策也许会有不同。其四,反应者和提议者同时做出决定而不是相继,被试不是根据对方的提议再做出决定,这不是真正的策略性博弈。另外,该研究所讨论的指标仅限于分配量和可接受量,相对单一。

鉴于以上问题,我们设计了一系列的实验深入系统地探讨了最后通牒博弈中损失厌恶对不公平厌恶的调节作用。

3.6.2　损失厌恶对不公平厌恶的强化

损失情境下的决策模式是否与获益情境不同? 我们的实验采用改编的最后通牒博弈范式,考察了这个问题。

与经典的最后通牒博弈不同的是,改编的最后通牒博弈中,提议者 A 和反应者 B 共同完成一个单轮、多人重复的分配游戏。一些回合里,博弈双方被共同赋予一笔钱(￥10);另一些回合里,博弈双方需共同赔付一笔钱(￥10)。在博弈中都是由提议者 A 来提出分配方案,如 A 得￥6、B 得￥4 或 A 赔￥1、B 赔￥9,然后由反应者 B 来决定是接受还是拒绝该方案。如果 B 接受该方案,则提议者和反应者按所提方案获得或赔付相应的金额；如果 B 拒绝该方案，则提议者和反应者各赢取 ￥0 或各赔付 ￥10。因为重点关注人们的不公平厌恶倾向，所以实验中的被试均为反应者。为系统地考察公平水平对决策行为的影响，博弈中的分配方案均为事先设定，以伪随机的方式呈现给被试。

按照传统经济学理论预测，在一起赢 ￥10 的情境下，被试将接受所有大于 ￥0 的分配提议，因为聊胜于无；在一起赔 ￥10 的情境下，被试将接受所有大于 ￥-10 的分配提议，因为拒绝将赔得更多。但根据以往的实验结果，预期被试将接受公平提议，拒绝不公平的分配方案。在损失情境下，有两种可能的模式：① 由于损失厌恶的存在，人们对损失的规避更甚于对等量收益的趋近，人们不愿意承受更多的损失，所以在损失情境下，人们对不公平提议的拒绝率将低于获益情境；② 由于损失厌恶的存在，人们对损失的规避更甚于对等量收益的趋近，人们对损失更敏感，因而也对损失下的不公平分配更敏感，所以在损失情境下，人们对不公平提议的拒绝率将高于获益情境。实验一将检验哪一种模式符合人们的现实决策。

为减少个体差异对结果的影响，实验首先以损益情境作为被试内因素（子实验一）来考察损益情境下被试对提议方案的拒绝率。为控制一种实验条件对另一种实验条件的影响，如损益情境可能互为参照，又进行了以损益情境作为被试间因素（子实验二）的实验。在这两种情境下，被试选择拒绝或接受的后果是通过指导语强调的，在博弈进行过程中，这种后果只有在选择拒绝或接受后才呈现出来，即被试需从工作记忆中提取博弈规则，选择拒绝或接受带来的后果因而处于内隐状态。这种内隐规则提取可能会影响被试对不公平厌恶与损失厌恶的权衡（参见 3.2.2 呈现方式一节）。我们加入了第三种情境：改变选项的呈现方式，让被试在决策时可以明确地看到拒绝或接受所带来的后果（子实验三）。这种将选项外显化的呈现方式，让被试不需要从工作记忆中提取博弈规则，减少了被试的加工负荷，留出更多的资源用于权衡不公平厌恶与损失厌恶。通过三个子实验，来考察损益情境对反应者的决策行为的影响。

共有 165 名在校非心理系、非经济系本科生或研究生被试自愿参与该实验。所有被试报告之前未做过类似实验。三个子实验使用了基本相同的程序和刺激呈现。以子实验三为例，每一轮游戏开始屏幕上呈现彩色或黑白色 ￥10 人民币图片，表示这一轮游戏一起收益或赔付 ￥10（彩色或黑白色对应获益或损失在被试间平衡）。800ms 间隔后呈现对方的分配提议，然后呈现接受和拒绝分配方案的结果（接受和拒绝分配方案对应屏幕左右方的位置是随机的），被试在 4s 内按键反应是拒绝还是接受提议（这一屏在子实验一和二中不呈现，被试在看到对方的提议后即做出按键反应）。空屏 800ms 后出现该轮游戏的结果，若被试选择接受，则结果与分配提议一样，若被试选择拒绝，则在赢 ￥10 条件下双方都得 ￥0，在赔 ￥10 条件下双方都￥－10。1000ms 后下一轮游戏开始。一轮游戏流程参见图 3－9。

　　实验开始前告知被试分配提议是由不同的对家提出的,但是由于无法在统一的时间和地点内同时进行博弈,所以事先收集了他们的数据。由于每一轮是跟不同的对家进行博弈,所以被试每一轮的选择不影响接下来的分配提议,也不影响下一轮是一起赢钱还是赔钱。但是被试的选择决定了他自己最后的收入,也决定了对家同学最后的收益。

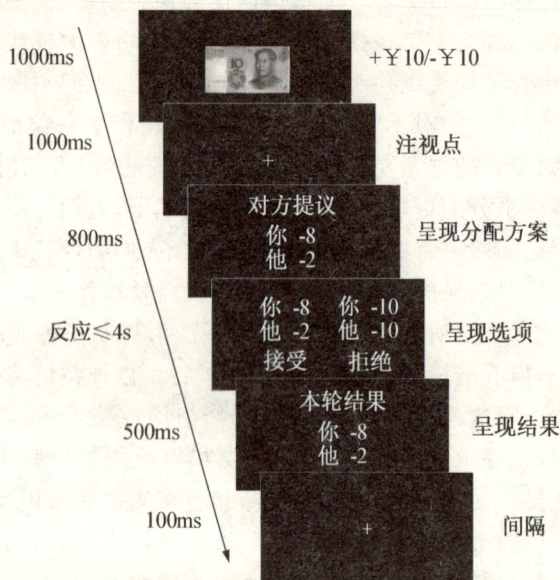

图 3－9　实验单轮游戏流程图

　　三个子实验的结果一致地显示不公平厌恶受损益情境的调节。第一,损失情境下不公平厌恶更明显,表现为损失情境下反应者的拒绝率更高。第二,被试间实验结果与被试内实验结果一致,损失情境下的拒绝率高于获益情境,这意味着,损失情境下更高的拒绝率并非由损失情境与获益情境相互比较所致,表明损失厌恶对不公平厌恶的强化效应的稳定性。第三,通过将决策选项呈现外显化的方式,使被试在决策时明确知道候选项所带来的后果。这种操纵下依然发现损失情境下的拒绝率高于获益情境,且不公平提议仍然会遭到拒绝,再次表明损失情境对不公平厌恶的强化。

　　损失情境下的拒绝率高于获益情境,乍一看来,这一结果似乎与前景理论的预测不一致。前景理论认为,人们对损失更加敏感(Tversky ＆ Kahneman,1981)。比起获得一定的收益,人们对等量损失的规避动力更强。例如,赔￥10 所带来的痛苦的程度更甚于赢￥10 所带来的愉悦的程度。因而人们应该更关注自身的利益,尤其当对方的收入并不影响自己最后的收益时。在这种情况下,损失情境下人们的拒绝率应该比获益情境下更低,因为损失情境下选择拒绝将使自己和对方都遭受到更多的损失,而获益情境下选择拒绝只是使自己和对方都没有收益。结果与预测的不一致可能是因为被试将损失厌恶转嫁到了对方身上。Rabin 曾提出公平均衡(fairness equilibrium)的概念,认为人们倾向于帮助那些曾帮过自己,并伤害那些曾伤过自己的人(Rabin, 1993)。人们不仅关注自身的利益,也关注与同伴相比的相对利益。与公平的提议相比,对方提出不公平提议可以认为是对自己的一种伤害,给自己带来了更大的损失,而应该予以反击。在损失情境下,由于损失厌恶的存在,这种不公平提议所带来的伤害被进一步强化,因而引发了更深的厌恶。

损失情境下的拒绝率更高,可能与下列因素有关。其一,将损失厌恶转嫁到对方身上,并对对方的不公平行为实施惩罚。以最不公平的提议为例,拒绝-9/-1提议使对方的损失由¥1 上升到¥10,拒绝 1/9 提议使对方的收益由¥9 降低到¥0。根据前景理论价值曲线的特性(损失表现为凸,收益表现为凹),预测前者引起的痛苦将甚于后者。作为惩罚的拒绝选择虽然让自己也付出了一定的代价,但对方的代价更大。其二,维持社会公平。尽管拒绝不公平提议降低了自己的收益,并增加了自己的损失,但选择拒绝后达到了双方的相对公平,促进了社会的公平和正义(Huck, 1999)。在赔偿损失时,人们更希望维护社会公平性。其三,损失情境诱发的负性情绪使拒绝率提高。已有研究表明不公平提议诱发了负责负性情绪加工的前脑岛区域,并且这个区域的激活量与接下来的决策行为相关,激活越强,被试越倾向于拒绝提议,表明了负性情绪在决策行为中发挥重要作用(Alan G. Sanfey, Rilling, Aronson, Nystrom, & Cohen, 2003)。损失情境本身可能诱发负性情绪,而损失情境下的不公平提议就像是雪上加霜,加重了负性情绪,而导致了更高的拒绝率。

该实验的结果首次表明了损失厌恶对不公平厌恶的强化。一方面,获益情境下,接近公平是可以接受的,而损失情境下,差一点就差很多。另一方面,获益情境下,将公平度提高一点点就会产生良好的效果,而损失情境下,这种变化不会产生多大的影响。这些结果对于现实生活有重要的启示。鉴于近年来席卷全球的经济危机所带来的沉重的经济压力,制度制定者、决策者应该注意,在分摊损失时要更加注重分配的公平性。

3.6.3 损失与不公平的内隐联结

我们的第二个研究除了让被试完成一个类似实验一的行为决策任务外,还让被试评价每种提议所诱发的不公平感,作为损失强化不公平的外显测量指标,以及一个损失/获益与公平/不公平的内隐联想测验,作为损失强化不公平的内隐测量指标。内隐联想测验(implicit association test,IAT)通过一种计算机化的分类任务来测量两类词(概念词与属性词)之间的自动化联系的紧密程度(Greenwald, McGhee, & Schwartz, 1998)。IAT 在生理上以神经网络模型为基础。该模型认为信息被储存在一系列按照语义关系分层组织起来的神经联系的节点上,因而可以通过测量两个概念在此类神经联系上的距离来测量这两者的联系。两个概念在属性上有相容和不相容之分。所谓相容,是指两者的联系与被试内隐的态度一致,或对被试而言两者有着紧密且合理的联系,否则为不相容。当概念词和属性词相容,此时的辨别归类在快速条件下更多的为自动化加工,相对容易,因而反应速度快,反应时短;当概念词和属性词不相容,即其关系与被试的内隐态度不一致或两者缺乏紧密联系时,往往会导致被试的认知冲突,此时的辨别归类需进行复杂的意识加工,相对较难,因而反应速度慢,反应时长;不相容条件下的与相容条件下的反应时之差即为内隐态度的指标。这样,概念词和属性词关系与内隐的态度一致程度越高,联系越紧密,辨别归类加工的自动化程度就越高,因而反应时越短,而不相容条件下,认知冲突越严重,反应时越长,其间的差就会更大,表明内隐态度越坚定。

IAT 具有良好的信度和效度(Greenwald, Poehlman, Uhlmann, & Banaji, 2009),被广泛应用于内隐态度的测量,如成就动机(Brunstein & Schmitt, 2004)、偏见(Gawronski, 2002)、自尊(Grumm & von Collani, 2007)、酗酒(Houben & Wiers, 2006)、主观幸福感(Walker & Schimmack, 2008)等。内隐联想测验建立在对内部认知过程的测量之上,能有效地防止意识的干扰作用。当被试无法或者不愿意表露自己内心真实的想法时,内隐联想测验也可以揭示其内隐态度和概念间的自动化联结。

预期在内隐和外显测量指标上,都可以发现损失对不公平的强化。在损失/获益与公平/不公平的 IAT 任务中,预期同获益与不公平的联结相比,损失与不公平的自动化联结更强,且被试在两种联结程度之间的差异可以预测其对提议的决策行为。

实验依次进行三个任务:IAT 任务、行为决策和对提议不公平程度的评价。

IAT 任务中,要求被试尽可能又快又准地对一组呈现的词语进行分类。IAT 包含两组四类词:损失/获益、公平/不公平。所有的实验材料均为中文双字词(参见表 3-2),带下划线的词语表示类别标签。词语以随机的顺序呈现在电脑屏幕中央,相同的两个词不会连续出现。被试用左右手按"E"/"I"键完成对词语的分类。

表 3 - 2　IAT 任务用词(词频摘自现代汉语频率词典,北京语言学院出版社,1986)

用词	频度	频率	用词	频度	频率	用词	频度	频率	用词	频度	频率
公平	129	0.00099	不公	135	0.00104	获益	0	0	损失	1539	0.01183
公正	200	0.00154	偏袒	17	0.00013	获得	3242	0.02492	丧失	361	0.00277
平均	2404	0.01848	偏心	162	0.00125	得到	5526	0.04247	失去	1019	0.00783
均等	23	0.00018	不等	530	0.00407	获利	3662	0.02815	损耗	275	0.00211
公道	60	0.00046	偏颇	12	0.00009	收益	157	0.00121	亏损	206	0.00158

决策任务的实验设计如上,最后通牒博弈的任务同前面的实验。先由计算机程序决定每轮游戏是总体赢钱(＋￥10)还是赔钱(－￥10),然后将提议者提出的分配方案呈现给反应者(被试),被试决定是否接受该方案。被试最后的报酬在参与实验应得的报酬的基础上根据其在游戏中的表现作相应额度的增减。

对提议不公平程度的评价在计算机上操作,被试首先看到对家的分配提议,然后移动鼠标在滑标上的位置评价该提议的公平程度,评价值范围是[－100,100]。值越负表示越不公平,越正表示越公平。公平和不公平在滑标两端的位置在被试间平衡。

实验开始前被试仔细阅读 IAT 任务的指导语,并判断表 3-2 中所示的词语分属于损失/获益/公平/不公平中的哪一类,全部正确后方开始 IAT 测验。IAT 程序如表 3-3 所示。其中,B2～B4 部分和 B5～B7 部分的先后顺序在被试间平衡。

表 3 - 3　IAT 任务程序

部分	内容	Trial 数	按键反应	
			E 键	I 键
B1	属性词辨别	20	公平	不公
B2	初始靶词辨别	20	获益	损失
B3	初始联合辨别	20	公平、获益	不公平、损失
B4	初始联合辨别	40	公平、获益	不公平、损失
B5	反转靶词辨别	40	损失	获益
B6	反转联合辨别	20	公平、损失	不公平、获益
B7	反转联合辨别	40	公平、损失	不公平、获益

IAT 任务结束后,被试阅读最后通牒博弈任务的指导语,并向被试强调分配提议是由不同的对家提出的,但是由于无法在统一的时间地点内同时进行博弈,所以事先收集了他们的数据。由于每一轮是跟不同的对家进行博弈,所以被试每一轮

的选择不影响接下来的分配提议,也不影响下一轮是一起赢钱还是赔钱。但是被试的选择决定了他自己最后的收入,也决定了对家最后的收益。在被试理解博弈规则和操作后开始正式实验。每一轮游戏开始屏幕上呈现彩色或黑白色 10 元人民币图片 1000ms,间隔 500ms 后呈现对方的分配提议,被试在 3s 内按键反应,表示接受或拒绝该方案(反应对应按键在被试间平衡)。之后出现该轮博弈的结果,若被试选择接受,则结果与分配提议一样,若被试选择拒绝,则在赢¥10 条件下双方都得 0,在赔¥10 条件下双方都-10。单轮游戏流程如图 3-9 所示。实验共有 100 轮游戏,分 4 个区组,每个区组有 25 个试次。10 种分配提议各重复 10 次。为避免呈现序列的影响,损失和获益情境连续出现不超过 4 次,同一种分配提议连续出现不超过 3 次。

首先对 IAT、博弈任务、公平程度评价分别进行统计分析,然后对三者之间的关系进行相关分析。结果发现,损失与不公平(获益与公平)的联结强度指标 D 值(0.96±0.27)显著大于 0,表明了一种显著的内隐联结倾向。采用传统的 IAT 数据统计方法(Greenwald, et al., 1998)得到的结果一致,发现不相容组的平均反应时(1118ms)多于相容组(683ms),不相容组的错误率(6.4%)高于相容组 (2.5%)(参见图 3-10)。

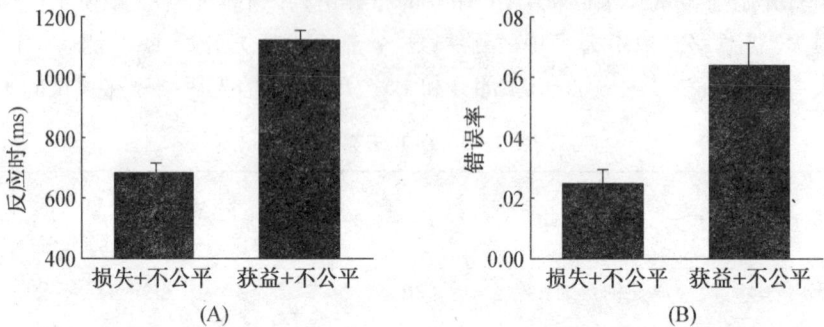

图 3-10　IAT 任务中相容组和不相容组的反应时(左图)和错误率(右图)

损失是一种负性事件,不公平也是一种负性事件,比起获益与不公平,损失更容易与不公平联结在一起。IAT 效应的存在证实了获益与公平、损失与不公平的联结更紧密。这种联结偏向揭示了损失强化不公平的内隐加工机制。

相对于获益与不公平、损失与公平的联结相比,获益与公平、损失与不公平的联结程度更强(反应时更短),可能与词语效价(valence)的一致性有关。效价一致的概念在语义网络上的节点距离更近,更容易被联结加工。这种加工倾向可能会引起对损失情境下提议的不公平感加剧。我们随后考察了损失厌恶强化不公平厌恶的神经机制,将在第 4 章中加以介绍。

3.7　小结

最后通牒博弈的初始研究价值在于挑战传统经济学理论关于经济人的完全理性自利的假设。根据传统经济学理性经济人理论，每个经济人都是完全理性且追求个人利益的最大化。如果这一理论成立的话，则在最后通牒博弈中，作为反应者，应该接受任何大于 0 的正性提议。而作为提议者，分给反应者的部分应无限接近于 0。实证证据表明，几乎没有一个实验完全符合这一结果（除了马奇根加人）。人们开始质疑，传统经济学理论的普遍性。大家都开始认同，人们不会总是按照自我利益最大化的目标来决策。接下来的问题就是：人们为什么会表现出不理性的决策呢？接下来从提议者和反应者的角色分别出发，对行为研究的结果进行总结。

3.7.1　提议者出价偏公平的原因

实证研究发现，最后通牒博弈中，提议者的平均出价一般在总额的 40% 左右，大部分人给出的出价都是公平的 5～5 分，只有极少数人给出的出价低于总额的 10%。提议者为何要提出偏公平的出价呢？根据已有研究结果和理论，至少有三个方面的原因。

3.7.1.1　公平偏好

这是一个最温暖的假设：公平是一种基本的价值观，公平是一种社会规范，偏好公平是人类的天性。独裁者博弈的结果最可以支持这个假设。在独裁者博弈中，反应者没有拒绝的权力，只能被动接受，因而提议者完全可以从自我利益最大化出发提出有利于自己的分配，不用害怕被拒绝。实际结果却是，只有约 20% 的分配者会选择独占所有金钱，有 20% 的分配者则会选择将金钱平分（Forsythe, *et al.*, 1994）。这说明，人们确实具有追求公平和利他的行为偏好。

3.7.1.2　策略性行为

更多的研究更支持这样一种假设：提议者偏公平的出价行为只是一种策略性公平，害怕被拒绝从而伤害到自己的利益，其出发点仍然是自我利益的最大化。控制了信息完备性的实验，验证了这一假设。在一些实验中，反应者不知道分配的总额，这种情况下提议者的出价要少得多，表现出自利倾向。另一些实验中，不让博弈者直接分配金钱，而是分配一些代币或筹码，这些代币的价值对于提议者和反应者是不同的。结果发现，当代币的价值对于提议者更高时，提议者的出价是按代币的数量来分，而不是按照代币的价值来分。尤其当反应者只知道代币对于自己的兑换率，不知道代币对于对方兑换率时，提议者的分配方案更倾向于根据代币的数量来评分，而不是按总体价值。这些结果表明，提议者所提出的偏公平的出价，只是一种表面上的公平,不是出于对公平的偏好,而是出于对自我利益的保护。

3.7.1.3 害怕、内疚等负性情绪使然

也有研究不是从认知理性的角度来解释提议者的出价行为,而是从情绪的角度。诱发负性情绪,比如害怕情绪和内疚情绪等,会提高提议者的出价。然而,这一类研究还比较少,有待进一步的证据。

3.7.2 反应者拒绝不公平出价的原因

不同于经济理论所假设的接受任何大于 0 的出价行为,研究发现,当出价低于总额的 20% 时,反应者会拒绝接受。反应者所要求的最小可接受值一般在 30% 左右。很多实验中,博弈只有一轮,因而反应者的拒绝不是因为想在下一轮分得更多。那么反应者为何宁愿牺牲自己的经济利益,也要拒绝不公平的出价呢? 根据已有研究结果,至少有五个方面的可能性。

3.7.2.1 公平偏好与不公平厌恶

根据 Fehr 和 Schimdt(1999)的不公平厌恶模型,当人们的收益少于或多于他人的收益时,他们会感到不公平。当利益分配偏离了平等分配时人们体验到负效用,并产生抗拒,比如放弃物质利益使结果向更公平的方向发展。

3.7.2.2 惩罚与报复不公平的行为

根据 Rabin(1993)的理论模型:人们愿意牺牲自己的物质利益去帮助那些友善的人,也愿意牺牲自己的物质利益去惩罚那些不厚道的人。实验证据也表明,惩罚似乎对拒绝行为起着关键作用。例如,当提议者有外部选择,即当拒绝提议后提议者仍能拿到一定报酬时,对不公平出价的拒绝率大大降低。这一结果表明,对出价的拒绝行为至少有部分原因是想惩罚或报复对方。

3.7.2.3 表达或宣泄负性情绪

多数有关情绪的实验均表明,诱发负性情绪后对不公平出价的拒绝率更高,或被试主观报告的负性情绪程度与其对出价的拒绝率呈正相关。最直接的证据则来自于 Xiao 和 Houser(2005)的研究。该研究给被试提供了没有代价的表达情绪的通道,结果被试对不公平提议的拒绝率下降了,表明了情绪的直接驱动作用。然而,有关证据还存在争议。

3.7.2.4 建立名声

一些研究者认为,反应者在决策时考虑的不仅仅是当前的情境,还有可能从长远出发。虽然,当前对不公平提议的拒绝会造成自己的损失,但长期来看,对提议者施以惩戒,有助于在以后的交往中做出公平的行为,而惠及他人。例如,Abbink等(2004)的研究发现,在即时反馈和延迟反馈条件下,不公平的分配都会被拒绝,结果表明,反应者的拒绝行为不是出于惩罚以获得情绪上的快感,而是出于建立名

声,以教育提议者,让其遵守公平的社会规范。

3.7.2.5　维护自尊

不公平的出价可能会使反应者感到自尊受到侵害,觉得对方轻视自己而恼怒,从而需要通过拒绝行为以维护自己的尊严。例如 Bosman 和 van Winden(2002)的研究证明,不公平提议会引发强烈的恼火感受,且体验的恼火与蔑视感越强,越倾向于拒绝对方。

3.7.3　关注个体差异

不管提议者的出价行为,还是反应者的拒绝行为,其原因都可能是多方面的,既有出于公平的考虑,也有出于自利的考虑。另外,这些原因都只能解释一部分人和一部分结果。正如大多数研究都没有强调的一点是:尽管大部分提议者都提出偏公平的出价,也有部分提议者的出价是自利的;尽管大部分反应者拒绝不公平的出价,也有部分反应者接受所有正的出价。即完全理性的决策也占有一定的份额,而这点通常都被无视了。或许,更应该讨论的是:为什么人们的决策会有不同?或者说,为什么不同的人持有不同的动机?这些动机又是如何形成的?对这些问题的回答,将有助于更好地理解人类的属性,这个世界上最复杂的物种。而要回答这些问题,则要深入探讨决策的个体差异及个体差异形成的原因。

已有对个体差异及文化差异的研究,提供了很好的洞见。不同的文化背景和经济发展状况,会影响最后通牒博弈的决策行为,例如经济不发展以及文化不健全的马奇根加人的行为就更偏理性,而经济发达且文化健全的西方社会则表现出更多非理性的行为。不仅文化不同会影响决策行为,即使在同一文化背景下,不同的人格特征、价值取向,也会造成决策的差异。但已有研究的范围还不够广泛、内容也不够丰富,研究结果也存在着不一致。比如,同样是日本和美国相比,有的研究发现日本人的出价比美国人高,而有的研究则发现日本人的出价比美国人低。因而,文化差异里可能混杂着群体差异和个体差异,而文化差异里某些文化特质比起其他特质,可能起着更关键的作用。所以,以后研究的重点之一,将是发现发挥着重要作用的文化特质因素和个体差异因素。

第4章　公平博弈的神经科学研究

　　最后通牒博弈的行为学研究发现了人们在决策时对理性行为的偏离。对于非理性行为的产生机制，行为学研究提出了若干种假说，但实证证据却并不一致。研究技术的发展，尤其是神经科学技术与手段的发展，为打开行为背后的黑箱，提供了契机。人类已进入读脑时代，学术界言必称神经，核磁是基本。究竟这些脑科学研究给揭示行为机制作出了多大贡献？本章将详细介绍有关最后通牒博弈的神经科学研究，并重点分析其研究价值。

　　20世纪末，出现了一个新兴的研究领域：神经经济学（neuroeconomics）。神经经济学为研究人的经济行为提供了新的视角。神经经济学的兴起源于20世纪30年代开始的新古典经济学革命和90年代蓬勃发展的认知神经科学。1997年，在卡内基·麦隆大学（Carnegie-Mellon University）举行了由经济学家组织的首个交叉学科的研究会议。2001年，在美国普林斯顿大学召开了以"神经经济学"为主要议题的会议，经济学家和神经科学家开始明确讨论这个领域的兴起及其价值所在。2003年，在Martha's Vineyard举行的小型邀请会上，一些经济学家、心理学家和神经生物学家开始确立自己作为神经经济学研究者的身份，并明确形成了神经经济学的雏形。与此同时，一些具有里程碑意义的论著开始出现，该领域发表的论文呈逐年增长趋势（参见图4-1）（Glimcher, Camerer, Fehr, & Poldrack, 2009）。

　　神经经济学是一门交叉研究学科，它融合了经济学、心理学、神经科学、认知科学、统计学、行为金融学和决策学的理论和方法，力图构建出人类决策行为的一般性模式，揭示决策行为背后的神经活动机制与机理，借此解释和预测人们的决策行为，尤其是经济决策行为。神经经济学研究主要采用的技术有：脑电图（electroencephalography, EEG）、脑磁图（magnetoencephalography, MEG）、正电子发射断层扫描（position emission tomography, PET）、功能性核磁共振成像（functional magnetic resonance imaging, fMRI）、经颅磁刺激（trancranial magneticstimulation, TMS）等。功能磁共振技术利用磁共振信号的血氧水平依赖性（blood oxygenation level dependent, BOLD），测量人脑各区域的活动；事件相关电位（event-related brain potential，ERP）则是从脑电图中提取出与心理活动信息有关的成分。高空间分辨率的 fMRI 和高时间分辨率的 ERP 是神经经济学最常用的技术（Yu & Zhou，2007）。

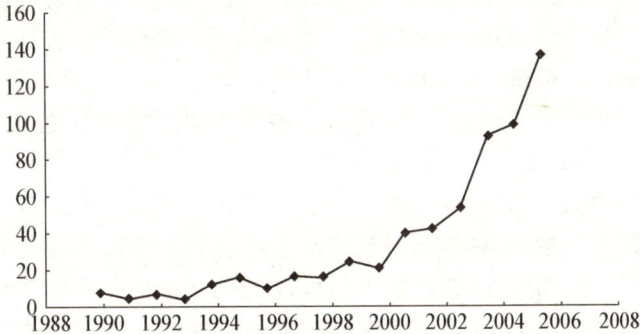

图 4 - 1　神经经济学领域发表的文献量逐年增长
（摘自 Glimcher 等，2009）

神经经济学的研究内容包括经济学的许多经典问题，例如，偏好、不确定性决策、风险决策、时间贴现、框架效应等。随着越来越多的研究者对这个领域的关注和参与，神经经济学研究已在较多经济学行为研究上取得了丰富成果。比如，脑成像研究发现，人们对品牌的偏好与脑内的腹内侧前额叶有密切的关系；人际信任的建立可能与尾核的活动有关，尾核接收并计算对方行动的正当性以及交互行动中的信任意图等信息（King-Casas，et al.，2005）；当在短期内得到小金额奖励与长期等待后获得大金额奖励中选择时，双侧前额和顶叶皮层会激活，当边缘系统激活更强时，被试会选择短期利益，当额顶网络激活更强时，被试选择长期利益，表明额顶网络对抑制短期利益的诱惑而选择长期利益起着重要作用（McClure，et al.，2004）。作为神经经济学的一个重要内容，奖惩加工（或金钱得失）已引起了广泛关注。例如，脑成像研究发现初级奖赏（如食物）与次级奖赏（如金钱）激活的脑区一致，表明不同性质的奖赏都是由同一神经回路系统加工，揭示了眶额皮层—杏仁核—伏核（OFC-Amygdala-NAcc）回路可能负责这些奖惩信息加工（O'Doherty，Kringelbach，Rolls，Hornak，& Andrews，2001）。

公平，作为社会生活的一个重要概念，引起了神经经济学研究者的关注。研究者采用多种技术和手段，试图揭示博弈决策背后的神经机制。

4.1　ERP 研究

ERP 事件相关电位技术是神经科学最常用的技术之一，指的是通过平均叠加技术从头颅表面记录大脑诱发电位来反映认知过程中大脑的神经电生理变化过程，从而对大脑高级心理活动作出客观评价。事件相关电位反映了认知过程中大脑的神经电生理的变化，也被称为认知电位。事件相关电位与识别、比较、判断、记忆、决策等心理活动有关，反映了认知过程的不同方面，是了解大脑认知功能活动的"窗口"。事件相关电位作为可以反映大脑高级思维活动的一种客观方法在研究认知功能中得到广泛的应用，其最大的优势是具有高时间分辨率的特点，使其在揭示认知的时间过程方面极具优势，能锁时性地反映认知的动态过程。该方法已经成为研究脑认知活动的重要手段。

相比于行为学研究，ERP 的优势主要表现在：① 外显的行为反应反映的是大量独立的认知加工的最终结果，通过反应时和正确率等指标上的变化很难将其定位到具体的认知加工中。而 ERP 技术却可以提供对刺激和反应之间加工过程的连续测量，因而，ERP 可以确定一个特定的实验控制影响着加工的哪个阶段或者哪些阶段。② ERP 技术可以独立于行为反应，而给出对刺激事件加工的即时测量，即被试不需要做出行为反应，只要对刺激事件进行了加工，就可以被 ERP 检测并记录到。甚至，被试无意识的加工与反应（内隐加工），也可以被 ERP 捕捉到。然而，与行为技术相比，ERP 技术也有自己的不足。一个最大的缺陷就是，ERP 成分的功能意义不像行为学指标的意义那样明确。很多时候，ERP 反应产生背后的具体生理事件并不明确，而 ERP 反应对信息加工产生的影响也不明确。而行为指标则要确定得多。例如，如果任务 A 的反应时是 300ms，任务 B 的反应时是 350ms，那么，可以确定对任务 B 的编码、加工和反应比任务 A 的加工多花 50ms。而如果一个 ERP 成分的潜伏期在任务 A 下是 300ms，在任务 B 下是 350ms，不经过一番长篇推理，将很难得出任何论断。因而，对 ERP 基本信号的解释要比解释行为实验结果复杂得多。ERP 技术的另一个不足是，ERP 成分太小，因而需要较多的试次才能得到比较准确的测量。行为反应时任务通常一个条件重复 20～30 次就足够了，ERP 则至少需要 40～50 次的重复。这一点对于最后通牒博弈来说，是个非常大的缺陷。因为许多研究中，只进行一轮博弈。单个试次对于 ERP 实验来说，是不可能实施的。此外，ERP 成分的定位也是一个难题。单电极记录到的电压反映的是多个不同的 ERP 产生源的总和，每一个产生源有可能对应着不同神经认知加工。因而，很难将单个 ERP 成分从整个 ERP 波形中分离出来。研究者发展了多种技术来解决这些问题，如主成分分析（PCA）、独立成分分析（ICA）等。

经典的 ERP 成分包括 P1、N1、P2、N2 家族、P3 家族等，其中，前两个成分受刺激本身的物理属性的影响加大，后几种成分则与被试的心理活动有关。对于一个 ERP 成分，至少有四种属性来描述。首先是极性（polarity），即正负性，正波为 P，负波为 N。其次是峰值（peak），即达到最大值或最小值时的大小，单位是 μV。再次是潜伏期(latency),即波幅达到最大值或最小值时距离刺激呈现的时间。最后是头皮分布(scalp distribution),即产生波幅的电极点位置。ERP 实验除了可以分析时域特征外,也可以分析时间频域特征,即时频分析。

4.1.1 决策相关的 ERP 成分

4.1.1.1 MFN

决策任务相关的两个 ERP 成分分别是内侧额叶负波(medial frontal negativity,MFN)和 P300。内侧额叶负波是在反馈刺激出现后 250～350ms 内的负走向,主要分布于头皮前中部电极位置,在 Fz 或 FCz 电极处达到最大波峰(参见图 4-2),又被称为反馈负波(feedback-related negavtibity,FRN),它特异性地出现在金钱损失或反应错误的结果后。源定位分析发现 MFN 产生于内侧额叶的前扣带回(anterior cingulate cortex,ACC)。该区域被认为与错误检测和冲突监控等加工有关。

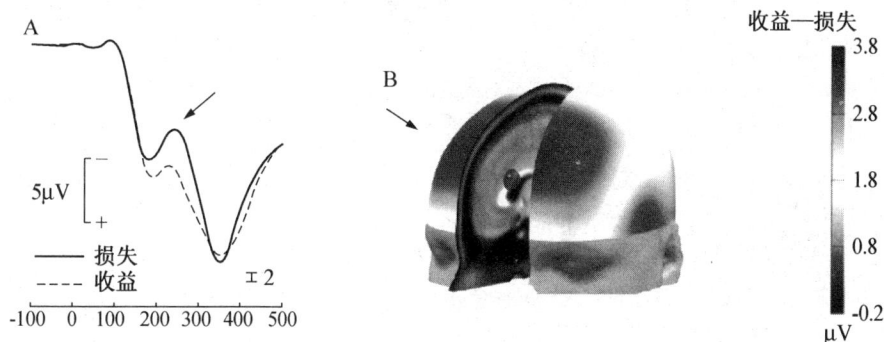

图 4-2 经典 MFN 波形及其源定位(摘自 Gehring & Willoghby,2002)

关于 MFN 的功能意义,有以下几种假设:

(1) MFN 反映了对呈现结果的预期错误。

Holroyd 和 Coles(2002)以强化学习理论为理论依据,在错误反应加工模型上建立了 MFN 的强化学习理论(RL-FRN 理论)。该理论认为,MFN 反映了一个强化学习系统的活动。强化学习理论认为,当接收到外界刺激时,评价系统在基底神经节完成对正在进行的事件的评价并预期该事件的结果是成功还是失败,当预期与实际结果之间不一致时,基底神经节将对其预期进行修正,这导致中脑多巴胺能神经元活动的相位同步性发生变化:如果当前事件的实际结果比预期要好时,那么基底神经节将它的预期朝更好的方向修正,这会导致中脑多巴胺能神经元活动的相位同步性增长;如果当前事件的实际结果比预期要差时,基底神经节将它的预期朝更坏的方向修正,这会导致中脑多巴胺能神经元活动的相位同步性减弱。基底神经节用这种变化来更新它的预期,以至于系统逐渐地习得关于奖惩的初期预期。此外传到额叶的多巴胺信号被当做强化学习信号,起到适当地修正行为的作用。多巴胺信号对 ACC 的影响调节着 MFN 的波幅,因此多巴胺能神经元活动的相位同步性增长与走向小的 MFN 相关,多巴胺能神经元活动的相位同步性减弱则与走向大的 MFN 相关(Holroyd & Coles, 2002)。根据强化学习理论,意料之外的负性结果有更大的 MFN,而意料之外的正性结果则有较小的 MFN。

(2) MFN 反映了对实际结果好坏的二分评价。

当结果是随机出现,或者人们对出现什么样的结果没有把握即没有预期时,人们需要外界反馈来确定自己行为的成功与否。这样的反馈至少应从两个方面来评价:一是效价维度,即反馈是好还是坏;二是数量维度,即反馈好或者坏到什么程度。Yeung 和 Sanfey(2004)的实验要求被试在两个可能的反应选项中选择一个进行下注,随后呈现被试所选项的结果以及未选项的结果:赢大笔钱、输大笔钱、赢小笔钱、输小笔钱。结果发现尽管输钱比赢钱诱发了更大的 MFN,但输钱的多少并不影响 MFN 的波幅,且未选项的输赢结果也不影响 MFN 的波幅。这些结果表明,产生 MFN 的神经系统似乎是对结果刺激进行快速的浅层的好坏二分评价,即 MFN 能反映效价维度,而不能反映数量维度(Yeung & Sanfey, 2004)。

(3) MFN 反映对事件动机性/情感性效果的评价。

Gehring 和 Willoghby(2002)的赌博实验让被试在 25 和 5 之间进行选择,结果有"输/赢"和"正/误"两个维度,"输/赢"维度表示被试的选择导致赢钱或输钱,"正/误"维度表示被试的选择与他们放弃的选择相比,是更好还是更差。结果发现,相对于"赢钱","输钱"的反馈信息会诱发明显的 MFN,"赢钱"条件下,表示被试的选择是相对错误的"赢钱少"反馈不会诱发 MFN,而在"输钱"条件下,表示被试的选择是相对正确的"输钱少"反馈仍诱发了 MFN。这说明 MFN 对反馈信息的"输/赢"维度敏感,而对"正/误"维度不敏感。这表明,MFN 在任务中所激活的主要计算功能不是对错误或反应冲突的检测,而是对错误反应所带来的惩罚或资源的损失的评价(Gehring & Willoughby, 2002a)。Yeung 等(2005)的研究结果与 Gehring 的观点一致,他们观察到 MFN 与参与实验任务的主观评价有关,即在赌博任务中,当被试并不发出主动行为时,MFN 由负性结果诱发。这说明由 MFN 反映的评价加工对正在进行的事件的动机意义敏感(Yeung, Holroyd, & Cohen, 2005)。

因而,研究者认为对事件的动机性效果的快速评价参与对结果的评价,且这个加工尤其对损失敏感。具体而言,MFN 所反映的评价加工可能体现了 Kahneman 等人所指的"即时效用",即由对事件沿好/坏维度进行不断评价时所产生的暂时性心理状态。这样的计算可能会通过影响个体在预测做出某种决策后可能出现的情绪状态从而影响到决策行为,或者它直接影响情绪状态,而这种情绪状态会驱使在选择的那一刻做出某种决策。

（4）MFN 的情境依赖性。

MFN 反映了对实际结果的好坏评价，但好与坏的评价也许并不固定。彼时评价为较好的结果在此时也许是较差的。Holroyd 等（2004）的实验让被试进行三选一的选择，所选项的结果有几种情况：① 结果可能为赢 10cent、输 10cent、不赢不输；② 结果可能为赢 2.5cent、赢 5cent、不赢不输；③ 结果可能为输 2.5cent、输 5cent、不赢不输。结果发现，在第一种条件下，输 10cent 和不赢不输都诱发了MFN，两者无显著差异；在第二种条件下，赢 2.5cent 和不赢不输都诱发了 MFN，不赢不输诱发的 MFN 更大；在第三种条件下，输 2.5cent 和输 2.5cent 诱发了MFN，但不赢不输没有 MFN（Holroyd，Larsen，& Cohen，2004）。这些结果表明，产生 MFN 的神经系统以一种情境依赖的方式操作：系统决定一个结果是好还是坏，是以这个结果处的情境为基础。这样，系统将有可能得到的最好的结果定为好的，而将可能得到的最坏的结果定为差的。例如，当另一个奖励是 500 元时，获得 1000 元奖励被认为是好的，但同样是 1000 元奖励，当另一个奖励是 2000 元，就会被认为是差的。因而，MFN 波幅体现了情境依赖性。

（5）社会交互作用以及个体差异因素对 MFN 的影响。

Yu 和 Zhou（2006）的实验用双人赌博任务，观察到当被试只是观察他人的金钱损失时也会诱发 MFN，并且比自己行为导致失钱诱发的 MFN 波幅更小。共情性反应使对他人失钱产生类似 MFN 反应，但是，看他人失钱的动机意义不如自己失钱显著，因而 MFN 波幅较小（Yu & Zhou，2006）。Fukushima 等（2006）则让被试在竞争性情境下观察自己和对手的输赢结果，在这种情境下，被试的输赢与对手是相对的。结果发现了明显的性别差异：当女性被试看到对手输钱的结果时也产生了 MFN，说明对手的损失也被评价为负性事件，尽管这对于本人来说是一种获益。而男性被试则不会对对手的结果产生 MFN。研究者测量的被试对自己和他人的结果的情感评价分数与 MFN 呈线性负相关，表明 MFN 对社会情绪加工敏感。这说明复杂社会行为中的个体差异会影响对外界刺激进行反应的神经活动（Fukushima & Hiraki，2006）。一个最近的研究探讨了人际关系对 MFN 的影响。让被试观察自己、朋友、陌生人的赌博结果，发现三种条件下的负性反馈都诱发了MFN，且 MFN 波幅呈现自己＞朋友＞陌生人的模式，自己诱发的 MFN 显著大于朋友和陌生人，而朋友和陌生人的 MFN 波幅则无差异（Leng & Zhou，2010）。

（6）MFN 波幅对行为的预测。

奖赏预期错误信号可能会被用于形成和调整行为或刺激与它们相应的结果间的联结。奖赏预期错误可以通过发出需要调整未来行为的信号来引导决策。MFN 反映了奖赏的预期错误，其波幅可能与后继的决策行为有关。Cohen 和

Ranganath(2007)的研究将强化学习的计算模型与 ERP 实验证据相结合,证明了强化学习信号对未来决策的预测。在他们的实验中,被试与计算机对手玩一个竞争性非零总和的"匹配硬币"游戏。即被试和计算机对手同时进行二选一的选择,当被试与计算机对手选择了同一个目标时,被试输 1 点,当被试与计算机对手选择了不同目标时,被试赢 1 点。计算机对手会搜索并分析被试最近的选择策略以期打败被试。在这个游戏中,优势的决策策略是每个目标平均选择,并且不形成易识别的模式。实验得到的结果与强化学习计算模型所预测的结果一致。输钱后被试下一轮变化选择所诱发的 MFN 比输钱后被试下一轮选择保持不变所诱发的 MFN 更负,即输给计算机对手后诱发的 MFN 波幅能预测被试下一轮是否会改变决策。实验还发现,运动皮层部位电极处的 MFN 会随做出决策的反应手出现一侧化趋势,表明反馈信息也在运动皮层区得到加工,使得成功反应的表征得到增强,而失败反应的表征得到减弱。这些结果为人类运用强化学习加工来调整竞争性决策选项的表征提供了证据。

4.1.1.2　P300

P300 是在结果呈现后 300～600ms 时间窗口内的一个正成分,其波幅在顶叶中部达到最大。早期实验采用 oddball 范式发现,P300 对于小概率事件敏感。

关于 P300 功能意义的早期理论认为,其加工机制在于对刺激加工的结果的某些方面的评价,并将 P300 与反应引导、对先前不确定刺激事件的解决、对刺激重要性的认知评价、唤醒状态的反应性变化、对做出知觉决策的确信等概念联系在一起。接下来的研究采用双任务实验范式发现了注意资源分配的作用,表明任务加工的认知要求可能影响 P300(Polich, 2007)。关于 P300 最有影响的理论是情境更新理论(context-updating hypothesis)(Donchin, 1988)。该理论认为,P300 反映了个体对关于外界情境的心理模型的主动巩固和调整。如果刺激传递的信息与情境模型的某部分不匹配或者因而有助于保持或更新对外界的记忆表征,这个模型就得到了更新,而 P300 的波幅随模型的变化而变化。具体而言,经过初始的感觉加工后,注意驱动的比较加工评价工作记忆中对先前事件的表征。如果没有检测到刺激特征,那么对刺激信息的当前心理模型或图式则得到保持,只记录到感觉诱发电位(N1,P2,N2)。如果检测到了新的刺激,注意加工产生变化并更新对刺激的表征,产生了 P300。最近的一个关于 P300 功能意义的理论,则从 P300 发生源的角度,提出 P300 是蓝斑核去甲肾上腺素能神经元相位活动的电生理相关(LC-P3 hypothesis)(Nieuwenhuis, Aston-Jones, & Cohen, 2005)。蓝斑核去甲肾上腺素能神经元的活动由任务相关的决策加工的结果所驱动,该活动可用于驱使行为并有助于提高任务绩效。动物研究发现蓝斑核主要并直接接收来自前扣带回和眶额叶的纤维传入,这两个脑区都与任务相关效用的监控有关。因而,根据 LC-P3

假设,P300 反映了去甲肾上腺素能神经元相位活动引起的新皮层的神经反应的增强。这种增强由任务相关的决策加工的结果所诱发,从而在决策的基础上促进反应。

值得一提的是,在情绪领域的研究中,P300 被认为是一个与情绪加工有关的重要成分。有研究者认为,P300 波幅与刺激的效价有关,与正性情绪图片相比,负性情绪图片可诱发更大波幅的 P300(Ito, Larsen, Smith, & Cacioppo, 1998);但也有研究报告,正性刺激诱发的 P300 波幅比负性刺激诱发的 P300 波幅更大(Johnson & Donchin, 1985; Delphan, Lavoie, Hot, 2004)(Delplanque, Lavoie, Hot, Silvert, & Sequeira, 2004)。总之,与中性刺激相比,正性或负性情绪刺激能诱发 P300 效应。

4.1.1.3　决策任务中的 P300 效应

研究发现,表示金钱赌博结果的反馈刺激诱发了一个较慢的成分,根据其正性和潜伏期来看,是 P300 成分。它随着赢钱或输钱的金额的增多而增大。最近的研究还发现,对结果效价的预期错误影响 P300 波幅,意料之外的结果比意料之中的结果诱发了更大的 P300(Greg Hajcak, Holroyd, Moser, & Simons, 2005)。但关于结果的效价是否影响 P300 波幅,研究结论尚不一致。一些研究发现,正性结果(赢钱)诱发的 P300 波幅大于负性结果(输钱)诱发的 P300(G. Hajcak, Moser, Holroyd, & Simons, 2007; Yan Wu & Zhou, 2009),而另一些研究则发现 P300 波幅与反馈是正是负无关(Yeung & Sanfey, 2004)。

但是,在 Yeung 和 Sanfey's(2004)的研究中,P300 波幅对未选项的效价敏感,未选项是正性反馈的 P300 波幅大于负性反馈。该实验的行为结果证实被试基于未选项的结果来调整决策,如果上一轮游戏他们没选那个带来更大奖励的选项,下一轮游戏他们更倾向于选择那个额度较大因而风险也更大的选项。这些结果表明,P300 与结果价值的评价有关。其被选项的反馈效价不影响 P300 波幅,可能是由于,判断已选项是好是坏还要看未选项的结果如何。负责评价的系统可能要基于未选项的反馈。在这种情况下,当未选项是赢 37 ¢ 的情况下赢 7 ¢,与当未选项是输 37 ¢ 的情况下输 7 ¢,其效用是相当的。因而,究竟 P300 波幅是否对反馈效价敏感还不清楚。

由于研究者更多地讨论 MFN 在结果评价中的意义,P300 在结果评价中的功能意义还不清楚。有观点认为,P300 与反馈刺激带来的情绪信息的唤醒有关,唤醒度越高,P300 波幅越大(Polich & Kok, 1995)。例如,在买晓琴(2005)的研究中,设计了一项交互式欺骗任务,让被试和计算机模拟的实验参与者玩一个扑克牌游戏。被试的任务是当对家坐庄时选择是否相信对家,可能出现的结果是:相信对家并且没有被对家欺骗而得钱、相信对家但是被对家欺骗而失钱、不相信对家冤枉对家欺骗自己而失钱、不相信对家并发现对家欺骗自己而得钱;当被试自己坐庄时选择是否欺骗对家,可能出现的结果是:欺骗成功而得钱、欺骗失败而失钱。实验结果发现,被试自己坐庄时,得钱比失钱诱发的 P300 波幅更大,欺骗反应结果比诚实反应结果诱发的 P300 波幅更大,同时,欺骗情况下失钱减得钱的差异波大于诚实情况下失钱减得钱的差异波;对家坐庄时,相信比不相信诱发的 P300 波幅更大,相信情况下失钱减得钱的差异波明显,不相信情况下失钱减得钱的差异波不明显。作者认为 P300 波幅反映的是被试的情绪体验。具体而言,相对于诚实反应结果,被试对于欺骗结果的情绪体验更强,欺骗成功的喜悦强于被信任的喜悦,欺骗失败的沮丧强于被冤枉的失望;相对于不相信对家,被试对相信对家的结果引起的情绪体验更强,相信对家得钱的喜悦强于抓住对家骗自己的喜悦,被骗的失望或气愤强于冤枉对家的沮丧。最近的一项对人际关系对结果评价的影响的研究发现,自己赢钱、朋友赢钱、陌生人赢钱都诱发了 P300,且 P300 波幅呈现自己赢钱>朋友赢钱>陌生人赢钱的模式。这表明共情反应使得对他人尤其是朋友的赢钱也产生 P300 效应,但是因为自己赢钱的功能意义大于朋友赢钱,更大于陌生人赢钱的意义,所以自己赢钱的 P300 效应最大(买晓琴,2005)。

对结果评价中的 P300 波幅进行偶极子溯源分析结果显示其发生源可能位于扣带回附近。这与 MFN 的源定位分析结果一致,在一定程度上暗示着结果评价中的 MFN 和 P300 的功能意义可以有着紧密的联系。

4.1.2　最后通牒博弈的 ERP 研究

4.1.2.1　中等公平水平提议涉及更多的加工冲突

Polezzi 等(2008)最早采用改编的最后通牒博弈范式,记录了被试在看到对方提议分给自己的份额时的脑电活动。该研究分析了最后通牒博弈中反应者对不同提议额(分得总额的 1/10、2/10、3/10、4/10、5/10)的行为和脑电反应。该研究的行为结果与绝大多数研究一致,不公平提议下的拒绝率更高,且中等公平水平提议(3/10)的反应时最多。脑电分析发现,在提议额呈现后的 200~300ms 时间窗口内,3/10 和 1/10 的方案诱发了更大的反馈负波 FRN,在 300~400ms 时间窗口内,3/10 的方案诱发了更大的 N350(参见图 4-3)。对 FRN 和 N350 的源分析发现了左侧颞上回(left superior temporal gyrus)和左顶下小叶(left inferior parietal lobule)这两个经典的心理理论加工区。研究者认为,FRN 反映了对不理想结果的评价,N350 反映了认知冲突,而源分析结果则表明博弈过程中涉及对他人心理的揣测与加工(Polezzi, et al., 2008)。

然而,这个 ERP 实验设计有几点可能会对结果造成污染。① 实验采用了重复博弈的方式。即被试跟同一个对家连续进行 200 轮博弈,其中 1/10、2/10、3/10、

4/10、5/10 的提议额各重复 40 次。这种设计可能使被试对提议的加工过程包含了名声建立这一混淆因素。② 提议只呈现分给被试的份额,提议者留给自己的金额不显示。这种呈现方式使得被试对提议的加工需要额外的计算,如提取对方的份额、进行比较、得出公平与否的判断。以上混淆因素可能导致结果反映的并非不公平厌恶本身。此外,该研究所提到的 FRN 与经典的 FRN 波形有较大差异,让人比较难以理解。

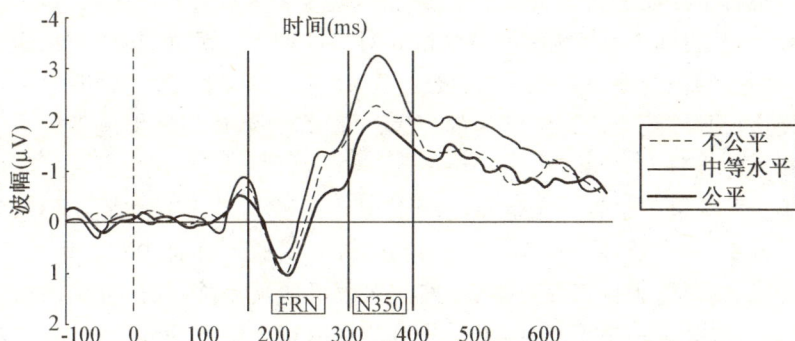

图 4-3 分配提议诱发的总平均波幅(摘自 Polezzi 等,2008)

4.1.2.2 MFN 波幅与个体的道德认同感相关

Boksem 和 De Cremer(2010)的 ERP 研究采用重复单轮(repeated one-shot)的博弈范式,除了让被试完成最后通牒博弈外,还测量了被试在道德认同(moral identity)特质上的差异。道德认同是个体对社会道德体系中诸多规范的认可程度和接受程度。研究者使用的道德认同量表包括两个子量表:道德内化(moral internalization)和道德象征化(moral symbolization)。前者指个体的道德规则植根于内心的程度,后者是指个体对自己在社会生活中的言行举止符合道德规范的认识。被试均为反应者,完成 48 轮最后通牒博弈。其中,一般的试次里,给被试呈现人的图片,表示提议者为人,另一半的试次里,给提议者呈现计算机的图片,表示提议者为计算机。每一轮博弈总额为 20。24 轮博弈里的出价为 12 轮 10、5 轮 6、4轮 4、3 轮 2。分析时,将后三种出价合并为不公平出价,因而公平和不公平提议各12 轮。为避免 MFN 与其他成份的重叠,研究者采用差异波的赋值方式,将不公平出价诱发的波幅减去公平出价的波幅,然后提取 Fz 和 AF4 电极点差异波上300～350ms 内的平均波幅。ERP 结果分析发现,在 AF4 电极点,MFN 波幅与 0有显著差异,不公平出价比公平出价诱发了更负的波幅,但这一差异在 Fz 电极点并不存在。重要的是,在 Fz 和 AF4 电极点,MFN 的波幅均与个体的道德认同得分相关,个体的道德认同感越强,MFN 波幅越偏负,即不公平出价与公平出价诱发的波幅差异越大。但是,MFN 波幅与个体的拒绝率不相关。研究者认为,不公平出价是一种负性的社会结果,因而诱发了 MFN。由于 MFN 被认为反映了结果对预期的违反,因而,对不公平出价诱发了 MFN 效应的解释是,在最后通牒博弈中,人们认为公平分配才是社会规范,预期得到公平的出价,不公平的出价会被认为违反了预期,所以产生了 MFN 效应(Boksem & De Cremer, 2010)。该研究的贡献是探讨了个体道德认同感这一变量,并发现了它与 MFN 波幅的相关。遗憾的是,研究者只报告了提议者为人时的结果,未报告提议者为计算机的结果,也未将两者进行比较,无从得知 MFN 波幅是否受博弈对象的调节。另外,该研究未报告个体的道德认同感和拒绝率是否相关,仅报告了 MFN 波幅与拒绝率不相关,因而不能推测预期违反是导致个体拒绝行为的原因。非常遗憾,该研究未能发现与个体决策行为相关的成分。

除了实验结果的报告不完整外,该研究还有一些不足。① 实验中的重复试次数量相对较少,每个条件下只有 12 轮,这在 ERP 实验中非常少见。因为 ERP 数据结果要经过矫正、去伪迹等步骤,一些试次很可能被剔除,这样可用的试次就更少了,叠加后势必让结果不准确,也无法对数据进行更细致的分析,比如考察不同不公平水平条件下的 MFN 波幅差异。研究者在讨论部分对这一不足进行了辩解(估计是由于某审稿人提出了质疑),认为很难在重复多个试次的同时让被试确信最后通牒博弈情境的真实性,所以为了保证实验情境的真实性,而牺牲了重复的试次量。这一辩解实际上很无力,因为在后文将会看到,完全可以既重复多次,又让被试相信情境的真实性。② 一般而言,MFN 波幅和效应在 Fz 和 FCz 电极点达到最大。而该实验中在 Fz 电极点未发现 MFN 效应,只在 AF4 电极点发现 MFN 效应,这种不一致,比较让人费解。

4.1.2.3 公平提议诱发的 FRN 波幅与对不公平提议的拒绝率相关

同样是从预期违反的角度,Hewig 等(2011)考察了最后通牒博弈中决策行为的基本机制以及个体差异。在他们研究中,被试既要作为提议者,也要作为反应者,完成最后通牒博弈和独裁者博弈。作为提议者,要进行 40 轮最后通牒博弈和 10 轮独裁者博弈,并被要求拍照以为后面的实验所用。这个过程只是让被试相信,他们作为反应者时面对的提议是由真实提议者提出的(这个操纵是成功的,13 名被试中只有 1 人不相信实验情境的真实性,之后的数据分析不包括该名被试的数据)。在作为反应者时,被试进行 240 轮最后通牒博弈(6 种条件下各重复 40 轮:6/6、5/7、4/8、3/9、2/10、1/11,总额为 12,斜线前数字为反应者的份额,斜线后数字为提议者留给自己的份额)。每一个试次,给被试呈现不同提议者的图片(有部分是之前做过实验的被试的图片,也有部分来自面孔图片数据库)。最后通牒博弈结束后,被试还完成 60 轮的独裁者博弈,与最后通牒博弈一样的 6 种提议,每种条件重复 10 次。在被试作为反应者完成最后通牒博弈和独裁者博弈的同时,记录被试的脑电 EEG 和皮肤电反应 SCR。被试完成博弈任务后,还需对每种提议所诱发的情绪进行从 1(负性)到 9(正性)的打分。

实验者分析了两个脑电成分:FRN 和 P3,前一成分以 Fz 电极点 280～320ms 内的平均波幅赋值,后一成分以 Pz 电极点 350～450ms 内的平均波幅赋值。行为结果分析发现,被试对提议的拒绝率随提议的不公平程度提高而提高。对 2/10 的拒绝率在 50% 左右,表现出最大的被试间差异。被试对提议诱发的情绪评价也随提议的不公平程度提高而更偏负性,且在最后通牒博弈和独裁者博弈中的评价无差异。提议越不公平,所诱发的皮电反应越强烈。ERP 结果分析发现,不公平提议(1/11)比公平提议(6/6)诱发了更大的 FRN 波幅,在前额部电极点达到最大(参见图 4 - 4),且最后通牒博弈和独裁者博弈中的 FRN 波幅无差异。P3 上得到了非线性的效应:不公平提议(1/11)诱发了最大的 P3 波幅,3/9 提议诱发了最小的 P3 波幅,随后,P3 波幅随着提议公平性的提高而增加。

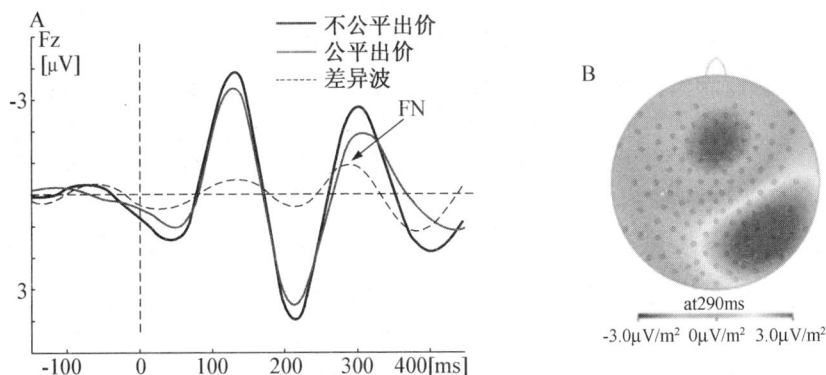

图 4 - 4　提议诱发的总平均波幅及 FRN 和 P3 效应的头皮分布(摘自 Hewig 等,2010)

最后,研究者还进行了个体差异分析。在个体水平,将被试对 2/10 提议的拒绝或接受行为作为其理性程度的指标;将每个被试对每种提议的主观情绪评价值取平均,作为被试的情绪反应值;将每个被试对每种提议的皮电反应值取平均,作为被试自主神经系统反应量的指标;对于被试的 FRN 波幅,分别提取公平提议(6/6)和不公平提议(1/11)条件下在 Fz 电极点的最大值。对这四个变量做相关分析,结果发现,对 2/10 提议的拒绝率越高的被试,对情绪的主观评价也更偏负性,其皮电反应也更大,但与 FRN 效应(公平提议与不公平提议诱发的差异波)呈现边缘显著($r=-0.44$,$p=0.078$)。虽然不公平提议(包括 5/7、4/8、3/9、2/10、1/11)诱发的 FRN 波幅与拒绝率不相关,但公平提议(6/6)诱发 FRN 波幅与拒绝率相关,拒绝率越高,FRN 波幅越小。以对 2/10 的拒绝率为因变量,以情绪反应、皮电反应、公平提议诱发的 FRN 波幅为自变量,所做的逐步回归模型分析发现,每个因素都可以独立地解释一部分变异,但最后进入的 FRN 波幅因素只有边缘显著。三个因素在一起可以解释大部分的变异($R^2 = 0.84$, $F(3, 8) = 13.7$, $p < 0.002$)。研究者同样分析了 P3 成分,但未发现有显著效应(Hewig, *et al.*, 2011)。

这个研究的贡献在于从多个角度证实了情绪与拒绝率的关系,对情绪的主观评价、客观的自主神经系统反应以及脑电反应,都与对不公平提议的拒绝率相关。然而,该研究所发现的,不是不公平提议诱发的 FRN 波幅,而是公平提议诱发的 FRN 波幅与对不公平提议的拒绝率相关,这个结果比较令人意外。研究者在讨论部分明确表示,这个结果难以解释。但同时也提出了两个可能性:① 被试预期提议者提出不公平的提议,更倾向于接受不公平的提议,而公平提议引发了正性的预期违反,反而诱发了更大的 FRN 波幅,造成了 FRN 波幅越小,拒绝率越高的相关结果;② 由被试对提议的主观评价和皮电反应可知,被试对公平这种奖赏很敏感。可能对奖赏越敏感的被试,不公平提议所诱发的失望就更大,因而更倾向于拒绝。这两种可能性的核心在于被试的主观预期。后续的实验可以从这个角度来进一步考察 MFN 波幅与行为拒绝率的关系。

4.1.2.4 MFN 波幅对公平水平的敏感性受总额大小的调节

van der Veen 和 Sahibdin(2011)在让被试完成最后通牒博弈时,同时记录了被试的脑电反应和心跳反应。以往的研究中,公平水平和数量大小是同时变化的,比如在 Hewig 等(2011)的研究中,6/6 的出价不仅比 1/11 的出价更公平,其数值也比后者更大,因而,混淆了公平水平和量的大小这两个变量。在 van der Veen 和 Sahibdin(2011)的研究中,使用了不固定的总额,控制了这个因素。该研究使用了与 Hewig 等(2011)的研究类似的情境设置环节,以作为托辞,目的同样是在获取多轮重复试次的同时,让被试相信实验情境的真实性。实验是一个 3(提议公平水平:公平、不公平、极不公平)×2(总额:大额、小额)的被试内设计,因而共有 6 种提议类型:大额公平(总额为 16,出价为总额的 40%~50%),大额不公平(总额为 25,出价为总额的 27%~33%),大额极不公平(总额为 37.5,出价为总额的 18%~22%),小额公平(总额为 3.35,出价为总额的 40%~50%),小额不公平(总额为 5,出价为总额的 27%~33%),小额极不公平(总额为 7.5,出价为总额的 18%~22%)。被试作为反应者,共进行 120 轮最后通牒博弈,每种提议类型重复 20 次。以极不公平提议与公平提议诱发的在 375 ~475ms 之间的波幅的差异作为 MFN 幅值。行为结果分析发现,对不公平提议和极不公平提议的接受率比较低,且当总额数量较小时,接受率更低。ERP 结果分析发现,在大额条件下,Fz 和 Cz 电极点,极不公平提议和不公平提议诱发的 MFN 波幅都显著大于公平提议诱发的 MFN 波幅,而在小额条件下,各提议诱发的 MFN 波幅无差异。研究者还分析了被接受的提议与被拒绝的提议诱发的 MFN 幅值的差异,发现并不显著。公平与不公平提议诱发的 MFN 幅值差异与接受率不相关,但被接受的提议与被拒绝的提议诱发的 MFN 幅值差异与接受率负相关,MFN 幅值差异越大,接受率越低。心跳反应分析的结果发现,极不公平提议与公平提议相比,其心跳减速明显更少;被拒绝的提议比被接受的提议产生的心跳减速更少。提议诱发的 MFN 波幅与心跳反应不相关(van der Veen & Sahibdin,2011)。

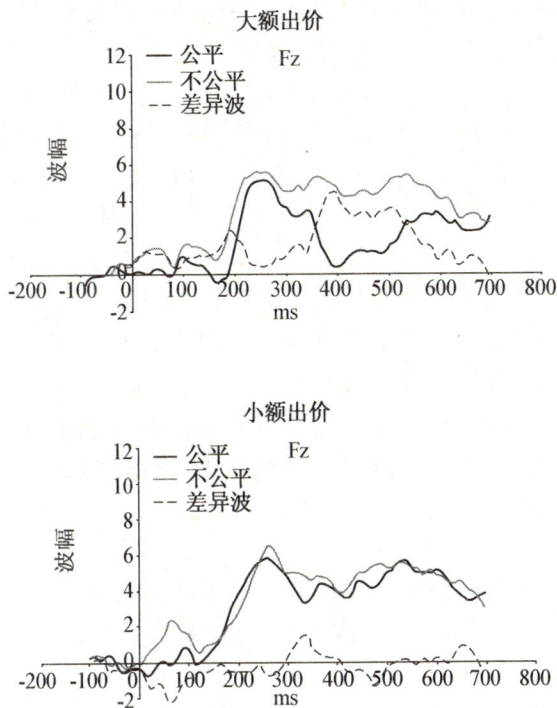

图 4 - 5 大额和小额提议诱发的总平均波幅

(摘自 van der Veen & Sahibdin, 2011)

这个研究的一大创新是加入了提议金额大小这个变量。这个做法显然是有成果的,因为该研究发现了公平水平与金额大小在 MFN 波幅上的交互作用。提议诱发的 MFN 效应受分配总额大小的影响:不公平提议与公平提议诱发的 MFN 波幅差异只存在于金额较大时。这个结果用前几个研究所提出的预期违反假设显然不能解释,因为金额较小是不公平提议没有诱发更大的 MFN 幅值。研究者提出 MFN 反映了社会痛苦(social pain)的假设,即在社会交往中产生的让人痛苦的事件诱发了 MFN,痛苦程度越大,MFN 幅值越大。这一假设有待进一步验证。该研究也发现 MFN 波幅与决策行为较低的相关性,且 MFN 波幅与心跳反应也相互独立。因而,研究者提出了另一个假设:MFN 反映了对事件的评价中的认知成分,而心跳反应则反映了对事件评价中的情绪成分。这与已有 MFN 的假设有些不同,同样有待进一步验证。

4.1.2.5 MFN 波幅受社会距离的调节

Campanha 等 (2011)考察了最后通牒博弈中社会距离对 MFN 波幅的影响。提议者可能与被试是陌生人,也有可能是被试的朋友。共进行 144 轮博弈,三种提议水平:公平(50∶50)、中等不公平(70∶30)、不公平(80∶20 或 90∶10)。博弈结束后,被试评价由朋友和陌生人提出的各类提议的公平水平。结果发现,当不公平提议由朋友提出时,拒绝率更低,对公平水平的主观判断也更偏公平,且 MFN 波幅反转为正性。对 MFN 成分的源定位分析发现在内侧前额叶区域。研究者引入框架效应来解释这一结果:友谊诱发了一种基本的偏向,影响着被试对提议公平性的主观感知,反映在接受率和公平性评价上。更高的接受率可能还表现了一种预期,预期这种一开始的不公平能够随着实验的进行而抵消。另外一种解释是:被试觉得没有理由付出代价去惩罚他们的朋友,毕竟接受提议,既保证了自己的利益也保证了朋友的利益。被试会赋予友谊一定的主观价值,不希望负面的不公平的评价来伤害友情。被试以一种长远的视角来调整自己的行为,对于朋友,以后还有合作的机会,没有必要实施惩罚,而对于陌生人,则没有这层顾虑。对于 MFN 效应,研究者引用了 Boksem 和 De Cremer(2010)的解释:MFN 反映了社交痛苦,比如社会交往中遭到的不公平对待。根据公平性判断的结果,陌生人提出的不公平提议比朋友提出的不公平提议引起的不公平感更甚,即痛苦更大,因而陌生人诱发的 MFN 波幅较大。经过一些试次后,被试会建立起奖赏预期,对朋友提出的不那么"痛苦"的不公平提议,多巴胺系统会产生一个正性的奖赏预期错误信号,而对陌生人提出的不公平提议,多巴胺系统则产生一个负性的奖赏预期错误信号,这样就造成了当对方为朋友时 MFN 波幅上极性的反转。研究者自己也承认这一解释非常地"投机"(speculatively),并承认朋友与陌生人之间的比较,混淆了很多因素,如社会距离、相似性、同情和信任等,因而很难将发现的效应映射到一个具体的因素上。另外,该实验使用了非金钱激励,这在一定程度上也会影响实验结果(参见第 3 章第 2 节的有关内容)(Campanha, Minati, Fregni, & Boggio, 2011)。该文章有个亮点,在其结束语中引用了亚里士多德的名言,总结了该研究的含义:"我们珍视友谊只为友谊本身,即使它不会给我们带来任何其他东西。"该研究显示了友谊的力量——当不公平提议由朋友提出时,它就变得没那么不公平了。如果该研究在实验后有访谈,就会有助于对该结果的解释。

友谊,或许也有文化差异。因为另一研究采用类似的设计,得到了截然相反的结果。Wu 等(2011)采用了独裁者博弈,考察了当提议者是朋友和陌生人时的行为和 ERP 差异。每轮博弈后,让被试评价对该轮提议的满意度。行为结果发现,当不公平提议是由朋友提出时,对其满意度的评价更低。MFN 波幅上也发现,朋友提出的不公平提议诱发了更大的 MFN 负走向。作者认为,MFN 反映了对公平这一社会规范的预期违反,当对方是朋友时,公平预期更强烈,因而朋友提出的不公平提议就诱发了更大的 MFN 波幅(Yin Wu, Leliveld, & Zhou, 2011)。

周晓林老师对这两篇研究结果的不一致进行了回应,并作为简讯(letter)与 Campanha 等 (2011)的文章发表在一起。在文中,周老师提出,两个研究在实验程序上有两个不同:① 实验博弈不同,一个是最后通牒博弈,一个是独裁者博弈,前一博弈里,反应者有权接受或拒绝,后一博弈里,反应者只能被动接受。博弈结构的不同,也许会造成 MFN 效应的差异。② Campanha 等 (2011)的研究中,被试只与一位朋友和一位陌生人博弈,因而朋友的身份是具体而明确的,在 Wu 等(2011)的文章中,被试与两位朋友博弈,因而朋友的身份是不确定的。这样的设计使得在 Campanha 等 (2011)的研究中,被试更关注于与朋友的长期友谊的维持,因而大脑反应也会受这一策略的影响,即被试是一种未来取向,这种取向抑制了被试对朋友提出的不公平提议的冲动反应。而在 Wu 等(2011)的实验中,被试的反应则是自动的、未受抑制的。

如果周老师的"长期取向"的解释可靠的话,那么为何中国被试没有表现出这种长期取向呢? 这是由朋友身份的确定与否引起的,还是博弈结构的不同造成的,又或是由文化差异引起的? 是不是中国人更关注于眼前的短期利益而巴西人更关注于长期利益? 或者说巴西人更注重友情,更愿意为友情付出,而中国人持功利主义,更愿意从友谊中获取利益? 也许在当代的中国,拜金和逐利思想已成为主流价值观,友情不过是利益交换所披的美丽外衣? 显然,需要更多的研究来澄清这些问题。

4.1.2.6　责任感与启动负性情绪下的 MFN 波幅相关

王益文等(2011)考察了提议诱发的 MFN 波幅与个体情绪状态及人格特质的关系。研究采用情绪图片启动方法来诱发被试的正性情绪和负性情绪,其图片来自标准化中国情绪图片系统 (Chinese affective picture system, CAPS),在唤醒度和效价上进行了匹配。被试作为反应者,完成 40 轮最后通牒博弈,其中 20 轮为公平出价(总额￥100,出价￥31～￥50),20 轮为不公平出价(出价￥21～￥30)。每轮博弈开始前,给被试呈现 500ms 的情绪图片,然后呈现分配方案 1500ms,被试同时需作出决定。博弈任务完成后,被试填写一份大五人格问卷。研究者以提议呈现后 250～400ms 内基线到最负向峰之间的值作为 MFN 的波幅值。ERP 结果分析发现,启动正性情绪时,不公平提议所诱发的 MFN(M＝ǧ1.79μV)要显著负于公平提议所诱发的 MFN 波幅(0.63μV),而启动负性情绪时,提议发油的 MFN 波幅无差异(参见图 4-6)。人格问卷的结果分析发现,责任感与启动负性情绪状态下的 MFN 差异波呈显著正相关,责任感得分越高,MFN 差异波的波幅越正(公平提议与不公平提议诱发的 MFN 波幅差异越小),但责任感与正性情绪状态中的差异波之间却没有显著相关。对所有被试的人格量表得分与 MFN 原始波的波幅做了进一步相关和回归分析(责任感为自变量,MFN 的波幅值为因变量)。结果只发现,在负性情绪状态下,当提议为不公平时,责任感与 MFN 呈显著正相关,责任感越强,不公平提议诱发的 MFN 波幅越偏正(Wang, et al., 2011)。该研究的中文版发表于《中国科学·生命科学》期刊,英文版发表于 sychophysiology 期刊。

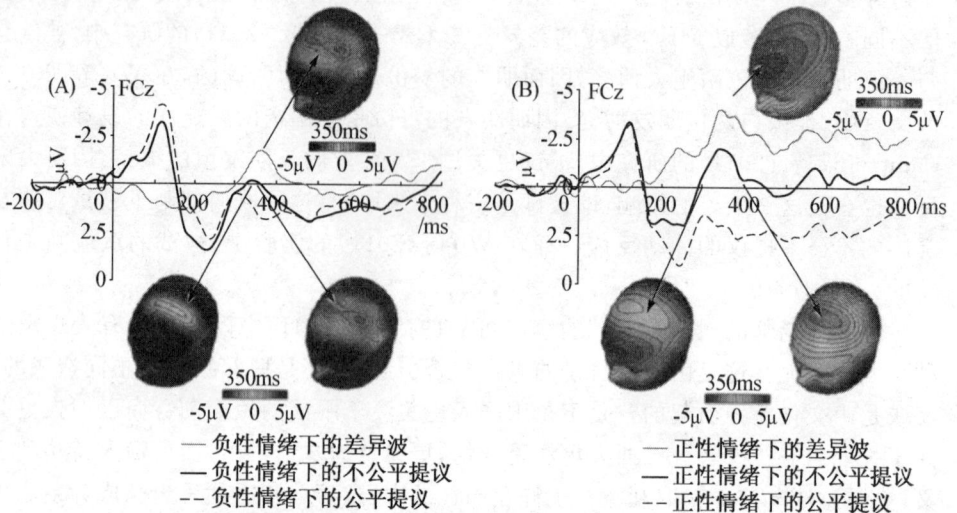

图 4-6 启动正性和负性情绪下提议诱发的总平均波幅（摘自王益文等，2011）

4.1.2.7 精神分裂症对奖赏极为敏感

行为科学研究一章曾介绍过,精神分裂症患者在认知与情绪加工上均存在缺陷,在进行最后通牒博弈时不善于进行策略性思考。Yang-Tae 等(2011)考察了精神分裂症患者与正常人在脑电上的差异。该研究中的精神分裂症患者是来自医院的患者,他们正在服药,但在实验期间并没有急性症状。在患者和控制组作为反应者进行最后通牒博弈时记录他们的 EEG。分析脑电的时频特征和相位同步性,发现病患组对不公平提议(出价＄1,总额＄10)的接受率显著高于正常组。拒绝前300ms,发现 β 和 γ 频率振荡在右半球减少,在左半球增加,表明在偏侧化上存在不足。接受提议后400ms,发现 γ 频率振荡的异常,表明病患组对奖赏的超敏感性。

在-400～400ms 时窗内,病患组的额中区和颞顶区的长时程 γ 带宽同步性下降,表明精神分裂症在局部和长时程同步性上均存在缺陷,影响其在复杂决策中的功能发挥(Yang-Tae, Kyongsik, & Jaeseung, 2011)。

4.1.2.8 公平加工受损益情境及博弈对象的调节

我们采用最后通牒范式,考察了不公平厌恶的大脑加工如何受损益域(domain)及博弈对象的调节(Zhou & Wu,2012)。已有行为研究发现,相对于获益域,损失域下对不公平提议的拒绝率更高(Zhou & Wu, 2011),损失情境下更加关注公平,但损失情境强化不公平厌恶的神经机制尚不清楚。因损失域涉及更多的抑制加工,预期损失域下的不公平提议会诱发更大的负成分。另外,为考察公平加工是否受博弈对象的影响,特加入人机博弈条件,以与人际博弈进行对比。已有研究曾发现,即使明知博弈对象是计算机,被试也会拒绝不公平的提议(Alan G. Sanfey, et al., 2003),表明公平加工的跨对象特性。但人机博弈是否与人际博弈具有类似的大脑活动模式,目前较少研究探讨。我们预期,与人际博弈相比,人机博弈下对提议公平性的加工将会减弱,损益域的差异也相对较小。

实验采用 2(损失域/获益域)×2(博弈对象:人/计算机)×2[提议公平水平:不公平(1/9、2/8)、公平(4/6、5/5)]被试内设计,3/7 为填充材料,共 10 种分配提议:获益域下 1/9、2/8、3/7、4/6、5/5;损失域下 -9/-1、-8/-2、-7/-3、-6/-4、-5/-5,斜线前数字表示分配给反应者的部分,斜线后数字表示提议者自己的部分。因变量为反应者对每类分配提议的拒绝率,以及看到每种分配方案时的脑电成分。

被试均为反应者,完成多轮最后通牒博弈。由计算机程序决定每轮博弈是总体赢钱(+￥10)还是赔钱(-￥10),然后将提议者提出的分配方案呈现给反应者,反应者决定是否接受。在总体赢钱情况下,如果被试拒绝了方案,则双方都得￥0;在总体赔钱的情况下,如果拒绝了方案,则双方都扣去￥10。如果接受了该轮方案,双方则按方案来分钱或承担后果。被试最后的报酬在参与实验应得的报酬的基础上根据其在博弈中的选择作相应额度的增减。

实验开始前被试仔细阅读指导语。向被试强调分配提议是由不同的对家提出的,但是由于无法在统一的时间地点同时进行博弈,所以事先收集了他们的数据。由于每一轮是跟不同的对家进行博弈,所以被试每一轮的选择不影响接下来的分配提议,也不影响下一轮是一起赢钱还是赔钱,但是被试的选择决定了他自己最后的收入,也决定了对家最后的收益。这种操纵是重复的单轮博弈(repeated one-shot game),可以实现与同一个对家进行单轮博弈的同时,满足每种提议条件下有多个重复试次的需求,并强化博弈情境的真实性。被试正确理解博弈规则后开始实验。正式实验前进行 20 轮练习,以帮助熟悉博弈规则和按键操作。

每一轮博弈开始屏幕中央呈现注视点,持续 800～1200ms 之间不等。然后呈现该轮博弈的博弈对象,是人或计算机,图片呈现 1000ms 后消失。间隔 500ms 的黑屏后呈现对方的分配提议 1200ms,这段时间内被试不可做出按键反应。在呈现按键提示屏后,被试在 2s 内按键反应(反应对应按键在被试间平衡)。一段 300～700ms 不等的间隔后呈现该轮博弈的结果 1500ms,若被试选择接受,则结果与分配提议一样,若被试选择拒绝,则在赢￥10 条件下双方都得 0,在赔￥10 条件下双方都－10。若被试在规定时间内未完成按键,视为反应错误,则该轮博弈被试将得￥0 或赔￥10,对家的金额不受影响。注视点出现表示下一轮博弈开始。脑电成分分析被试看到提议时刺激锁定的相关活动。单轮博弈流程以及重要控制参见图 4-7。

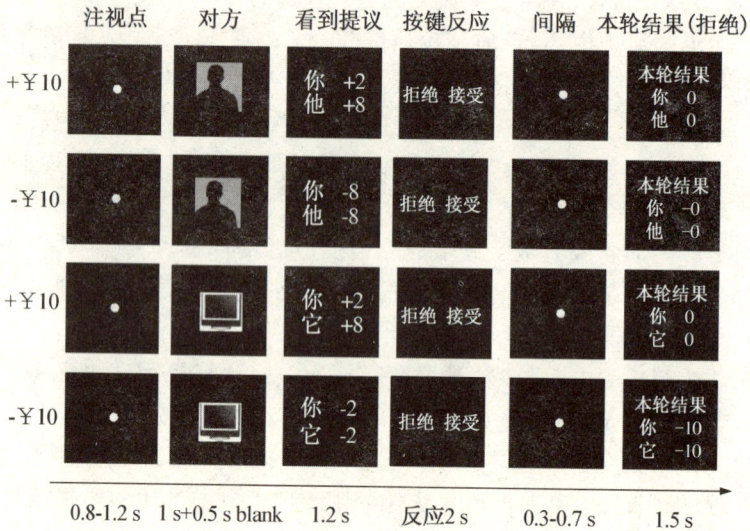

图 4-7 实验单轮博弈流程图

共进行 440 轮博弈,分 10 个区组,每个区组有 44 个试次。每类公平(包括 5/5、－5/－5、4/6、－6/－4)与不公平(包括 1/9、－9/－1、2/8、－8/－2)提议各重复 50 次,中等公平(3/7、－7/－3)条件各重复 20 次,对家为人和对家为计算机各半。分配提议以伪随机方式呈现。为避免呈现序列的影响,损失和获益域连续出现不超过 4 次,同一种分配提议连续出现不超过 3 次,对家为人或对家为计算机的试次连续出现不超过 4 次。

按分配提议的类型进行叠加平均,取得每个被试看到每类提议时的脑电波幅。对总平均波幅的视觉检测发现各条件间的波幅潜伏期比较一致。根据总平均波幅的特征(参见图 4 - 8),提取了 N1(50～150ms 时窗内的最小峰值)、P2(200～400ms 时窗内的最大峰值)、N350(300～450ms 时窗内的最小峰值)、LPP(late positive potential,400～700ms 时窗内的平均波幅)的幅值,进行 2(损失域/获益域)×2(博弈对象:人/计算机)×2[提议公平水平:不公平(1/9、2/8)、公平(4/6、5/5)]重复测量的方差分析。

　　已有几篇 ERP 研究均将提议呈现后 300～400ms 时窗内的负成分视作 FRN/MFN 来分析(取 mean 值)和解释(预期违反理论:不公平提议违反了公平的社会规范,因而诱发更大的 FRN/MFN)。我们将提议呈现后 300～400ms 时窗内的负成分视作 N350 来分析(取 peak 值)和解释(认知抑制),主要基于以下考量:① 经典 FRN/MFN 是在错误相关负波(error-related negativity,ERN)研究的基础上发展而来,常见于赌博任务(gambling task),是出现在反馈刺激后 250～350ms 后的一个负偏转(negative deflection),在额叶中部(frontalcentral)达到最大,它特异性地出现在金钱损失或反应错误的反馈后,正性反馈如赢钱或正确反应通常不会诱发该成分。② 采用最后通牒博弈,尽管 Boksem 和 Cremer(2010)得到了类似赌博任务下的波形,但更多的研究得到的波形如图 4 - 3。③ 从波形上看,赌博任务下的 FRN/MFN 是一个负偏转,其峰值幅值多为正,且正性反馈下负偏转不明显或较弱。而在最后通牒博弈任务下,300ms 左右这一负成分很明显,而不仅仅为负偏转,另外,正性结果(如公平分配)也明显地诱发了该负成分。④ 已有对 FRN/MFN 的溯源分析发现在 ACC 附近(Gehring & Willoughby, 2002b;R. Yu & Zhou, 2009),我们对本实验 300～400ms 时窗内的 ERP 成分进行源分析,未发现 ACC 这一区域。⑤ N350 与 FRN/MFN 有类似的幅值和头皮分布(额中部, frontalcentral),主要起抑制作用。最近兴起的社会认知神经研究也报告了 N350, 如在结果反馈时,将自我结果与他人结果进行社会比较会诱发该成分,且奖赏比别人多(优势不公平)和比别人少(劣势不公平)比相同奖赏(公平)诱发的成分更负, 研究者认为 N350 可能反映了奖赏预期违反(预期公平)(Qiu, et al., 2010)。最早一篇 ERP 研究也报告了 N350,中等公平提议比不公平和公平提议诱发了更大的 N350,研究者认为反映了决策冲突和加工难度(Polezzi, et al., 2008)。尽管该研究也报告了 FRN,但我们认为本实验结果更接近该研究的 N350。⑥ 综上,结合本实验得到的波形和 FRN/MFN、N350 的特点,决定将 300～400ms 时窗内的成分作为 N350 来进行分析。实际上,若将已有几篇 UG ERP 的 FRN/MFN 结果视为 N350 的话也可以得到解释:不公平提议诱发了更强的决策冲突和加工难度——自利动机驱动的接受提议与追求公平动机驱动的拒绝提议之间的冲突,更难以做出决策。

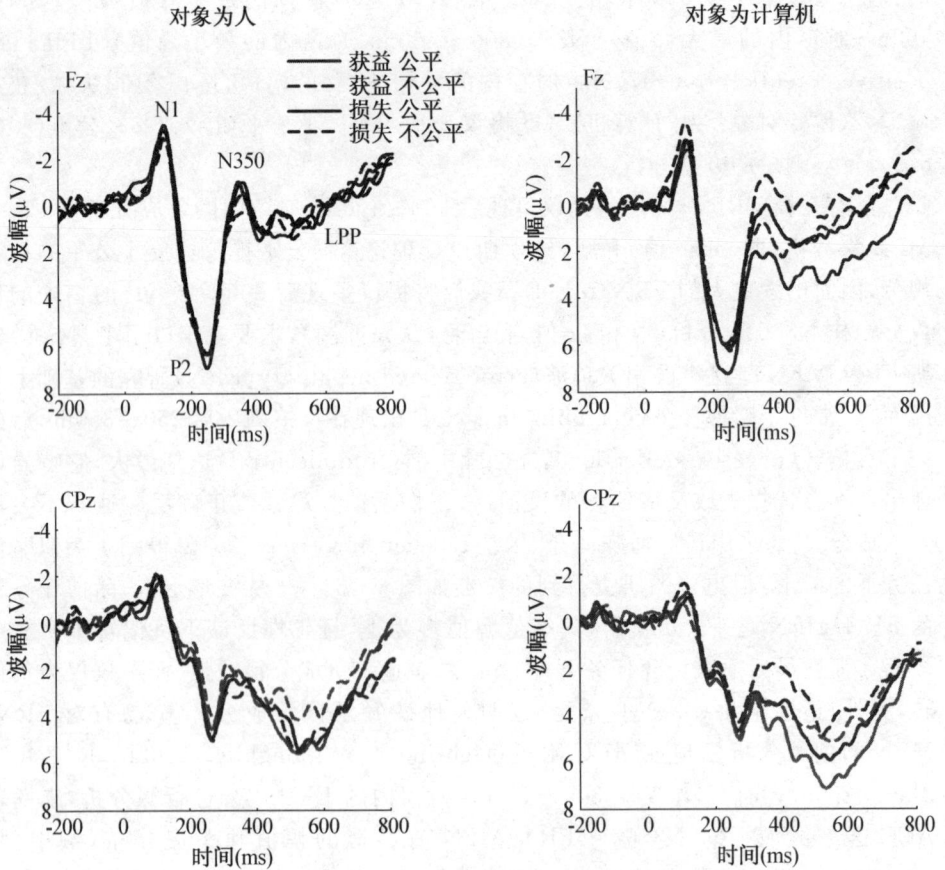

图 4-8 损益情境下各类提议所诱发的总平均波幅

本研究发现,损失域下被试对不公平提议的拒绝率更高,这与已有行为研究的结果一致(Zhou & Wu, 2011)。尽管博弈对象不影响被试对提议的拒绝行为,但在脑电活动上有所不同:对家为人比对家为计算机诱发了更负的 N1,但只在获益域下;人机博弈时,获益域比损失域诱发了更大的 P2 和 LPP,损失域比获益域、不公平提议比公平提议诱发了更大的 N350,而公平提议比不公平提议诱发了更大的 LPP;人际博弈时,这些差异均不显著。这些结果表明大脑对分配提议的加工受博弈对象的调节,人际博弈时,对损益域、公平与不公平提议的加工类似,而人机博弈时,损失域和不公平提议涉及更多的抑制加工和冲突解决,获益域和公平提议则更富动机性意义。

当正性情境下可对博弈对象作出区分时,人际博弈比人机博弈诱发了更负的前部 N1,可能是因为在这一早期视觉注意阶段,"他"比"它"捕获了更多的注意资源,得到了更多的编码表征,即人所提出的提议比计算机所提出的提议引发了被试更多的外源性注意(自下而上)和更大的内源性关注(自上而下)。这表明早在100ms 左右,大脑就可对博弈对象做出区分,比起人机交互,人际交互更受关注。

博弈对象与损益域在 P2 波幅上的交互作用,再次表明博弈对象在决策加工中的影响。我们认为,P2 反映了以目标为导向的自上而下的加工,对与目标一致的动机性信息敏感。在本研究中,当对家为计算机时,获益域比损失域诱发了更大的 P2,可能是因为与计算机博弈时,相对于损失域,获益域这一信息与个体趋利避害的天性一致,并更符合经济利益最大化这一具体目标,因此具有更强的动机性含义和凸显性,从而能够被及时提取,并被 P2 表征。而当对家为人时,个体除了经济利益最大化这一目标外,还有追求社会公平这一动机(Knoch, Pascual-Leone, Meyer, Treyer, & Fehr, 2006)。在双重动机的影响下,一起分担损失和一起获利,对个体而言,具有同等重要的影响,因而在 P2 波幅上无差异。这些结果提示,人与人交往时,损失分摊和利益分享都具有重大的意义,而人机博弈时,赢钱的意义大于赔钱。

本研究发现了博弈对象与损益域、博弈对象与提议公平水平在 N350 上的交互作用:对方为计算机时,损失域、不公平提议诱发了更大的 N350,而对方为人时,损益域、公平/不公平提议诱发的 N350 无差异。已有研究曾表明,相对于获益域和公平提议,损失域和不公平提议诱发了更强的负性情绪和决策冲突(Zhou & Wu, 2011),因而需要更多的抑制加工。作为抑制加工的指标,N350 效应仅表现于人机博弈而消失于人际博弈,这可能与人际博弈加工的特殊性有关。人际博弈时,涉及更多心理理论的推理加工,比如对对方意图和目标的揣测。相比之下,对损益域以及提议公平或不公平等信息的加工相对弱化。如 Rilling 等(2004)的 UG脑成像研究发现,人际博弈和人机博弈均激活了经典心理理论(theory of mind)区,如前扣带回和颞上沟后部(posterior superior temporal sulcus, posterior STS),但人际博弈下这些区域的激活显著更强(Rilling, Sanfey, Aronson, Nystrom, & Cohen, 2004)。Polezzi 等(2008)的 ERP 研究的源分析结果也发现,中等公平水平的提议比公平提议诱发了更强的颞上沟区域的活动(Polezzi, et al., 2008)。这两个研究证实,相对于人机博弈,人际博弈时具有更多的心理理论加工的参与。当认知资源被心理理论加工占据时,分配到损失域和不公平提议上的抑制加工资源减少,导致 N350 上差异不显著。而人机博弈时,认知资源较多地分配到加工提议信息本身,损失、不公平等信息被有效提取,其引发的负性情绪和决策冲突能得到表征和抑制,从而在 N350 上表现出差异。

在晚期再评价阶段,再次发现了博弈对象与损益域、博弈对象与提议公平水平的交互作用:对方为计算机时,获益域、公平提议诱发了更大的 LPP,而对方为人时,损失域、公平/不公平提议诱发的 LPP 无差异。这个结果可能是因为,与计算机博弈时,由于趋利避害的天性和偏好公平的倾向性,相对于损失和不公平提议而言,获益和公平提议对个体的动机性含义更强,它们与自我利益最大化的目标一致,并直接增长经济利益,因此这些正性信息起到正强化的作用,在晚期再评价阶段得到凸显;而人际博弈时,由于心理理论加工的存在,关注于对对方意图的揣测,从而使得对其他信息的再评价加工减弱,因而无论获益还是损失,公平提议还是不公平提议,在 LPP 波幅上无差异。

值得一提的是,尽管博弈对象影响对公平加工的脑电反应,却不影响行为决策。这一相分离的结果可能是因为脑电指标比行为指标更敏感,也可能是因为脑电成分只能反映信息加工的某一阶段,而行为结果则是整个信息加工过程的最终输出结果,两者无法一一对应。人机博弈与人际博弈的决策结果无异,其原因可能有二:① 被试采取了简单而稳定的决策策略,比如接受公平提议拒绝不公平提议。一旦形成这种稳定的策略和倾向,决策就不易受到博弈对象的影响了。对每个被试每种条件下前 10 个试次和最后 10 个试次的决策行为的比较分析,发现两者几乎完全一致,表明在经过练习程序后,被试即形成了稳定的策略和决策倾向。② 计算机对象拟人化。如 Rilling 等(2004)提出,被试对计算机对象与人一视同仁(imbue),即人机博弈激发了类似于人际博弈的情感和行为(Rilling, et al., 2004)。目前将人际博弈与人机博弈直接进行对比的研究比较少,尚需更多的研究来探讨两者的异同。

4.1.2.9 小结

有关最后通牒博弈的 ERP 研究,发现对不公平提议敏感的 MFN 成分。该成分对不公平提议的敏感性受社会距离、启动情绪、总额大小等因素的调节,且与道德认同感、责任感等个性差异因素相关。然而,MFN 波幅与决策行为的关系,社会距离对 MFN 波幅的影响,已有研究得到的结果并不一致。另外,已有研究多用违反公平的社会规范来解释 MFN,但鲜有研究直接测量被试的预期,再与 MFN 波幅进行比较分析。以目前来看,ERP 实验结果对揭示最后通牒博弈决策行为背后的机制的贡献有限,这与 ERP 技术本身的特点有关。ERP 成分反映的只是信息加工流中的某一段或某一个加工过程,而决策行为则是信息加工输出的末端,从输入到输出的整个过程无法被 ERP 完全捕捉到,需借助于其他仪器才能解决这个难题。

4.2 fMRI 研究

很少有科技的发展比人类大脑的功能成像更引人注目。对于科学来说,人类大脑是一个全新的领域,在此之前,人类关于大脑功能的认识都仅限于假设。早在 19 世纪,颅相学家就提出,负责认知加工的大脑组织决定着人类的行为。尽管他们无法直接测量皮层的体积,但他们提出了假设,大脑的大小反映于颅骨的凸起部分。虽然颅相学家的研究都是相关分析,其证据主要依赖于对极强代表性个体轶事般的描述,但他们提出了一个思想:功能定位,即人类不同的心理活动可以表征在不同的大脑区域。长期以来,人们对大脑的认识是基于解剖生理学,通过患者或电极记录,这些方法是有创的,无法用于正常人。直到 20 个世纪末,人类开始尝试对大脑进行成像。在不到二十年的时间里,功能性核磁成像已成为认知神经科学领域的主导技术。

4.2.1　fMRI 技术

功能性核磁共振成像(functional magnetic resonance imaging, fMRI),是以脑部神经活动产生的局部血流量变化为基础的成像技术,借此观察进行认知加工时活动的脑部区域。活动区域的血流量增加,超过了氧的消耗量,使得血液中脱氧血红蛋白(deoxyhemoglobin, dHb)的比例降低,由于脱氧血红蛋白是顺磁性(paramagnetic)物质,会干扰局部磁场,脱氧血红蛋白比例的减少,可使影像强度增强,因此脱氧血红蛋白有时被称为内源性的对比增强剂(endogenous contrast enhancing agent),且是 fMRI 信号的来源,是 fMRI 技术的生理基础。

fMRI 影像的获得,是利用核磁共振现象的物理原理,运用人体中富含的氢原子核在外加磁场中吸收适当频率的射频脉冲所给予的能量(激发),在射频脉冲结束之后释放能量,研究者接收不同组织能量衰减的信号作为对比,进而区分不同的组织。运用梯度磁场来进行切面选择(slice selection)、频率编码(frequency encoding)、相位编码(phase encoding),再经过二维博立叶转换,可将不同相位不同频率的信号整合,分离出切面上不同位置的信号强度以比较不同组织间的差异。由于神经元活动时需要能量,区域血流量增加带来含氧血红蛋白的增加,远超过神经元的需求,使得活动区域的脱氧血红蛋白比例减少,由于脱氧血红蛋白是顺磁性物质,增加磁场不均匀度,使信号衰减变快,脱氧血红蛋白比例的减少,表示信号衰减不会太快,信号增强,便可在影像上区分活动和休息状态的区域。如果影响大脑的状态使氧摄取和血流之间产生不平衡,并采用对磁场不均匀性敏感的 MR 成像序列,就可在脑皮层血管周围得到 MRI 信号的变化。此技术称作血氧合度依赖的对比(Blood Oxygenation Level Dependent Contrast,BOLD Contrast)。

fMRI 是一种非介入的技术,却能对特定的大脑活动的皮层区域进行准确、可靠的定位,空间分辨率达到 2mm,并且能以各种方式对物体反复进行扫描。这种无创性使得使用范围大大扩大。fMRI 的空间和时间分辨率主要受伴随神经活动所产生的生理变化的限制,而不是成像技术本身的限制。fMRI 的时间分辨率更有可能取决于生理动力学而非获取图像的速率。EPI 技术每秒可获得 40 多幅单层

图像,一般 5s 就能得到覆盖全脑的三维数据集。在神经活动中,突触传导为 1ms
级,信息传输是几百 ms。但血流动力学反应的长潜伏期严重妨碍了 BOLD 对神经
信号的响应。活动皮层 BOLD 信号的峰值出现在刺激开始后的 5~8s,并且回到
基线水平需要同样的时间。因而,在进行 fMRI 实验设计时,关键刺激的理想呈现
时间应在 16s 左右。一般而言,Block 设计的实验能获得更好的激活,适用于对某
一持续状态的加工区域的检测。事件相关设计则可以考察激活的时间进程,可确
定活动的基线水平。虽然混合设计可以兼具信号检测和时间估计的好处,但分析
起来相对较复杂。

常见术语如下:

Tesla,如 1.5T/3T:指外部静磁场,如 1.5T 的机器,氢质子的进动频率约为
6.3×10^7 次。

T2 时间:指当信号衰减为原始信号的 36.8% 的时间。每种组织的 T2 时间是
唯一的,基本由它的化学环境决定,与场强基本无关。

T1 弛豫:当质子从能量较高的能级回到能量较低的能级上时释放射频能量,
最后与主磁场方向一致的过程。T1 弛豫时间指正在恢复的纵向磁化矢量恢复到
原来的 63% 时所需要的时间。弛豫是一个能量转化、恢复的过程。在弛豫过程
中,横向弛豫和纵向弛豫同时进行。

TR(Time to repeat):重复时间——两次脉冲间的间隔时间(完成一帧磁共振
图像所需要的时间)。

TE(Time to echo):回波时间——脉冲与开始测量 MR 信号的间隔时间。

成像过程:① 选定层(slice selection);② 由选定层发出的信号沿某一轴(x)
编码(频率编码);③ 信号沿另一轴(y)编码(相位编码);④ 将频率及相位信息存储
在 K-空间;⑤ 对 K-空间进行傅里叶变换,转换成包含空间信息的灰度图像。头三
步需要使用梯度场。

梯度磁场:梯度是指在一定方向上,强度随空间的变化率,梯度是一个矢量,
具有大小及方向性。梯度磁场是指在一定方向上磁场强度的变化率。梯度磁场的
产生是通过梯度线圈实现的。梯度磁场的作用是使梯度方向的自旋处于不同的旋
进频率,从而完成梯度磁场对自旋的空间编码。

体素(voxel):体积像素(volume pixel)的简称。概念上类似二维空间的最小
单位——像素,像素用在二维电脑图像的影像资料上。体积像素一如其名,是数位
资料于三维空间分割上的最小单位,应用于三维成像。如同像素,体素本身并不含
有空间中位置的资料(即它们的坐标),然而却可以从它们相对于其他体素的位置
来推测,意即它们在构成单一张体积影像的资料结构中的位置。

成像质量:影像对比度取决于 TR、TE;空间分辨率取决于每一像素所代表的

体素大小,取决于频率编码和相位编码值及层厚。信噪比与体素的体积、刺激脉冲次数、相位编码方向像素值的平方根呈正比。

Talairach 空间:标准化的空间模板,基于对 Talairach 大脑的解剖,对照 Brodmann 地图标记 Brodmann 区域。

x,y,z 坐标:x 坐标值表示大脑的左右半球,负值为左侧(left),正值为右侧(right);y 坐标值表示大脑的前、后部分,负值为后半部分(posterior),正值为前半部分(anterior);z 坐标值表示大脑的上、下部分,负值为下半部分(inferior),正值为上半部分(superior)。

全脑分析:采用适当的统计方法,比较两个(或多个)条件在大脑的每一个体素内是否有显著差异。超过预设的阈限,即可认为该区域被激活。

ROI 分析:region of interest analysis,感兴趣区的分析。根据已有经验,选取个别脑区,提取时间进程、信号变化率等相关信息,以比较不同条件下的激活是否有差异。

fMRI 数据获取图示参见图 4-9。

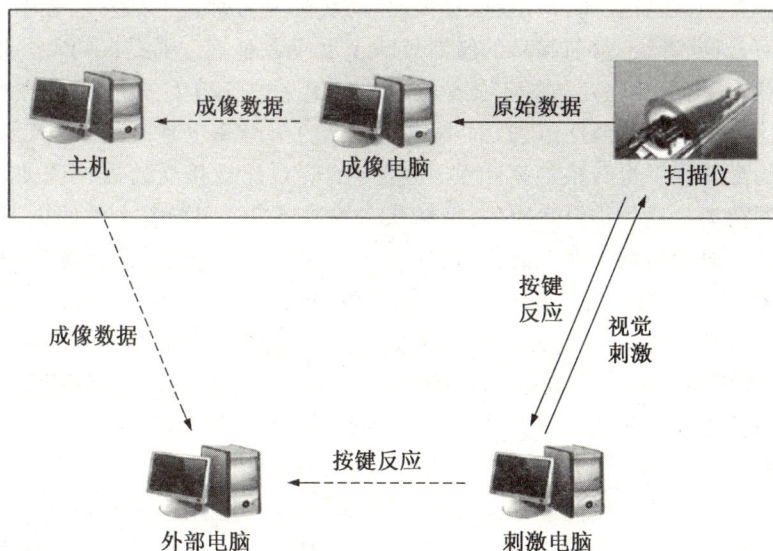

图 4-9 fMRI 数据获取图示(摘自 Hollmann 等,2011)

4.2.2 最后通牒博弈的 fMRI 研究

4.2.2.1 不公平提议激活了前脑岛、背外侧前额叶和前扣带回

Sanfey 等(2003)最早用 fMRI 技术探讨了不公平厌恶的神经机制。至今,该文章被引次数已超 600,平均每年被引 60 余次,被引率名列最后通牒博弈相关研究

的第二位。在这个奠基性研究中,被试完成 10 轮最后通牒博弈,总额为＄10,其中,5 轮的出价为＄5,1 轮出价为＄3,2 轮出价为＄2,2 轮出价为＄1。被试还完成一个控制任务,在这个任务中,给被试一些数字,被试通过按键就可以获得相应数量的金钱,其数量与最后通牒博弈中的出价的数目相同。每个出价呈现 18s。每轮博弈前先呈现提议者的照片(被试进入实验室时见过面),以提高社会交互的真实性。数据分析时的感兴趣的 regressor 包括:提议者为人时提出的公平出价、提议者为人时提出的不公平出价、提议者为计算机时提出的公平出价、提议者为计算机时提出的不公平出价、控制任务中的高额(＄5)、控制任务中的低额(＄1~3)。将不公平提议与公平提议相比,激活了双侧前脑岛(anterior insula)、背外侧前额叶(dorsallateral prefrontal cortex,DLPFC)和前扣带回(anterior cingulated cortex,ACC)。将提议者为人提出的不公平提议减去提议者为计算机所提出的不公平提议,或减去控制任务中的低额条件,发现激活的脑区相同。这说明这些激活不是因为数额的变化,而是对情境的反应,即受到另一个人的不公平对待。而且当提议者为人时,出价为＄1 比出价为＄2 所激活的前脑岛的活动更强。前脑岛被认为与负性情绪状态有关,在有关痛苦、沮丧、饥渴、自动唤醒等的研究中都发现有该区域的激活。因而,研究者认为,前脑岛的激活反映了反应者对不公平提议的负性情绪反应,并将前脑岛的激活强度与对不公平提议的拒绝率进行相关分析,发现在被试水平,相关显著,前脑岛的激活越强,对不公平提议的拒绝率也越高;在试次水平,右侧前脑岛的激活程度也与拒绝率相关,被拒绝的提议比被接受的提议诱发了更强的前脑岛的活动。这一结果表明,对情绪状态的神经表征引导着人类的决策行为。背外侧前额叶通常与认知加工有关,比如目标维持和执行控制。研究者认为,背外侧前额叶对不公平提议的激活更强,是对任务的认知/理性目标的表征与动态维持,即尽可能地获取更多的金钱。不公平提议更难以被接受,因而意味着更多的认知控制,以克服强烈的情绪冲动下的拒绝倾向。但是,分析发现,背外侧前额叶的激活程度与接受率不相关。研究者比较了被接受的不公平提议和被拒绝的不公平提议所诱发的前脑岛和背外侧前额叶的激活强度差异,发现被拒绝的提议,其诱发的前脑岛的激活比背外侧前额叶的激活更强;而被接受的提议,其诱发的背外侧前额叶的激活比前脑岛的激活更强,证明决策行为是认知与情绪系统之间的权衡的结果。研究者认为,前扣带回的激活反映了最后通牒博弈中认知动机与情绪动机之间的冲突,不公平提议下,两者之间的冲突更强烈(Sanfey, et al., 2003)。

从这个研究开始,人们开始重视情绪在最后通牒博弈决策中的作用。尽管该研究所进行的跨脑区比较激活强度的方法不被认可,但其为揭示决策背后的机制提供了直接的证据,具有里程碑意义。

4.2.2.2　最后通牒博弈涉及心理理论加工

Sanfey 等(2003)的研究除了让被试完成最后通牒博弈外,还进行了囚徒困境博弈。Rilling 等(2004)对同一实验的数据从另一个角度给予了分析。对于最后通牒博弈,模型分析包括的感兴趣的 regressor 与 Sanfey 等(2003)的研究中报告的相同。对于囚徒困境博弈,感兴趣的 regressor 包括:对方为人时的双方合作结果、对方为人时的己方合作对方背叛的结果、对方为计算机时的双方合作结果、对方为计算机时的己方合作对方背叛的结果、控制任务中得 $0、控制任务中得 $5。发现相对于计算机博弈,最后通牒博弈和囚徒困境博弈都激活了右侧颞上沟(superior tempotal suleus,STS),下丘脑、中脑和丘脑(Hypothalamus/midbrain/thalamus)交接的一个区域,以及海马(hippocampus)。这些区域均为经典的心理理论相关脑区(theory of mind,ToM),这表明,在博弈决策中,参与者常会推测对方的意图和目的从而调整自己的行为(Rilling, et al., 2004)。虽然行为科学曾提出最后通牒博弈中涉及心理理论加工,比如行为学研究发现,人们对根据对方的意图来调整自己的决策行为,但行为学研究本身只能发现现象和猜测机制,坚实的证据则来自于fMRI 的实验结果。由此可见该技术对于研究决策问题所作出的贡献。

4.2.2.3　公平是一种奖赏

行为学研究似乎表明,公平是一种社会规范,是引导行为的基本准则,是在金钱分配中默认的一种方式。fMRI 实验对这一假设提供了反面的证据。Tabibnia 和 Lieberman(2007)重点考察了公平提议相对不公平提议所诱发的神经活动。在他们的研究中,控制了金钱额度这一因素,以探测公平提议与不公平提议除了金额更大以外,是否公平本身也有奖赏性作用。提议共有四种:高额公平(如总额 $15,出价 $7)、高额不公平(如总额 $23,出价 $7)、低额公平(如总额 $1,出价 $0.5)、低额不公平(如总额 $10,出价 $0.5)。结果分析时比较金额相同但公平程度不同的提议,发现,相对于不公平提议,公平提议诱发了腹侧纹状体(ventral striatum)、杏仁核(amygdala)、腹内侧前额叶(ventral-medial prefrontal cortex,VMPFC)、眶额叶(orbitofrontal cortex,OFC)以及黑质附近的中脑区等经典的奖赏加工区(参见图4-10)。且腹侧纹状体激活更强的被试,在杏仁核和腹内侧前额叶的激活也更强,证实这三个区域共同组成了一个与奖赏加工有关的回路。这些结果表明,公平分配的意义相当于奖赏,能够诱发被试正面的快乐反应,且公平的加工可能相对自动化和本能化,因为腹侧纹状体、杏仁核、腹内侧前额叶都与自动和本能的加工有关。这个研究还表明,与常识所认为的"公平是人们的默认状态"不同,公平引发的心理含义并非中性状态,而是积极状态,即无刺激时的"默认网络"(default network)是中间状态,公平则诱发正性评价及情绪,不公平诱发负性评价及情绪。

研究者将被拒绝的不公平提议诱发的神经活动与休息时的基线条件相比,发现了前脑岛区域,这与 Sanfey 等(2003)的结果一致,而将被接受的不公平提议诱发的神经活动与休息时的基线条件相比,发现了右侧的腹外侧前额叶(ventral-lateral prefrontal cortex,VLPFC),可能反映了情绪调节活动。将被拒绝的不公平提议诱发的神经活动与被接受的不公平提议诱发的神经活动直接进行比较时,发现前脑岛的激活在前一条件下更强,而腹外侧前额叶在后一条件下更强,两者呈负相关的关系。右侧腹外侧前额叶的激活还与被试对不公平提议的接受率正相关,激活越强的被试,对不公平提议的接受率更高;双侧前脑岛的激活则与被试对不公平提议的接受率负相关,激活越强的被试,对不公平提议的接受率更低。进一步分析则发现,左侧前脑岛的激活在右侧腹外侧前额叶的激活影响接受率中起中介作用,当控制前脑岛的激活后,右侧腹外侧前额叶的激活与接受率的相关关系不再显著,这表明,右侧腹外侧前额叶通过降低前脑岛所表达的负性情绪,进而提高接受率。研究者提出一个解释:对不公平提议接受率更高的被试,有着比他人更好的下行调节不公平提议诱发的负性情绪的能力(Tabibnia & Lieberman,2007)。

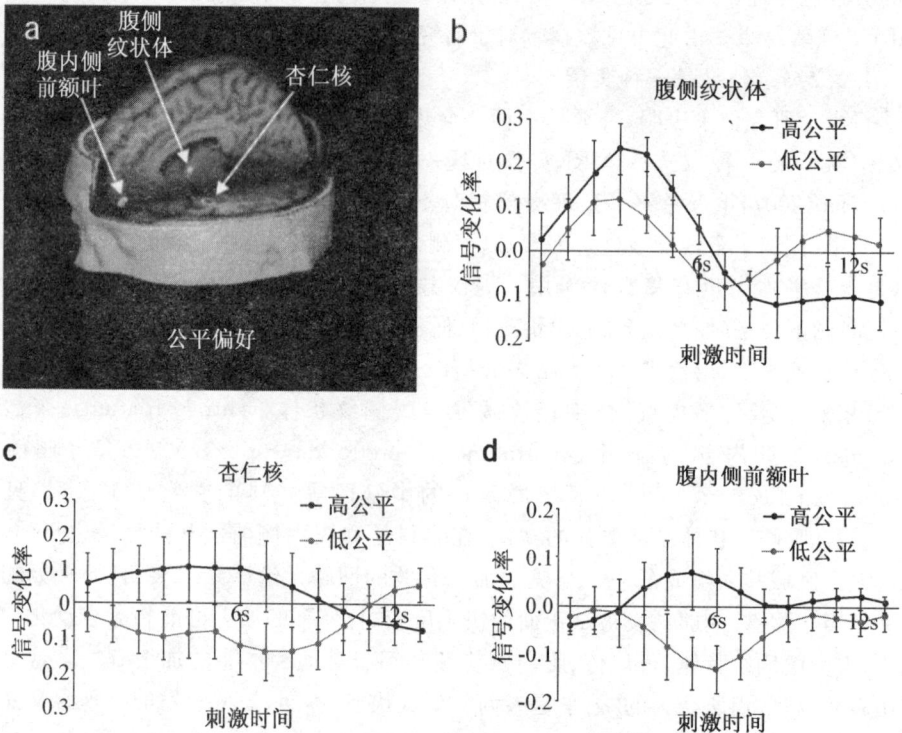

图 4-10　公平提议相对于不公平提议所激活的脑区及其活动强度
(摘自 Tabibnia & Lieberman,2007)

　　这个研究的一大贡献是揭示了公平的奖赏性含义。另一大贡献是发现了前脑岛的激活对腹外侧前额叶影响接受率的中介作用,这一结果表明,接受不公平提议行为的产生跟有效调节负性情绪有关。

4.2.2.4　前额叶系统引导人们遵守社会规范

　　以上脑机制研究多关注了反应者这一角色的决策神经活动,Spitzer 等(2007)考察了有无惩罚威胁下提议者这一方的决策机制,实则相当于改编的最后通牒博弈和独裁者博弈。实验中,给提议者 100 个金钱单位(money unit,MU),提议者提议自己和对方分别拿多少。提议者共进行 24 轮出价,一半的试次里,对方可以惩罚提议者(相当于最后通牒博弈),另一半试次里,对方无法惩罚提议者,只能被动接受(类似于独裁者博弈)。每一轮另给双方 25 MU。在可惩罚条件下,反应者可以决定是否惩罚提议者以及愿付出多少金钱来惩罚提议者,反应者每拿出一个单位作为惩罚的代价,那么提议者的金钱将会被扣 5 倍。例如,提议者提出 100/0 的提议,即自己拿走全部的 100 MU,反应者若倾其所有(25MU)来惩罚的话,提议者的 125 MU 都会被扣去,而反应者也剩下 0MU,即拒绝行为使双方都得 0,正是经典最后通牒博弈的结果。在核磁实验前,研究者先做了一个行为预实验,收集到反应者角色的数据,这样,在核磁实验中呈现给提议者的惩罚结果实则来自于真实的被试数据。提议者还进行另一个实验,被明确告知,对方是计算机来实施惩罚。实际上,不管对方是人还是计算机,提议者看到的惩罚结果是完全一样的。在正式实验之前,被试还完成一个马基雅维利主义量表,以测量被试的马基雅维利主义倾向性。马基雅维利(Machiavelli)是意大利政治家和历史学家,以主张为达目的可以不择手段而著称于世,马基雅维利主义(machiavellianism)也因此成为权术和谋略的代名词。它通常分为高马基雅维利主义和低马基雅维利主义。高马基雅维利主义的个体重视实效,保持着情感的距离,相信结果能替手段辩护。高马基雅维利主义者比低马基雅维利主义者更愿意操纵别人,赢得利益更多,更难被别人说服。

　　实验的行为结果发现,有惩罚威胁与无惩罚威胁相比,提议者的提议高了30%(40MU vs. 10MU)。在无惩罚条件下,提议者的提议与其在马基雅维利主义量表上的得分呈负相关,得分越高,提议越少。而在有惩罚条件下,提议者的提议与马基雅维利主义得分呈正相关,得分越高,提议越多。这表明高马基雅维利主义的个体更善于运用策略,为自己谋取更多的利益。

　　fMRI 结果分析了提议者做出决策时的神经活动,发现,与无惩罚威胁相比,有惩罚威胁条件更多地激活了双侧背外侧前额叶(DLPFC)、眶外侧前额叶(OLPFC)、腹外侧前额叶(VLPFC)以及尾核(caudate)等区域(参见图 4 - 11)。而且右侧背外侧前额叶和尾核的激活程度与提议者在有无惩罚威胁下的提议差异额正相关,激活程度越大,两个条件下的提议差异也越大。个体马基雅维利主义得分仅与左侧眶额叶前部的激活正相关。这些区域一般认为参与评价正负性事件,研究者认为这些区域的激活反映了它们在调节规避惩罚性事件而遵守社会规范中的作用。即被试对惩罚威胁的主观表征越强烈,则他们在行为中就会更加遵守社会规范。眶额叶可能在检测和评价惩罚性威胁中起着重要作用,高马基雅维利主义者通常都是自利的机会主义者,他们更善于检测和评估对自己利益有威胁的事件,因而有着更强的眶额叶的激活(Spitzer, Fischbacher, Herrnberger, Gron & Fehr, 2007)。

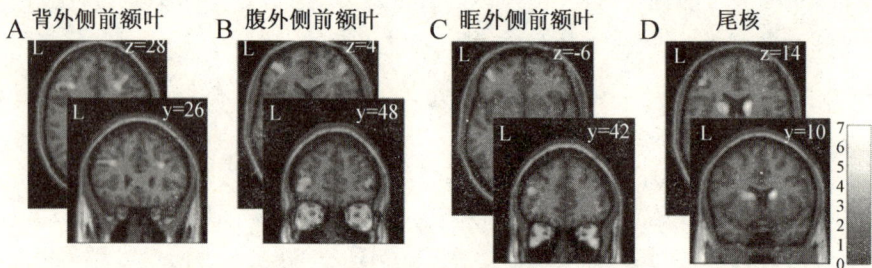

图 4 - 11　有惩罚威胁相对于无惩罚威胁所激活的脑区(摘自 Spitzer 等, 2007)

该研究提示,双侧背外侧前额叶、眶外侧前额叶和腹外侧前额叶这些前额叶区域在引导人们遵守社会规范方面发挥着重要的作用。文章在最后指出,这一结果提醒了司法系统,一些青少年、儿童等表现出的不符合社会规范的行为,可能与他们的额叶系统发育不成熟有关,因而在量刑时应着重考虑。这一应用价值也体现了该研究的意义。该文章自发表以来,已被引 63 次。

4.2.2.5　对不符预期的提议者有更深的印象

研究反应者对公平和不公平提议的反应可以揭示追求公平和追求个人利益这两种动机的竞争。然而,另一个重要的问题是,如果再次遇到曾经公平地或不公平地对待过我们的人,我们会如何反应?那些曾经不公平对待我们的人,是不是在脑海里更能留下深刻的印记?Chang 和 Sanfey(2009)对这一问题进行了探讨。在进行最后通牒博弈前,先让被试分别估计,总额为 $10 时,100 个提议者里会有多少人提出 $0、$1、$2、$3、$4、$5、$6 或 $7 的出价,以此来衡量被试对出价的预期。最后通牒博弈中,被试作为反应者,与 48 个不同的提议者完成单轮博弈。其中,24 个提议者为人,12 个提议者是计算机,另有 12 个提议者是非故意的人(这些提议者的反应是随机产生的)。每轮出价前先呈现该轮提议者的照片。尽管告诉被试出价来自真实的人类被试,但实际上出价是由实验者操纵的,出价为 $1、$2、$3、$5,各 12 次。完成最后通牒博弈后,被试再完成一个记忆测验,给被试呈现 24 幅提议者为人时的照片,以及 24 幅在最后通牒博弈中未见过的新面孔,让被试判断自己有多确信在博弈任务中见或没见过该人(事前不知有此记忆任务,以避免被试刻意去识记提议者的面孔)。

研究者采用 R 统计软件包分析数据。用信号检测的方法来衡量被试辨别新旧面孔的能力,以正确击中的 z 分数与虚报的 z 分数之差作为 D'。行为结果分析发现,被试对面孔的识别正确率达 75% 左右,提出公平与不公平提议不影响被试的辨别力,但确信程度与被试最初的预期有关,最初预期被违反时,对面孔的确信程度更高。核磁结果来看,提出不公平提议的提议者面孔与提出公平提议的提议者面孔相比,没有任何显著的阈限上的激活体素。因而,未找到对不公平提议者的特殊的神经标记。把最初预期纳入分析时,发现提议超过被试预期的提议者的照片激活了双侧脑岛、躯体运动前区/前扣带回、纹状体(包括尾核和伏核 NAcc)、双侧海马后部;提议低于被试预期的提议者的照片激活了双侧颞顶联合区(temporal parietal junction,TPJ)、右侧颞上沟、后脑岛和前楔叶。这些结果表明,对超过预期的提议者的面孔加工,主要是一些与预期违反有关的脑区和与成功进行记忆提取的有关脑区参与,而对低于预期的提议者的面孔加工,主要是与心理理论加工有关的脑区(Chang & Sanfey, 2009)。

遗憾的是,这个研究没能发现对不公平提议者有更强的记忆效应的证据,行为和大脑活动上都未发现。这与生活中的经验有些不符——人们总是对那些与己不利的事件印象深刻。没有结果的实验结果最难解释。也许与被试不相信博弈的真实性有关,也许与对同一个提议者只进行了一轮博弈有关,需要进一步的证据来考察对博弈对象的记忆效应。

4.2.2.6　竞争条件下涉及更多的心理理论加工

Halko 等 (2009)将竞争引入最后通牒博弈,考察了三人博弈的情境。一个提议者面对两个反应者,如果两个反应者都接受提议者的提议,则按提议在提议者和其中一个反应者之间分配(两个反应者获得分配的概率相同),如果有一个反应者接受另一个反应者拒绝,则提议在提议者与接受的反应者之间分配,若两个反应者都拒绝,则三人都得 0。在进行核磁实验前,先进行行为预实验,其目的仅在于让核磁实验中的被试相信提议是真实的,且他们的决定会影响到提议者的报酬。告知被试博弈的总额是 12 金钱单位(1 单位等于 10 欧分)。实验未设参与实验的基本报酬,被试最终的报酬完全依赖于他们在博弈中的决定(很少有研究采用这个方法,其实这种设置对实验更有好处,可以避免禀赋效应)。指导语之后,被试看一个视频短片,是行为预实验中做决策时的情景。这一环节的目的是为了让被试相信他们博弈的对家是真实的人,且每一轮的提议者是不同的,构成了单轮博弈,另一个反应者的决策已事先收集到,其报酬依赖于被试的决定。核磁实验中,被试所看到的提议均来自行为预实验中真实的提议者。与提议不同的是,竞争者(另一反应者)的反应是模拟反应者行为设定的,出价为 $3×11:1$, $1×10:2$, $2×9:3$, $2×8:4$, $1×7:5$, $3×6:6$。被试还进行一个控制任务,提议者为计算机。博弈实验结束后,被试需评价每个出价的公平性。研究者重点比较了有竞争(三人博弈)和无竞争(两人博弈)的差异。

行为结果发现,有竞争条件下的接受率高于无竞争条件,计算机任务下的接受率最高。核磁结果发现,无竞争条件下,低出价与高出价相比,激活了右侧背外侧前额叶和右侧前脑岛,有竞争条件下,低出价还激活了前楔叶。第二步的分析考察了有竞争与无竞争相比,并有赖于出价大小的变化,只发现了右侧颞顶联合区的激活。第三步分析按被试选择接受或拒绝行为进行分类,发现有竞争与无竞争在 $8:4$ 和 $9:3$ 出价上的拒绝率有差异。针对被拒绝的提议,有竞争与无竞争相比,发现了前楔叶的激活,而无竞争与有竞争相比,发现了后脑岛的激活。针对被接受的提议,有竞争与无竞争相比,发现了右侧颞顶联合区的激活。第四步分析了与竞争有关的激活与被试的决策行为的关系,发现右侧额下回的激活与接受率正相关。这些结果表明,有竞争条件下,被试更多地进行心理理论的加工,以推测另一方的决策行为(Halko, Hlushchuk, Hari, & Schurmann, 2009)。

4.2.2.7 公平加工的情境依赖性

行为科学研究曾发现,人们对不公平提议的决策行为受实验情境的影响。比如,同样 2/8 的不公平提议,当另一个选项是 0/10,与另一个选项是 5/5 相比,反应者对前一个条件的接受率更高。Güroğlu 等(2010)考察了不公平加工的情境依赖性的神经证据。在最后通牒博弈前,被试先完成瑞文标准进阶测验,以测量被试的演绎推理能力和智商,确保被试有正常的推理能力和智商。被试作为反应者,对于同样是 2/8 的提议,其另一项有三种情况:5/5 vs. 2/8(另一项公平)、8/2 vs. 2/8(另一项超公平)、2/8 vs. 2/8(别无选择)。被试共完成 168 轮,每轮跟不同的提议者进行博弈,呈现提议者姓氏的首字母和首名字的方式来保证匿名性。行为结果发现,对 2/8 这一不公平提议的接受率随另一选项的不同而变化,别无选择条件下的接受率更高,与行为学研究的结果一致。核磁结果进行了 3(情境:3 种条件)× 2(反应:接受、拒绝)的完全因素分析。全脑分析发现,情境与反应在双侧脑岛/额下回和前扣带回背部(dACC)产生了交互作用。对这两个脑区进行了 ROI 分析,发现右侧脑岛表现出情境依赖性,且在别无选择条件下,被拒绝的提议比被接受的提议诱发的激活更强,而在另一个选项公平的条件下,被接受的提议比被拒绝的提议诱发的激活更强,当另一个选项超公平的条件下,被接受的提议与被拒绝的提议诱发的激活强度无差异。对不公平提议被拒绝的试次,全脑分析结果发现,三种情境在内侧前额叶和左侧颞顶联合区有显著差异。ROI 分析发现,与公平和超公平选项相比,在别无选择条件下拒绝不公平提议在这两个脑区诱发了更强的活动。

对不公平提议被接受的试次,全脑分析结果发现,三种情境在前楔叶和前后部脑岛的显著差异。直接将拒绝提议与接受提议相比,发现了左侧背外侧前额叶和前脑岛的激活,表明拒绝提议与认知控制和情绪都有关(Güroǧlu, van den Bos, Rombouts, & Crone, 2010)。这个研究虽然发现了与已有研究类似的脑区,如前脑岛、前扣带回和背外侧前额叶等,但其具体的活动方式却不一致。比如,已有研究发现,前脑岛的激活与拒绝率呈正相关,激活越强,拒绝率越高,而该研究发现,前脑岛的激活与拒绝率呈负相关,激活越强,拒绝率越低。对于这一相反的结果,研究者的解释是,前脑岛表征规范违反的行为(不公平提议),该研究中,不同的实验情境决定了规范不同,也决定了什么是违反规范的行为,如别无选择条件下,不公平提议是合乎规范的。此外,已有研究发现,接受提议与拒绝提议相比激活了背外侧前额叶,而该研究却发现拒绝提议与接受提议相比激活了背外侧前额叶。研究者采用了 Knoch 等(2006)的解释,背外侧前额叶在最后通牒博弈中的作用是抑制自利动机,因而,激活越强,拒绝率越高。后一研究将在第 3 节详细介绍。

4.2.2.8 大脑表现出优势不公平和劣势不公平厌恶

Tricomi 等(2010)考察了优势不公平和劣势不公平厌恶,然而,采用的范式却并非最后通牒博弈。20 对互不认识的男性被试参与该实验。每人获得 ＄30 基本报酬,然后抽签决定是分到"穷"组还是"富"组。"富"组被试另得到 ＄30 奖励,"穷"组被试无额外奖励。进入核磁扫描机后,被试会看到实验者将钱分给被试以及给另一名参与者的图示,每一笔金额为 ＄0～＄50。被试需对该结果进行主观评价(参见图 4-12)。

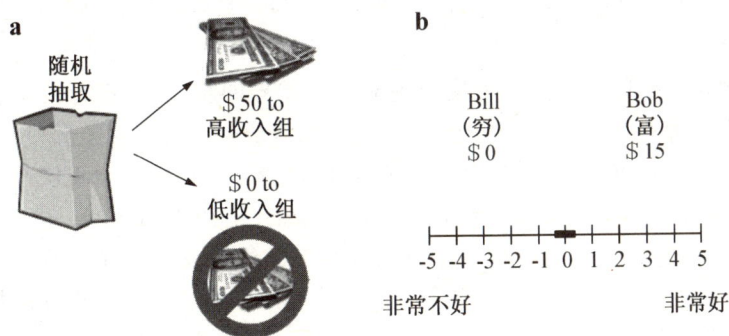

图 4-12 实验分钱图示和主观评价图示(摘自 Tricomi 等, 2010)

评价结果表明,被试对分钱给自己的结果的评价更积极,即都更愿意将钱分给自己。"穷"组被试对分钱给"富"组被试的结果的评价更偏负性(不愿意进一步扩大与"富"组的差距),而"富"组被试对分钱给"穷"组被试的结果的评价偏正性(更愿意缩小与"穷"组的差距)。核磁结果分析发现,对于只分钱给自己的试次,腹侧纹状体和腹内侧前额叶的激活强度与金额的数量显著相关。对"穷"组和"富"组被试,都用分钱给自己减去分钱给他人,发现在"穷"组被试,这两个区域的激活都更强,而"富"组被试表现出相反的模式,即分钱给他人减去分钱给自己,诱发了腹侧纹状体和腹内侧前额叶更强的激活。这两个脑区都是经典的奖赏加工区。研究者认为,这两个脑区的活动模式,表明了大脑既排斥劣势不公平也排斥优势不公平,因而乐意看到使不公平程度减小的结果。而在行为模式上,不管是"穷"组还是"富"组,都对分钱给自己的结果的评价更偏正性。神经和行为结果的不一致,在一定程度上表明,大脑的某些区域比外显的行为更体现出不公平厌恶(Tricomi,Rangel,Camerer,O Doherty,2010)。

这个研究能发表在 *Nature* 上,除了其研究的主题重要(劣势不公平与优势不公平的神经机制)和实验设计巧妙(将被试分成"穷"组和"富"组)外,其结果背后的含义更为重要。这意味着,人类行为的发生源——大脑,有着明显的不公平厌恶倾向,而且处于优势不公平时也有不公平厌恶倾向,希望缩小贫富差距。这一结果有力地挑战了人天性自私的观点(行为结果看来倒是如此)。

4.2.2.9 不公平厌恶的产生可以独立于社会交互

Haruno 和 Frith(2010)考察了不同社会价值取向个体在分钱任务中的神经活动差异。其分钱任务类似于上一研究,但被试没有基本报酬。实验中,被试看到多对给自己与给他人的奖励结果,数额在(0,200)之间,被试需判断该结果的合意程度。行为结果发现,亲社会型和亲自我型个体对绝对奖励差异(给自己与给对人的奖励数额之间的差异)的反应不同,亲社会型个体不喜欢大的绝对差异(不公平厌恶),而亲自我型个体则不受绝对差异的影响,他们只乐意更高地给自己的奖励。核磁结果分析了三个因素的影响:给被试自己的奖励、给他人的奖励、绝对奖励差异。在背侧杏仁核区域的激活程度与绝对奖励差异的相关上,亲社会型和亲自我型个体存在显著差异。亲社会型个体,其杏仁核激活程度与绝对差异呈正相关,与被试的合意程度评价呈负相关,而对于亲自我型个体,杏仁核激活程度与绝对差异呈负相关,与合意程度不相关。绝对差异还与脑岛、前扣带回、纹状体以及背外侧前额叶的活动相关,但亲社会型个体与亲自我型个体未表现出在这些脑区上的激活差异。这表明这些脑区对不公平厌恶的敏感性可以独立于社会交互的情境。该研究结果表明,亲社会型个体比亲自我型个体的不公平厌恶感更强(Haruno & Frith,2010)。

4.2.2.10 冥想者的决策行为和神经活动更偏理性

Kirk 等(2011)采用了一批特殊的被试——资深冥想者。他们进行过冥想练习,但都维持着正常的俗世生活,有职业、家庭和朋友等。和控制组相比,冥想组在贝克焦虑问卷和抑郁问卷上的得分都无差异,但在正念注意意识量表和正念技巧问卷上有差异。被试均作为反应者,完成 45 轮最后通牒博弈。30 轮博弈对象为人,15 轮为计算机,具体提议如下:6×\$19:1, 6×\$18:2, 6×\$17:3, 6×\$16:4, 6×\$15:5, 3×\$14:6, 3×\$13:7, 3×\$12:8, 3×\$11:9, 3×\$10:10。

行为结果分析发现,冥想组和控制组被试的基本表现一致,但对于不公平提议(\$19:1 和 \$18:2),冥想组的接受率更高(55% vs.35%)。核磁结果分析发现,对于冥想组,不公平提议相对于公平提议,激活了双侧后脑岛、右侧后中央回、前扣带回、左侧中部前脑岛、丘脑和小脑。而在控制组,不公平提议相对于公平提议,激活了双侧前脑岛、双侧内侧额叶、前扣带回、颞中回、缘上回和小脑。两组被试的联合分析(conjunction analysis),只发现了左侧前扣带回。随后,将两组被试由不公平提议所诱发的神经活动进行了直接比较,发现控制组相对于冥想组,左侧背侧纹状体、左侧舌回、双侧前楔叶和枕中会的激活更强;冥想组比控制组在双侧后脑岛和后顶叶有更强的激活。组别与提议公平的交互效应分析,发现冥想组与控制组在右侧后中央回和后脑岛的反应模式不同,在冥想组,后脑岛的激活程度与拒绝率正相关,也与在正念特质上的得分相关,但这些效应在控制组均不存在。对前脑岛的 ROI 分析发现,在控制组,该区域的激活在不公平提议下更强,且激活程度与拒绝率正相关,而冥想组则未表现出激活差异。在左侧前脑岛,控制组的激活明显大于冥想组。研究者在最后筛选出决策特别理性被试(接受率大于 85%),与非理性决策被试进行比较,发现了理性被试在双侧背外侧前额叶激活更强,而非理性被试在左侧后中央回、颞上回后部和旁海马区有更强的激活。这些结果表明,冥想组和控制组不仅在行为上有较大差异,在神经活动的差异更大。冥想组更多地依赖理性系统做出决策,而控制组的决策则依赖情绪系统(Kirk, Downar & Montague, 2011)。

这一研究的特色是引入了特殊被试——冥想者。这些被试无论是行为研究,还是神经科学研究,都很少涉及,一个主要的原因可能是该被试群体比较少。因而,这个研究的价值也非常明显,理性的人做出理性的决策依赖理性的神经加工系统,而大部分人做出非理性的决策是因为非理性的情绪系统在起作用。

4.2.2.11 前脑岛的激活反映的不是不公平厌恶,而是对惩罚代价的厌恶

多个研究均发现,不公提议相对于公平提议,诱发了前脑岛的激活,这一结果,Sanfey 等(2003)的解释是不公平的对待引起了负性情绪。但还有一个可能是拒绝不公平提议会使自己的利益受损,对付出代价感到痛苦。Osumi 等 (2010)对这两种可能性进行了考察。20 名日本男性大学生作为反应者,既进行最后通牒博弈,也进行独裁者博弈。如果前脑岛是由不公平对待引发的痛苦所引起的话,那么在两个博弈中都应能得到前脑岛的激活。总额为 1000 日元,出价可能为 100、200、300、400 或 500 日元。被试还需评价是否满意该提议。为控制社会交互因素,被试还完成一个控制任务,只需判断出现的两个数字是否相同。结果发现,最后通牒

博弈中,不公平出价激活了右侧前脑岛、右侧腹内侧前额叶和右侧尾核。而在独裁者博弈中,不公平出价只激活了右侧腹内侧前额叶。直接将最后通牒博弈与独裁者博弈相比,发现了右侧前脑岛和尾核的激活。这些结果表明,前脑岛的激活反映的不是对不公平的感知,而是与惩罚不公平提议相关联的损失代价引起的痛苦。而尾核的激活可能反映了对惩罚的预期满足感。根据这些结果,最后通牒博弈中的拒绝行为与对不公平的敏感有关,也与惩罚的动机有关(Osumi, et al., 2010)。

这个研究的设计非常简单,但也得到了非常重要的结果,其原因就在于研究者提出了一个非常明确的问题。这个问题在以往的研究中都被忽略了。这个问题是:前脑岛的激活反映的是不公平厌恶吗? 自 Sanfey 等(2003)的研究发表后,这一问题几乎已成大家的共识。而这个研究提出了另一种可能性并且得到了验证,推翻了已有的认识,意义重大。该研究的一个副产品是,发现了尾核的激活,该区域的活动与利他性惩罚有关。行为学研究中猜测反应者的拒绝行为是出于惩罚的动机,这一假设也在该研究的结果中得到了验证,再次体现了核磁实验的价值。

4.2.2.12 情绪调节与奖赏加工相关的脑区决定了被试的决策行为

前文所提到的 fMRI 研究,使用的数据分析方法均是将多个试次的平均BOLD 信号进行对比而得到激活,然后将一些脑区的激活程度与行为上的接受率或拒绝率进行相关分析。这种分析方法在统计上有个不足是,做相关分析的两个变量之间彼此并不独立,因为脑区的激活是由不公平水平引起的,而拒绝率也根据不公平水平而变化,这两个变量之间的相关效应也不能说明是因某脑区的激活而使被试做出拒绝或接受的决策。核磁数据处理技术的发展,多变量分类方法的出现,为解决这一问题提供了新的途径。fMRI 数据是对大脑状态的时间和空间模式的解码。已有多个领域将模式分类技术运用于 fMRI 数据,诸如恐惧感知、视知觉、目标相关的意图、测谎等。Hollmann 等(2011)将这一技术运用到最后通牒博弈的 fMRI 数据分析中,以期即时地预测被试的决策行为。该研究只将一部分相关脑区纳入,因而可以使用相关向量机分类器[relevance vector machine (RVM) classifier],并在正在进行的实验中调整模型参数,以提高即时的分类准确度。

核磁实验前,让被试与两个提议者见面,告诉被试实验中的每轮提议将随机由这两位提议者提出,以建立被试与提议者之间的社会关系。实际的实验中提议是由计算机预先设定的。当被试完成 60 轮博弈后,采用即时的 fMRI 技术和即时模式分类技术对大脑活动进行测量和分析。每轮博弈首先呈现分配总额 2s,接下来呈现提议12s,提议呈现后的前 10s 的 BOLD 信号用于预测接下来的决策。被试有 4s 用于反应,最后,呈现本轮结果 4s。每轮博弈的总额是€3,出价为 6×%50∶%50,8×%65∶%35,12×%70∶%30,21×%80∶%20,13×%90∶%10,随机呈现。被试的按键反应与相应决策的映射关系在每一轮都是变化的,以防止分类器使用与运动准备有关的大脑活动来预测决策。实验结束后,被试需报告实验过程中是否曾怀疑与人在进行博弈,并评价实验中的情绪状态,以及所认为的对出价的决策行为。

ROI 位置的选择基于预实验中两个被试的结果(120 轮博弈)。全脑数据离线训练支持向量机(Support Vector Machine,SVM)分类器,发现在前脑岛、外侧前额叶和枕叶皮层区域的活动可以预测被试的决策行为。将这几个脑区作为 ROI 用于即时分类。预实验被试的结果也用于设定即时分类器的初始模型参数。由于选取的脑区较少,因而在即时实验过程中可以充分地根据新产生的数据不断地调整分类器。即时实验过程中,对获取到的成像数据进行即时分析,标准化到 MNI 空间,去线性信号漂移,将大脑左半球和右半球的 BPLD 信号合并,提取基线时间内(第 1 和第 2 个 SCAN,即提议呈现后的前 4s)的 ROI 的平均 BOLD 信号,与活动期(第 3 到第 5 个 SCAN,即提议呈现后的第 5～10s)的平均 BOLD 信号进行比较,计算每个 ROI 的 t 值。三个脑区在每个试次的 t 值作为即时分类器的输入,使用非线性相关向量机分类器来确定每个试次的提议是被接受还是被拒绝。对即时分类器的猜测水平进行离线估计,也采用离线分类器以进一步考察决策行为的神经相关。离线分析时采用了提议呈现后第 2～4 个 SCAN 的数据(因被试的事后报告显示他们在看到提议后迅速做出了决定,通常＜5s)。在模式分类中采用了特征选取法,基于留一交叉验证法(leave-one-average-volume-out cross-validation,LOOCV)进行泛化验证,其结果(对决定正确分类的比例)即反映了分类器的泛化性能。

即时分析结果发现,分类器即时预测的准确率达 69.7%±2.4%,显著高于猜测水平,表明分类器能够捕捉到与拒绝和接受提议有关的大脑活动的关键信息,在被试做出动作反应前 2s 就可预测其结果,且即时加工算法所需时间不超过 0.5s。激活区的信号变化分析显示,提议呈现后额叶和后部区域的模式有所不同。前脑岛和外侧前额叶的更强的激活可以预测拒绝决定,而枕叶更强的激活可以预测对提议的接受决定,表明额叶和枕叶在提议加工中发挥着不同的功能。

离线分析时将所有被试的数据进行合并,结果发现,分类器的正确率高达 81.2%,显著高于猜测水平。这表明,跟拒绝或接受决定有关的大脑信号在被试间具有较高的相似性。同时,还发现,从线性支持向量机中提取的有辨别力的信息来看,预先设定的 ROI 都是关键信息脑区,但唯一的例外是,双侧前脑岛均包含在即时分类器中,而离线分析表明,只有右侧前脑岛的激活可以区别拒绝和接受提议的决定。离线分析还表明一些脑区的激活具有区别力,包括内侧额叶(medial frontal gyrus)、腹内侧前额叶、腹侧纹状体、小脑 CRUS I 区,右侧眶额叶和颞上沟后部。由于决策阶段的加工既与提议评价有关(如金额的高低),也与反应选择有关(如接受或拒绝),研究者进一步考察了哪一种加工可以更好地预测决策行为。赋予每一个试次两个标记:一个关于提议的高低,另一个关于选择,两两结合组成了四种标记。用同一个数据集训练了两个分类器。留一交叉验证法分类准确率表明按提议的高低区分正确率为 65.9%±6.2%，而根据接受或拒绝的选择来分正确率仅在机遇水平(56.4%±5.9%)，表明，与提议评价加工有关的大脑活动比反应选择有关的大脑活动能够更好地预测被试的决策行为。

从行为结果上看，大部分 50：50、65：35 和 70：30 的提议都被接受，而大部分 80：20 和 90：10 的提议都被拒绝。因而研究者在最后还训练了支持向量机以区别不同的提议，来探索与反应选择有关的脑区。结果发现，70：30 与 80：20 提议最容易被区分开（正确率 71.4%±5.53%），其次是 50：50 与 65：35 提议(65.9%±5.2%)，其他几类提议的区分率只在机遇水平。这些结果表明，与反应选择有关的脑区能够区别决策行为的边界(70：30 与 80：20)，而当对提议的决策行为接近时，分类器的区分度不高。这些与反应选择有关的脑区包括：双侧外侧眶额叶、右侧前脑岛、左侧顶下沟、伏核、小脑 CRUS I 区。

该研究发现，与提议的主观评价有关的脑区活动，比与反应选择有关的脑区活动，能够更好地预测被试的决策行为，且跟反应选择有关的脑区活动可以预测行为上所发现的拒绝接受的分界线。其中，外侧前额叶和右侧前脑岛的活动可以在试次水平预测被试的决策行为。研究者的解释是，这两个脑区都与情绪调节和社会交互的适应有关，脑区的激活越强，表明提议引起的主观不公平感越强，从而引起了拒绝行为。另一方面，提议越公平，枕叶的激活越强，这可能是因为公平提议引发更强的注意，因为它意味着更大的金钱收益。对于腹侧纹状体可以区分 70：30 与 80：20 提议，但不能区分 50：50 与 65：35 提议，研究者的假设是，腹侧纹状体和眶额叶与惩罚不公平提议所带来的快感有关，而不是与金钱收益的大小有关，腹内侧前额叶的功能则正好相反。这些结果表明，与情绪自我调节和奖赏加工有关的脑区活动对最后通牒博弈的决策行为有着重要的决定作用(Hollmann, et al., 2011)。

认识的深入往往以技术的发展为前提。Hollmann 等的研究采用模式分类法证实，最后通牒博弈中的决策行为的产生与情绪及情绪调节有关。该研究还发现了另一重要脑区的作用，枕叶这在已有的 fMRI 研究也被发现过，但从未被重视。这个被遗忘的区域可能对决策行为发挥着至关重要的作用，有可能与人的自利天性有关。在大脑的发育过程中，这个区域是相对较早成熟的。

4.2.2.13 损失情境下不公平提议诱发了更强的前脑岛和背外侧前额叶的激活

在人类社会交往中，大到国际组织，小到捕鱼狩猎，人们都通过相互合作来追求利益的最大化。在这种组织或关系中，分摊损失和分享利益一样普遍。利益或损失的公平分配是保持组织稳定和繁荣的前提。我们的行为研究曾证实，在分摊损失时，人们更加注重公平。已有的关于公平决策的神经机制研究均局限于获益领域。因而,损失情境下的大脑活动是否有着不同的模式尚未可知。我们的 fMRI 研究考察了这个问题。

　　类似于行为实验,核磁实验采用 2(损失情境/获益情境)×5(提议公平水平: 5/5、4/6、3/7、2/8、1/9)设计,共 10 种分配提议:收益下 1/9、2/8、3/7、4/6、5/5;损失下 -9/-1、-8/-2、-7/-3、-6/-4、-5/-5,斜线前数字表示分配给反应者的部分,斜线后数字表示提议者自己的部分。因变量为反应者对每类分配提议的拒绝率,以及看到每种分配方案时的大脑活动。实验开始前被试仔细阅读指导语。向被试强调分配提议是由不同的对家提出的,但是由于无法在统一的时间地点内同时进行博弈,所有事先收集了他们的数据。由于每一轮是跟不同的对家进行博弈,所以被试每一轮的选择不影响接下来的分配提议,也不影响下一轮是一起赢钱还是赔钱。但是被试的选择决定了他自己最后的收入,也决定了对家同学最后的收益。正式实验前进行 20 轮的练习,以帮助熟悉博弈规则和按键操作。

　　每一轮游戏开始屏幕上呈现注视点 500ms,然后呈现对方的分配提议 6000ms,这段时间内被试不可做出按键反应,在呈现按键提示屏后,被试在 2s 内按键反应(反应对应按键在被试间平衡)。一段 1000～3000ms 不等的间隔后呈现该轮博弈的结果 2000ms,若被试选择接受,则结果与分配提议一样,若被试选择拒绝,则在赢￥10 条件下双方都得 0,在赔￥10 条件下双方都 -10,若被试在规定时间内未完成按键,视为反应错误,则该轮游戏被试将得￥0 或赔￥10,对家的金额不受影响。注视点出现一段 4000～7000ms 不等的时间后,下一轮游戏开始。大脑活动分析提议呈现后的相关活动。单轮游戏流程参见图 4-13。

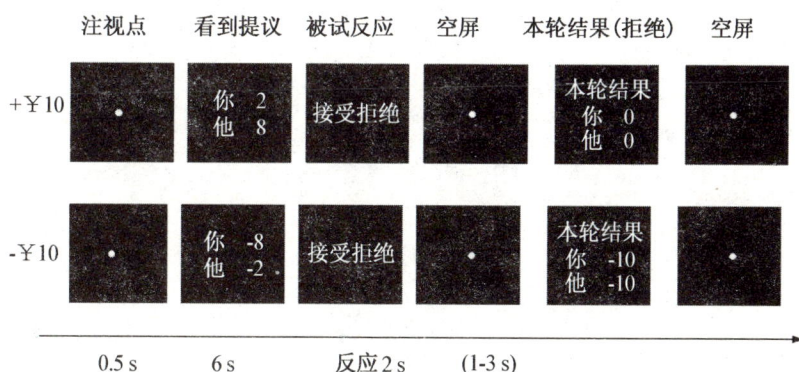

图 4-13　核磁实验单轮游戏流程图

　　共进行 140 轮游戏,分 2 个 session 进行,每个 session 有 70 个试次,其中每类分配提议各重复 7 次。分配提议以伪随机方式呈现。为避免序列试次的影响,损失和获益情境连续出现不超过 4 次,同一种分配提议连续出现不超过 3 次。

计算机实验结束后被试对"刚才实验中的提议方案来自若干不同的同学,你的选择决定了你自己和对方的最后收入,您相信吗?"这个问题做出 1～7 分量表的评价,1 表示非常不相信,4 表示不确定,7 表示非常相信,然后完成一个关于分配提议满意度的评价问卷。被试对每类分配提议进行 1～7 分量表的打分,1 表示非常不满意,7 表示非常满意。

脑成像数据采集采用 3T Siemens Trio 扫描仪(Siemens, Erlangen, Germany)。功能性成像采用 EPI-T2 * 系列。图像采集参数如下:纵向扫描,每个 volume 48 层,TR = 2.4s,TE = 25ms,层厚 3mm,层间距 0.75mm,翻转角(flip angle)90°,FOV = 224mm。采集了每个被试 T1 -加权的结构像。

fMRI 数据分析采用 MATLAB 软件的 SPM8 分析包(http://www.fil.ion.ucl.ac.uk/spm/)。首先对 fMRI 数据进行标准化预处理,包括:头动校正、灰/白质分割、标准化到模板和对功能性数据的空间平滑滤波。对于每个被试,首先删除每个 session 的前 5 个 volume,然后所有 volume 与第一个 volume 进行对准以校正扫描间的头动,并计算每个被试的平均 EPI 图像,然后使用 SPM8 提供的 segment 和 normalize 功能将图像标准化到模板,体素大小(voxel size)调整为 2mm × 2mm × 2mm。最后,功能像由半高宽(full-width at half-maximum,FWHM)为 8mm 的高斯滤波器(Gaussian filter)进行空间平滑处理。

在个体水平,建立一个一般线性模型(General Linear Model,GLM)。感兴趣的 regressor 包括:获益(包括的事件:[5/5],[4/6],[3/7],[2/8],[1/9])、获益_线性效应(对获益 regressor 的线性参数调节,例如,1、2、3、4、5)、获益_二次方效应(对获益 regressor 的二次方参数调节)、损失(包括的事件:[−5/−5],[−6/−4],[−7/−3],[−8/−2],[−9/−1])、损失_线性效应(对损失 regressor 的线性参数调节,例如,1、2、3、4、5)、损失_二次方效应(对损失 regressor 的二次方参数调节)。不感兴趣但包括在内的 regressor 有:反应选择阶段的选择接受和选择拒绝的按键反应、结果阶段 4 个 regressors:收益下选择接受、收益下选择拒绝、损失下选择接受、损失下选择拒绝。每个条件的时间点序列分别与血氧动力学函数(hemodynamic response function,HRF)的标准模型及其时间微分(time derivative)进行卷积,得到各自的 regressor。对于参数调节(parametric modulated)的 regressor,采用了 polynomial function。模型另外加入了 6 个头动 regressor,以将头动因素考虑在内。在单被试水平进行 regressor 间的线性比较。在群组水平,将得到的 contrast 图像进行 one-sample T test 随机效应组分析,以进行群组推论。显著的激活被定义为在区组水平上 $p <$ 0.001,未矫正的,voxel 大小≥10。为进一步考察激活脑区如何受损益情境和提议公平水平的调节,用 MarsBar 软件,对全脑分析所得到的激活脑区进行 ROI(region of interest)分析,以局部最大激活的 voxel 为中心、8mm 为半径的球体计算信号变化率。

对信号变化率进行 2×5 重复测量的方差分析。另外,为考察损益情境如何调节关键脑区(双侧前脑岛、双侧背外侧前额叶和双侧前扣带回)与其他脑区间的功能连接,还进行了心理生理交互作用分析(psychophysiological interaction analysis,PPI)。

　　行为结果发现,损失情境下的拒绝率高于获益情境,且损失情境下对提议的满意度评价低于获益情境。核磁结果发现,双侧背外侧前额叶、双侧前扣带回和左侧前脑岛,随提议不公平水平的提高而激活增强[$p<0.05$, family-wise error(FWE) small volume corrected(svc)]。随提议不公平水平而线性变化的脑区还包括:额下回、眶额叶、前楔叶、顶上小叶(superior parietal lobule,SPL)、顶下小叶(inferior parietal lobule,IPL)、辅助运动联合区(supplementary motor area,SMA)、枕中回(middle occipital gyrus)等。这些激活脑区均呈对称分布,无偏侧优势(参见图 4-14)。随提议公平水平的提高而激活更强的脑区有左侧梭状回、右侧颞下回、右侧缘上回、左侧旁海马和左侧颞中回。损益情境相对于获益情境,激活了左侧前脑岛、右侧背外侧前额叶和右侧前扣带回、左侧顶下小叶、左侧额下回、右侧眶上回、双侧躯体运动区、右侧角回和左侧中央前回。而获益情境相对于损失情境只激活了右侧眶额回。交互作用只发现了左侧顶下小叶、顶上小叶和右侧中央后回的激活。ROI 分析发现,双侧前脑岛的激活随不公平水平呈线性变化,且在损失情境下激活更强。另外,右侧背外侧前额叶、双侧额下回和左侧眶额回也在损失情境下激活更强(参见图 4-15)。PPI 分析发现,右侧前脑岛与中扣带回、前楔叶和颞中回的连接在损失情境下比在获益情境下更强。左侧前扣带回与躯体运动区的连接在损失情境下比在获益情境下更强。

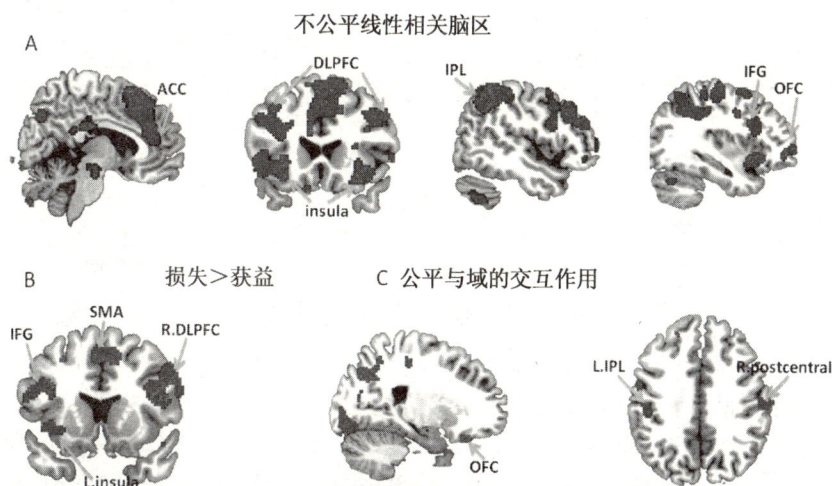

图 4-14　全脑分析得到激活脑区

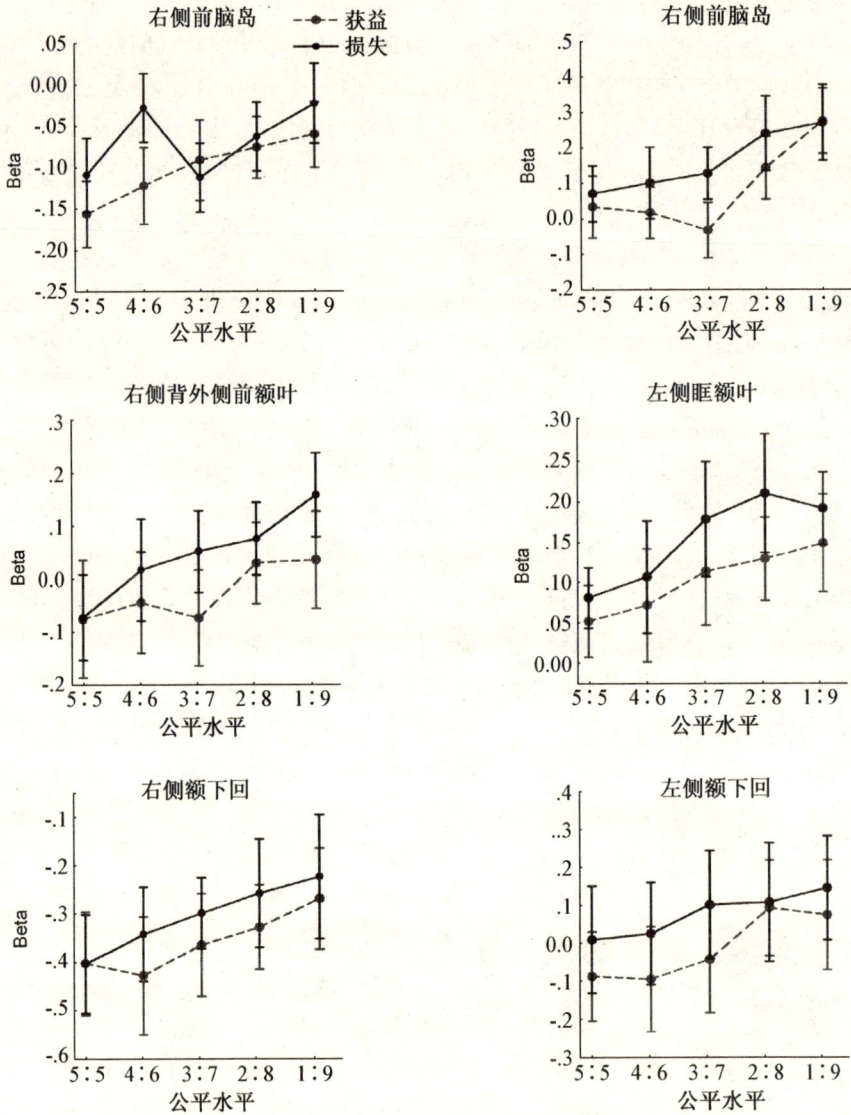

图 4-15 ROI 分析得到在损失情境下激活更强的脑区

我们的研究发现,双侧前脑岛、背外侧前额叶和前扣带回的激活程度与不公平水平呈线性关系,而且,左侧前脑岛、右侧背外侧前额叶和右侧前扣带回在损失情境下比在获益情境下激活更强。这些结果与已有研究一致,不公平提议的加工涉及情绪表征、认知调节和冲突解决。然而,更进一步的是,我们的研究发现,在损失情境下这些加工的参与程度更强。更强的前脑岛的激活,表明损失情境下的不公平提议诱发了更强的负性情绪。其中一个可能性是，在损失情境下，人们对对方的意图更加敏感，尤其是不好的意图。PPI 结果支持了这个假设，发现右侧前脑岛与跟心理理论加工有关的脑区，如前楔叶和颞中回的连接在损失情境下更强，表明了更多的推测对方的意图加工，而这种对意图的推测强化了由不公平引起的负性情绪。PPI 结果还发现，右侧前脑岛与中扣带回的连接在损失情境下更强，表明有更多的运动控制加工的参与，即损失情境下，不公平提议引发负性情绪使对提议的拒绝冲动更强烈，而此时不能立刻做出反应（实验要求看到反应提示屏后再按键），从而需要更多的认知努力去控制。前扣带回的激活与错误检测和冲突解决有关。损失情境下前扣带回的激活更强，意味着有着更多的冲突解决，即在损失情境下，不公平提议诱发的惩罚冲动和惩罚后带来更多的损失这种冲突更强烈。背外侧前额叶一直被认为与认知控制和目标维持有关，但在最后通牒博弈中，背外侧前额叶的具体功能尚存在争议。有研究认为，背外侧前额叶抑制由不公平提议诱发的负性情绪，另外有研究认为抑制的是自利冲动。我们的研究发现损失情境下背外侧前额叶的激活更强，这一结果似乎支持了前一假设，因为自利冲动在损失和获益情境下是相当的。我们认为，背外侧前额叶的功能是整合信息，并根据情境进行调整，从而做出最优化的决策。在最后通牒博弈中，理性的决策是接受任何正的提议，而一个优化的决策，则可能是接受公平提议拒绝不公平提议，以惩罚违反规则的人，这种利他性惩罚虽然在短期内对个体利益造成了损失，但在长期来看，却有助于组织的稳定和发展。这一假设得到了 Hollmann 等（2011）的研究结果的支持：更强的外侧前额叶的 BOLD 信号预测着对提议的拒绝（Hollmann, *et al.*, 2011）。以前的研究较少报告眶额叶的激活。眶额叶与奖赏加工有关。研究发现该区域与背外侧前额叶的共同激活，我们认为，眶额叶在最后通牒博弈中的作用可能是提取提议的价值信息，比如是正性还是负性，并计算有多不公平。这一价值信息被传递到背外侧前额叶，从而引导做出优化的决策。另一个脑区，顶下小叶，以往的研究都未探讨。这个区域与数学计算和数量表征有关。在最后通牒博弈中，该区域的功能可能是加工提议的数量信息，从而得出提议是否公平。总之，我们的研究发现，大脑的情绪系统、认知系统、奖赏加工系统和计算系统协同地参与不公平厌恶与损失厌恶的加工，并在经济利益和主观满意感的权衡之下指导做出优化的决策行为。

4.2.2.14 前脑岛表征不公平本身

在第 3 章行为科学研究中，介绍了 Civai 等（2010）通过第一方博弈和第三方博弈的范式，发现了情绪评价有差异而拒绝率无差异的研究。最近，他们报告了其核磁成像数据的结果。在核磁数据分析中，感兴趣的条件包括 6 个：3（最后通牒博弈中拒绝提议、最后通牒博弈中接受提议、自由赢任务）×2（第一方反应者、第三方反应者），根据提议呈现的时间和提示按键的时间进行独立建模。结果发现，从主效应上来看，最后通牒博弈任务相对于计算机自由赢任务，激活了经典的双侧前脑岛、双侧前扣带回和右侧背外侧前额叶;拒绝提议相对于接受提议,激活了中脑和左侧前脑岛,而接受提议减去拒绝提议则无激活;第一方相对于第三方,激活了腹内侧前额叶和右侧额下回。交互效应来看,(第一方最后通牒博弈—第一方计算机任务)—(第三方最后通牒博弈—第三方计算机任务)只激活了内侧前额叶前部。因而,该研究发现,前脑岛与不公平提议有关,不管是第一方还是第三方,而内侧前额叶前部则与针对自己的不公平提议有关。前扣带回和右侧背外侧前额叶的活动不受第一方和第三方的影响,也不受接受或拒绝提议的影响。这些结果表明,前脑岛的作用是表征不公平本身,从而促进公平行为。而内侧前额叶则既与不公平有关,也与自身利益有关(Corradi-Dell'Acqua, in press)。

4.2.2.15 小结

由已有 fMRI 研究可知,fMRI 的实验设计常借鉴于行为实验,但能够提供大脑活动上的证据。这些研究表明,最后通牒博弈中反应者的决策行为,主要是由与情绪表征有关的脑区,与情绪调节有关的脑区,与奖赏加工有关的脑区,以及与认知控制有关的脑区,共同作用而决定的。已有 fMRI 研究主要采用的思想是功能定位,或称功能分离。功能分离(functional segregation)指的是一个脑区具有什么特定的功能。比如前脑岛主要负责对不公平提议诱发的负性情绪进行表征,腹内侧前额叶负责情绪的调节。其实,大脑的活动是一个整体,因而有功能整合的观点。功能整合(functional integration)指的是不同脑区需要协同工作来完成一个任务。例如在最后通牒博弈任务中,前脑岛和背外侧前额叶加工的信息进行整合后,被试才会做出拒绝的行为。已有 fMRI 实验,大都是通过"相减法"比较不同实验条件下的(通常是不公平提议减去公平提议)脑成像信号来检验特定认知过程/功能所涉及的脑区。但是,在最近几年中,已经有越来越多的实验通过检验不同脑区之间连接性的方法来研究各个脑区如何交互作用来完成一个任务。这主要是由于脑成像数据分析方法学上的进展,比如动态因果模型(dynamic causal modelling,DCM)、结构方程(structural equation modelling,SEM)、格兰杰因果模型(Granger causality)都是用来分析有效连接(effective connectivity)的方法。有效连接指的是一个脑区对另一个脑区的影响,也就是说一个脑区的活动造成了另一个脑区活动上的变化。遗憾的是,已有研究并没有报告这方面的分析结果。揭示脑区间的有效连接关系,能够更清晰地体现不同脑区在决策产生中所发挥的具体作用。例如,前脑岛和背外侧前额叶是相互竞争还是相互关联,目前仍存在争论。分析脑区之间的有效连接为研究者提供了检验已有假设的工具,使我们能够更深入和全面地认识决策行为背后的神经机制。

4.3　TMS 研究

经颅磁刺激技术(transcranial magnetic stimulation,TMS)是一种利用脉冲磁场作用于中枢神经系统(主要是大脑),改变皮层神经细胞的膜电位,使之产生感应电流,影响脑内代谢和神经电活动,从而引起一系列生理生化反应的磁刺激技术。

4.3.1　TMS 技术

经颅磁刺激技术的作用原理是通过改变它的刺激频率而分别达到兴奋或抑制局部大脑皮层功能的目的。功能各异的脉波刺激脉冲,依据不同的目的进行智能化刺激,电容器首先储存大量电荷,然后将电荷输至感应器,感应线圈瞬时会释放大量电荷产生磁场,磁力线以非侵入的方式轻易地穿过头皮、颅骨和脑组织,并在脑内产生反向感生电流。皮层内的电流激活较大的锥体神经元,引起轴突内的微观变化,进而诱发电生理和功能变化。其中,借助磁信号可以无衰减地透过颅骨而刺激到大脑神经,同时刺激外周神经肌肉,通过不同的频率达到改变功能的目的(参见图 4-16)。高频(>1Hz)高强度的重复经颅磁刺激,可产生兴奋性突出后电位综合,导致刺激部位神经异常兴奋,起兴奋的作用;低频(≤1Hz)刺激的作用则相反,导致刺激部位神经失活,起抑制的作用。

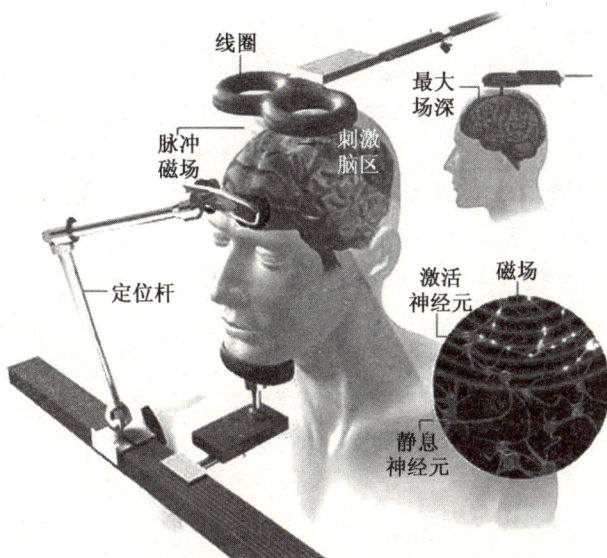

图 4-16　经颅磁刺激工作原理图示(摘自 http://www.drchugh.com/rTMS.html)

目前,根据 TMS 刺激脉冲不同,可以将 TMS 分为三种刺激模式:单脉冲 TMS(sTMS)、双脉冲 TMS(pTMS)以及重复性 TMS(rTMS),每种刺激模式分别与不同的生理基础及脑内机制相关。TMS 可用来刺激视皮层、躯体感觉皮层等大脑皮层,引起局部的兴奋或抑制效应,以探测系统的功能。另外,TMS 还可以用于学习、记忆、语言及情绪等领域的研究,整合 fMRI 结果,极大地提高 TMS 刺激部位的准确性,精确控制刺激大脑的深度从而可以准确地调节刺激强度,成为研究局部脑区功能的常用方法之一。

经颅磁刺激技术具有无痛、无创、无损的特点。被试一般都可以忍受单个脉冲刺激,无明显的疼痛和不适感。但对于重复性经颅磁刺激,会产生疼痛感。这也阻止了该技术在神经科学领域的大范围使用。

4.3.2 公平博弈的 TMS 研究

为确定背外侧前额叶在最后通牒博弈中的具体功能,van't Wout 等(2005)采用重复经颅磁刺激(rTMS)技术,通过磁脉冲穿入颅骨并干扰神经活动。7 个被试参与实验(经颅磁刺激实验的被试总是很难找到)。有两个条件:对右侧背外侧前额叶施加经颅磁刺激和施加假刺激。两个条件的间隔在 30 分钟以上,以避免遗留效应。右侧背外侧前额叶的位点选择基于脑电图 10—20 坐标系统的 F4 位置。经颅磁刺激条件下,在背外侧前额叶位置施加 1Hz 脉冲刺激 12 分钟,强度为 45%。在施加低频刺激前给予强度为 25% 的 6Hz 脉冲刺激 5 分钟作为启动,以延长和强化低频的抑制效应。被试作为反应者,完成 32 轮最后通牒博弈中,16 轮的提议者为男性,另 16 轮提议者为女性。总额为 \$10,出价为 5∶5、7∶3、8∶2、9∶1,各重复 8 次。结果分析了反应时数据和接受率。结果发现,对于反应时,当提议被接受时,rTMS 条件与假刺激条件无差异,而当提议被拒绝时,假刺激条件下的反应更快。rTMS 条件下的接受率稍高于假刺激条件(48.2% vs. 42.3%,$p = 0.059$)。根据反应时数据,研究者认为,拒绝不公平提议是一种默认的反应。背外侧前额叶的功能是基于先前的选择经验,通过优化的策略引导着以目标为导向的行为。当这一区域被 rTMS 干扰失激活后,也干扰了采取默认策略的行为导向。因而,该研究发现了背外侧前额叶在策略性决策中发挥的重要作用(Wout, Kahn, Sanfey, & Aleman, 2005)。

但是,一个采用类似方法并取得类似结果的经颅磁刺激研究提出了另一种解释。Knoch 等(2006)的研究包含了 52 个被试,并采用了被试间设计。其理由一是因为 rTMS 给被试带来明显的不适感,二是因为 30 分钟的间隔时间,被试可以准确地区分假刺激和真刺激,正确率达 85%。这样,假刺激条件不可以作为控制条件。最后通牒博弈前,给被试施加 15 分钟的经颅磁刺激。其位点的选择基于每个被试核磁成像的数据提取到的位置信息。刺激强度为最大刺激输出的 54%。在左侧背外侧前额叶或右侧背外侧前额叶,被试受到单脉冲、持续 15 分钟的 1Hz rTMS,或接受到假刺激(一半在左侧,一半在右侧)。最后通牒博弈中,总额为 20,提议者为人或为计算机。每种条件下,被试得到的出价 2 次为 4,3 次为 6,2 次为 8,3 次为 10。这一分布来自于行为预实验中被试的真实数据。实验结束后,被试需判断每类提议的公平程度。由于最后通牒博弈实验的时间很短,因而填写问卷的时间在施加 rTMS 后的 4~5 分钟之内,此时的背外侧前额叶将仍处于被抑制的状态。结果发现,当提议者为人时,对出价 4 的平均接受率只有 24%,在施加假刺激组,接受率为 9.3%,在左侧背外侧前额叶施加 rTMS 组,接受率为 14.7%,而在右侧背外侧前额叶施加 rTMS 组,接受率上升至 44.7%,在该组,有 37% 的被试接受了所有的不公平提议,这一现象在左侧施加组和假刺激组都未发现。这个组间差异不是因为被试不同的倾向性或冲动性,因为 10 天后所做的人格问卷结果显示,被试在互惠倾向和冲动性上无差异。若在方差分析里控制这两个量表的得分,组间之间的接受率差异更为显著。但是在公平判断上,三组没有差异。因而,研究者认为,右侧背外侧前额叶在最后通牒博弈中的作用是,抑制自利动机以实现公平的目标(Knoch, *et al.*, 2006)。

以上两个 rTMS 研究采用了相似的技术和范式,得到了相似的结果,但后一研究发表在 *Science* 上,而前一研究发表在影响因子要低很多的杂志上。其原因至少有四点:① van't Wout 等(2005)的研究只得到了边缘显著的效应($p=0.059$),这与该研究的被试量较少(只有 7 个)不无关系。② van't Wout 等(2005)的研究采用了被试内比较,根据 Knoch 等(2006)的观点,这种设计下的假刺激条件可以轻易被被试区别,可能没起到控制作用,使结果产生混淆。③ 对背外侧前额叶的定位,van't Wout 等(2005)的研究根据的是脑电图 10—20 系统的 F4 电极,不是针对每个被试来定位。而在 Knoch 等(2006)的研究中,根据每个被试的核磁成像数据中提取的位置信息来进行定位,大大提高了定位的准确性和客观性,并消除了个体差异的影响。④ 尽管得到了相似的结果(抑制右侧背外侧前额叶后对不公平提议的接受率不降反升),但两个研究给出了完全不同的解释。van't Wout 等(2005)的解释是,右侧背外侧前额叶的功能是根据经验采取优化的策略来引导行为,在最后通牒博弈中,优化的策略是拒绝不公平提议以惩罚违反社会规范的人,因而该区域失激活后,这一策略实施失败,接受率提高。Knoch 等(2006)的解释则更吸引人,因为他们将 Sanfey 等(2003)的观点作为靶子给予推翻,提出右侧背外侧前额叶的功能不是抑制由不公平提议诱发的负性情绪,而是抑制人类的自利天性的动机。这一反常识的观点显然能够吸引更多的注意力。研究者还将这一假设与弗洛伊德的本我、自我和超我观点联系起来(弗洛伊德曾提出,超我和自我需要抑制本我自利天性的冲动,进而以一种合理和道德的方式生存于世)。至于哪一种解释更符合事实的真相,还需要进一步的证据。

已有关于公平博弈的 rTMS 研究只有两个,这与实验难以招募被试可能有一定的关系。最重要的是,rTMS 研究要求有明确的假设和先验的脑区。与 fMRI 研究相比,rTMS 研究的优势之一在于它揭示的是因果关系,而 fMRI 研究只是相关关系。但是,rTMS 技术有一个局限就是,虽然它使一个部位暂时失激活,实际上它影响的可能是整个神经回路,比如该区域与其他区域的联系也被破坏了,那么,所产生的结果上的差异就无法完全归因于该脑区。

4.4 脑损伤患者研究

脑损伤患者研究是另一种常见的神经科学研究方法。目前,关于公平博弈的脑损伤患者研究并不多见。只有一篇研究报告了腹内侧前额叶损伤患者在最后通牒博弈中的异常表现。腹内侧前额叶损伤的患者常表现出情绪调节功能异常,比如不能对给定事件作出相适应的情绪反应。对后天的腹内侧前额叶损伤的患者的临床观察发现,尽管他们通常情感反应迟钝,常被很小的挫折激怒,但又往往是急性子、易怒、常生气、好争论,有些甚至有虐待的陋习。

在 Koenigs 和 Tranel(2007)的研究中,选取了 7 名在成年期发生双侧腹内侧前额叶损伤的患者,他们有着正常的心理测量的智力、记忆和执行功能,但他们在社会和情绪功能上存在缺陷,其损伤主要由脑肿瘤或前联合动脉瘤破裂引起蛛网膜下出血造成的。另有 14 名腹内侧前额叶以外区域损伤的患者和 14 名健康的正常对照组。其他脑区损伤患者主要是与情绪无关的脑区,如外侧颞叶和额上回等,由脑中风、脑肿瘤切除等引起。脑损伤的分析基于核磁成像数据和 CT 数据。被试作为反应者,完成 22 轮最后通牒博弈。2 轮出价为 $5(总额为 $10),2 轮出价为 $4,6 轮出价为 $3,6 轮出价为 $2,6 轮出价为 $1,前两类为公平提议,后三类为不公平提议。实验结束后,询问被试一些问题,例如"你相信提议是由照片上那个人提出的吗?""你相信你的反应决定了你和对方的最终报酬吗?"

结果发现,三组被试对公平提议的拒绝率没有差异,但腹内侧前额叶损伤的患者对不公平提议的拒绝率显著高于其他两组(5% vs. 33% vs. 42%)。腹内侧前额叶是负责情绪调节的重要脑区,腹内侧前额叶损伤后,患者仍有对金钱收益或损失的正常的情绪反应,但是对情绪的调节能力下降了。腹内侧前额叶损伤患者对不公平提议更高的拒绝率表明,有效的情绪调节是正常决策的重要前提(Koenigs & Tranel,2007)。

脑损伤患者研究从另一个角度证实了情绪调节在决策行为中的作用。这一类研究与 rTMS 研究相似,能够揭示因果关系。但这类被试更加不好找,且患者在实验过程中不像正常人那样容易合作。研究者与医生建立合作,将有利于开展相关的研究工作。正如诺贝尔经济学奖得主所说的,学术成功的秘诀有两个,一个是找到一个合作者,另一个就是再找一个合作者。

4.5　小结

最后通牒博弈的神经机制研究已经得到了越来越多研究者的关注。已有关于神经机制的研究 20 余篇,以 fMRI 研究为主,其次是 ERP 研究,rTMS 和脑损伤患者的研究相对较少。研究的问题范围越来越广,从最初的研究不公平厌恶激活的脑区,到不同脑区具体功能的分析,再到脑区间相互作用的建立,已经开始从功能定位向功能整合过渡。然而,无论是 fMRI 研究还是 ERP 研究,其证据都是间接的,对结果的解释在很大程度上都是基于假设。脑区的激活是否意味着它对任务的参与? 这一结果的答案并不确定。大脑是一个信息加工体,有输入、加工和输出。尽管可以获知皮层下核团的功能,但它的功能的实现过程并不明确。这种从输入到输出的模型化过程可能存在着过度简化的偏差。此外,fMRI 结果中脑区的负激活在很多研究中都可以发现,但很难给出解释。人脑是复杂的构造,皮层表面每平方毫米就有 9 万~10 万个神经元。普通的厚度在 2~4mm 的皮层,其表面每平方毫米下突触的数目可达 10^9 个。而一个未滤波的 fMRI 图像的体素大约有 55mm,因此包含着 5.5×10^6 个神经元,$2.2 \times 10^{10} \sim 5.5 \times 10^{10}$ 个突触,22km 的树突和 220km 的轴突,其加工的复杂性可能远超想象。因而,有研究者提出,fMRI 信号无法轻易区分功能特异性的加工和神经调节,也无法轻易区分自下而上和自上而下的信号,还有可能会混淆神经元的兴奋性活动或抑制性活动。fMRI 信号的数量维度也不能视为反映了不同脑区间的差异,或者是同一脑区内的不同功能(Logothetis, 2008)。尽管如此,fMRI 仍然是认知神经科学家最倚重的工具,它也将继续发挥着重要作用。fMRI 技术与其他神经科学技术相结合,正在成为新的潮流。其中,主要是与神经遗传学的联姻。

第5章 公平博弈的生物学研究

在最后通牒博弈中,反应者宁愿牺牲个人利益也要拒绝不公平的提议,即表现出利他性惩罚行为(altruistic punishment)。这一看似非理性的决策导致了个体利益的损失,但可能有着进化学上的依据。例如,达尔文认为,组间的竞争、自然选择的压力导致了组内的合作。"毫无疑问,一个部落中包括许多成员……其中有一些总是准备着帮助他人,并且牺牲自己,为了部落共同的利益——在与其他部落的竞争中胜出;这就是自然选择(Darwin, 1904)。"合作行为的进化学研究表明,不论是在动物界还是在人类社会,不论种族内或是种族间,都大量存在着利他行为。偶尔邂逅的陌生人可以牺牲部分自身利益以成全对方的利益,或牺牲自身利益以惩罚对方的不合作行为,这种亲社会行为出于一种间接互惠(indirect reciprocity)的机制,虽然在可见的未来里不一定会给个体带来收益,但有利于建立个人信誉(reputation)和促进群组内的合作行为(Nowak, 2006),在长期内是有益处的。直到 Wallace 等(2007)双生子研究的发表,人们才意识到,非理性决策行为的进化学起源并不仅仅是个假设。

Wallace 等(2007)的研究依托于卡罗林斯卡医学院的瑞典双生子登记中心。该中心是世界上最大的双生子登记处[1]。通过电子邮件的方式,邀请到 658 名同性双生子被试,他们出生于 1960—1985 年,其中包括 71 对单卵双生子和 258 对异卵双生子。首先,所有的被试均作为提议者,提出在自己与一个随机选择的匿名人之间的分配方案,总额为 100SEK(约合 \$15)。然后,被试作为反应者,与另一名匿名的提议者配对,在知道真实的提议前,针对每一种分配方案均给出接受或拒绝的

---

① 卡罗林斯卡医学院成立于 1810 年,是瑞典著名的医学院。瑞典双生子登记中心始建于 20 世纪 50 年代末,是世界上最大双生子数据库。现包括超过 170,000 对双生子的数据,最早出生记录可追溯至 1886 年。瑞典每一对双生子的相关信息都可在库中找到。随着年龄的增长,每一对双生子都要经历一系列的临床测试并记录信息,如他们的医疗记录和癌症记录。主页:http://ki.se/ki/jsp/polopoly.jsp? l=en&d=9610

决定。然后,计算出被试的最小可接受量。结果发现,同卵双生子和异卵双生子的最小可接收量没有显著差异,均值为 32.68。分别计算同卵双生子和异卵双生子在最小可接收量上的相关性,发现前者的 Spearman 相关系数达 0.39,而后者的相关系数仅为一0.04,两组之间有显著差异,表明了在最后通牒博弈的反应者行为上有着遗传效应。研究者采用标准预先模型以期分解附加遗传效应、共享环境效应和非共享环境效应。最佳拟合模型显示,附加遗传效应可以解释 42% 的变异。共享环境的参数估计是 0,置信区间上限是 21%,表明共享环境的影响至多只是中等重要的变异来源。剩下的变异则由非共享环境以及测量误差来解释。因而,这个研究明确地显示了遗传对最后通牒博弈决策行为的影响。该研究还提出,与决策行为密切相关的背外侧前额叶,被证明易受遗传影响(Wallace,Cesarini,Lichtenstein,& Johannesson,2007)。遗憾的是,该研究没有报告提议者行为上的遗传效应。

自这个研究始,研究者开始关注最后通牒博弈行为的生物学相关,并取得了初步成果。

5.1　激素与决策行为

行为水平与神经化学水平的研究相结合,是近年来神经经济学研究的一大新潮流。已有研究开始探讨不公平厌恶与大脑神经递质或激素的水平的关联。

5.1.1　睾酮激素水平与决策行为

5.1.1.1　睾酮激素越高的男性对不公平提议的拒绝率更高

一项生物学研究在被试在完成最后通牒博弈后,提取了唾液样本,并分析了睾酮激素水平。被试在最后通牒博弈中,既作为提议者提出分配提议,也作为反应者提出最小可接收量,分配的总额为 $40。作为提议者,只能在出价为 $25 和出价为 $5 中任选一个。由于睾酮激素水平对男性行为的影响更明显,所以该研究中所有被试皆为男性。完成最后通牒博弈前,提取 3～5ml 被试的唾液样本,收集管中包含氮化钠以防止细菌生长或样本污染。样本冰冻几个月后再进行解冻和分析。所有被试均在下午 1 点左右提取唾液样本,在下午两点左右完成最后通牒博弈,并在另几天的下午两点左右提取基线样本。这种操作是为了避免昼夜循环对激素水平的影响。

对每个被试,取三个样本的平均值作为睾酮激素水平。结果发现,拒绝不公平提议(出价为 $5)的男性个体的睾酮激素水平($383 pmoll^{-1}$)显著高于接受不公平提议的男性个体($251 pmoll^{-1}$)。同时,高睾酮激素水平与高提议相关,尽管统计上并不显著(Burnham,2007)。

已有研究曾发现,男性的睾酮激素水平与攻击性行为具有密切的关系。睾酮激素含量越高的男性,被认为控制欲更强,更不平易近人。研究者认为,在最后通牒博弈中,拒绝不公平提议可以认为是一种正义的攻击(moralistic aggression)。高睾酮激素水平,意味着更强的攻击性惩罚行为,因而有着更高的拒绝率。研究者还提出,将生化水平的研究与神经科学研究相结合,将能提供更丰富的认识。比如在测量被试激素水平后,进行核磁共振扫描,可能会发现高睾酮激素水平的被试在情绪加工区,如前脑岛,有更强的激活。

5.1.1.2　提高男性的睾酮水平使男性变得更小气

上一研究探讨的是相关关系。Zak 等(2009)认为这种研究在方法上存在缺陷。首先,睾酮激素水平极易受环境条件的影响,比如看自己的球队赢球会提高睾酮激素水平,而看到球队输球会降低睾酮激素水平。被试进入实验室之前的行为是实验者无法控制的,易造成干扰。以唾液方式化验激素浓度,还有使样本污染的问题。而且,经唾液测量的睾酮水平与血浆测量的睾酮水平仅有中等程度的相关。因而,Zak 等(2009)采用控制睾酮水平的方法,探讨了睾酮与决策行为的因果关系。

48 名男性[①]大学生被试参与双盲、交叉的实验,但只有 25 名被试完成了全部的实验。被试需到实验室完成两次实验,中间间隔 6~12 周,其中一次是注射睾酮激素,另一次注射安慰剂。被试在下午四点到达实验室。首先由医生进行面谈,以排除吸烟、饮酒或其他身体障碍的影响。之后静脉抽血 28 ml。然后被试被领进一间半封闭的控制室,肩背部涂抹睾酮凝胶或者含惰性物质的凝胶(安慰剂)。根据睾酮激素的药理代谢特性,被试在 16 小时以后再来实验室。抽取第二次血样,回答问卷,并完成最后通牒博弈和独裁者博弈。被试既作为提议者提出提议,也作为反应者声明最小可接收量,两者之间的差异作为被试慷慨性的指标。结果发现,提高睾酮激素水平后,作为提议者,其提议低了 9%,作为反应者,其最小可接受量高了 5%,其慷慨性(自己的出价—自己的要价)下降了 27%。研究者建立了一个以慷慨性和睾酮水平为变量的一般线性模型。结果发现,提高睾酮水平后减少了慷慨性,提高了惩罚的欲望。提高睾酮水平对独裁者博弈结果无影响。这些结果表明,提高睾酮水平后,人们变得更加自利(Zak, et al., 2009)。

Zak 等(2009)的研究从因果关系的角度揭示了睾酮水平对决策行为的影响,发现提高睾酮水平后,被试变得更加自利和小气。然而,研究者的这一说法并没有得到该研究独裁者博弈结果的支持。如果提高睾酮水平后,被试更加自利,那么应

[①] 美国食品和药品安全局只允许对男性采用睾酮激素治疗。

该可以在独裁者博弈中观察到较少的出价($3.34 vs. $3.56)。研究者并没有对此做出任何解释。

5.1.1.3　生物因素(睾酮激素)和心理因素(主观认识)共同影响决策行为

与上面两个研究不同,Eisenegger 等(2010)的双盲、安慰剂控制的实验采用了60 名女性被试,在最后通牒博弈中均作为提议者。博弈前 4 小时,采用舌下方法服用单剂量为 0.5mg 的睾酮激素或安慰剂,并让被试报告自己认为服下的是安慰剂还是睾酮激素。每名提议者与三名不同的反应者随机配对,提出三轮提议,总额为 10MU,提议可以是 0、2、3、5MU。实验后的访谈表明,被试对睾酮激素持有一定的偏见,如认为提高睾酮会增加人的攻击性和反社会行为。为控制这一影响,研究者将被试的主观认识也纳入了统计分析。结果发现,与常识不一致的是,服用睾酮激素的被试比服用安慰剂的被试的出价更高(3.90 MU vs. 3.40 MU),且被试的主观认识也有效应,那些认为自己服用了睾酮激素的被试比认为自己服用了安慰剂的被试的出价少了 0.92 MU。进一步分析发现,被试的睾酮基线水平、皮质醇水平、焦虑、生气、清醒度和心情等方面都不影响出价行为。对反应者的拒绝行为的分析发现,服用睾酮激素组和安慰剂组没有差异。研究者认为,这一结果可用社会地位假设(social status hypothesis)来解释:睾酮激素提供了人们维持社会地位的需求,即阻止冒犯行为的动机加强。表现在最后通牒博弈中,人们倾向于提出更高的出价,以避免拒绝行为的产生。对于主观认识对出价的影响,研究者认为其可能性是:被试给自己做出自利提议所找的前瞻性借口。在这种情况下,被试可以不用承担违反社会规范的这一责任(Eisenegger, Naef, Snozzi, Heinrichs, & Fehr, 2010)。这一研究同时表明了生物因素和心理因素在决策行为中的作用,其中心理因素造成的差异更大。

5.1.1.4　胎儿期暴露于雄激素水平调节性线索对决策行为的影响

Van den Bergh 和 Dewitte (2006)的研究虽然没有直接操纵睾酮激素,却用睾酮激素的作用来解释得到的结果。该研究考察了 2D:4D 比率与性提示对男性被试在最后通牒博弈中决策行为的影响。2D:4D 比率指的是食指与无名指的长度之比,反映了人类在胎儿期暴露于雄激素的程度。2D:4D 表现出明显的性别差异:男性的比值显著低于女性。胎儿期较多的雄激素暴露或较少的雌激素暴露,都会产生低比值。研究发现,2D:4D 几乎影响一切与男性有关的行为,诸如低比值的男性有着更健康的身体素质、更漂亮的外表、更多的孩子、更优秀的肌肉力量、更好的求偶表现等。低比值的男性对睾酮激素的控制更敏感,其体内循环的睾酮激素水平更高。因而,该研究将 2D:4D 作为男性睾酮激素水平的外在指标。通过网络方法招募到异性恋男性被试 44 名。在图片判断任务中,计算机呈现 15 幅照片,被试评价其吸引力。其中一套是 15 幅风景照片,包括海滩、山脉、河岸等,另一套是 15 幅性感女模特的照片。所有的图片都是人工合成的。随后,被试完成最后通牒博弈。被试既需给出提议,也需要给出最小可接受量。之后,对被试右手进行扫描。用 Adobe Photoshop 软件的测量工具来计算 2D∶4D。共测量两次,间隔若干周,取两次的平均值作为比值。结果发现,暴露于性感女模特照片的男性被试比暴露于风景照片的男性被试,给出的最小可接受量更低(3.19 vs. 3.41)。2D∶4D虽然没有主效应,但与照片条件有交互作用:暴露于性感女模特照片时,2D∶4D 与最小可接受量呈正相关,比值愈低,最小可接受量越小;而暴露于风景照片时,未发现这个效应,表明比值低的男性,当暴露于性线索后,对公平分配的要求下降了。第二个研究将可视不可触的照片换成了可视也可触的衣服,让被试判断衣服的质地、颜色、喜欢程度等。在一种条件下,衣服是一件 T 恤,另一种条件下,衣服是一件胸罩内衣。结果发现,暴露于内衣条件比 T 恤条件,被试的最小可接受量更低(3.42 vs. 3.39)。同样发现了 2D∶4D 与性线索的交互作用:暴露于内衣时,2D∶4D 与最小可接受量呈正相关,比值愈低,最小可接受量越小;而暴露于 T 恤时,未发现这个效应。第三个研究仍然使用可视不可触的照片,一套是老年女性的照片(70 岁左右的女模特),一套是青年女性的照片(20 岁左右的女模特),这两套照片的模特着装都较端庄无暴露,另有一套穿着比基尼的性感女性的照片。结果发现暴露于性感女性照片的被试的最小可接受量最低(2.75 vs. 3.2 vs. 3.54),也发现了 2D∶4D 与性线索的交互作用。将三个实验综合比较,也可发现 2D∶4D 与性线索的交互作用:暴露于性线索下,2D∶4D 与最小可接收量呈正相关,而暴露于控制条件,2D∶4D 与最小可接收量呈负相关,表明了生物因素与社会因素的共同影响(Van den Bergh & Dewitte, 2006)。这个研究提示,决策行为具有非常强的可塑性。实验主试的性别、外表、衣着也有可能影响被试的决策。

5.1.1.5 性激素不影响决策行为

行为科学研究曾发现,男性和女性被试在决策行为中的性别差异,这些性别差异是否是由性激素造成的? Zethraeus 等(2009)采用双盲、随机的控制性实验考察了这个问题。240 名 50～65 岁的绝经期妇女参与实验。对她们实施为期四周的性激素疗法,被试被随机分到雌激素干预组、睾酮激素干预组和安慰剂干预组,每天剂量为 40mg。四周后,被试完成风险投资评估、信任博弈、独裁者博弈和最后通牒博弈。结果发现,与安慰剂组相比,通过四周的干预,雌激素和睾酮激素的血清浓度显著增加,分别达到原有基线值的 7.9 倍和 5.5 倍。然而,这三组被试在四个决策任务中都未表现出任何差异,个体在激素水平增加量上的差异与决策行为也不相关(Zethraeus, et al., 2009)。

这个研究是由卡罗林斯卡医学院的妇女研究中心和斯德哥尔摩经济学院合作完成的。研究者认为,他们的研究结果与已有结果不符,其原因可能是因为在已有研究中,这些性激素影响了与其相关的其他生物因素,从而引起了决策行为的差异。另一个可能性是,数据造假,毕竟在临床研究中存在发表偏差(publication bias):发现显著差异的研究比没发现差异的研究更容易被发表。据统计,发表的实验结果只占登记在案的总实验数的一半。因而,只根据文献搜索得出的结论很可能是有偏的。这种发表偏差至今仍很普遍。

5.1.2　催产素与决策行为

临床研究发现,给正常的健康个体施加外源性药物会使个体的决策行为发生变化。这些药物的作用机理是,改变中枢神经系统中神经递质或神经调质的表达水平,进而影响到中枢神经系统的调节功能。其中,被研究最多的药物是催产素。

催产素(oxytocin, OT)是一种由 9 个氨基酸构成的神经激素。20 世纪初科学家发现了它在促进孕妇分娩和泌乳上的功能。1953 年,化学家 Vigneaud 发现了催产素的氨基酸序列结构,并实现了人工催产素的合成,他因对催产素研究的贡献而被授予诺贝尔化学奖。1992 年科学家成功克隆出催产素的受体。生物学家和化学家对催产素的这些基础研究,为近年来关于催产素对人类社会行为影响的研究奠定了基础。催产素在中枢神经系统主要起神经递质的作用,它由下丘脑室旁核的小细胞神经元合成,并投射到边缘系统的脑区(如海马、杏仁核、纹状体等)和脑干。此外,催产素也可通过快速扩散至细胞外液,以影响大脑的广泛区域。最早生物学家和神经科学家发现,中枢神经系统的催产素能调节母性行为、性行为和依恋行为。近年来,神经科学家和心理学家将研究兴趣从催产素对分娩和哺乳的促进作用转移到它对人类社会行为(如社会性决策、社会性记忆、社会性信息加工)的影响,关注点从催产素在外周神经系统的作用转移到它在中枢神经系统的作用(刘金婷等,2011)。

Zak 等(2007)最早考察了催产素与最后通牒博弈的关系。博弈实验采用双盲单轮方式,让被试通过鼻腔吸入的方式吸收 40 IU 的催产素或安慰剂。结果发现,吸入催产素的被试比安慰剂组被试的出价更慷慨(出价多 21%),但反应者的最小可接受量不受药物的影响(Zak, Stanton, & Ahmadi, 2007)。该研究提示催产素增加分配者在最后通牒游戏中的公平程度可能是因为它促进了分配者的共情能力,因为最后通牒游戏中分配者需要考虑到接受者拒绝方案的可能性。这一推测在随后的研究中得到了证实。Barraza 和 Zak (2009)通过视频短片来诱发被试的情绪反应,以测量其共情水平,然后进行最后通牒博弈(总额 $40)。实验结果表明,共情反应使催产素水平从基线提高了 47%,女性比男性表现出更强烈的共情——催产素反应。共情反应越强,在最后通牒博弈中给陌生人的出价也更多(Barraza & Zak, 2009)。该实验结果在一定程度上表明催产素可能是共情的一种生理表征,催产素对博弈决策的影响是通过共情的中介作用实现的。

最近的一个研究考察了外源性施加催产素对捐献行为的影响。57 名 18~30 岁的女性被试通过鼻腔吸入了 24 IU 的催产素或安慰剂,然后向一个真实存在的慈善组织捐钱。被试还要报告,当他们犯错或举止不端时,他们的父母采用取消爱 (love-withdrawal)这样的规诫策略的频率。催产素有助于提高被试捐献钱的意愿,但只是对那些父母较少使用取消爱的策略的被试。对于那些父母经常使用取消爱的策略的被试,施加催产素并不会改善捐钱行为(van Ijzendoorn, Huffmeijer, Alink, Bakermans-Kranenburg, & Tops, 2011)。该实验结果提示,催产素是否发挥作用可能存在个体差异,其中社会支持的背景是前提之一。

目前探讨其他激素对最后通牒博弈决策的影响的研究还很少。其他神经递质,如加压素、去甲肾上腺素等,都有可能影响个体的社会性决策行为。

5.2 五羟色胺(5-HT)与决策行为

公平博弈的生化研究探讨最多的神经递质是五羟色胺。五羟色胺 (5-hydroxytryptamine,5-HT)亦称血清素(Serotonin),最早是从血清中分离出来,命名为 serotonin。人体内 90% 的 5-HT 存在于消化道黏膜,8%~10% 在血小板,仅有 1%~2% 存在于中枢系统中。另有一部分存在于各种组织的肥大细胞中。由于血脑屏障的存在,血液中的 5-HT 很难进入中枢,因此中枢和外周神经的 5-HT分属两个功能不同的独立系统。

五羟色胺是体内重要的神经递质。其代谢机制是:5-HT 在脑内由色氨酸经色氨酸羟化酶(Tryptophan hydroxylase, TPH)羟化,再经 5-羟色氨酸脱羧酶 (5-Hydroxytryptophan,5-HTP)脱羧生成。5-HT 合成后进入囊泡储存。5-HT 释放至突触间隙后,大部分被突触前膜 5-HT 转运体(5-Hydroxytryptamine transporter,5-HTT)重摄取,另一部分则被线粒体表面的单胺氧化酶(Monoamine oxidase,MAO)降解为 5-羟吲哚乙酸(5-Hydroxyindoleacetic acid,5-HIAA)随尿被排出体外。

脑内五羟色胺能神经元主要集中于中脑下部、脑桥上部和延髓的中缝核群。它们发出上行和下行的纤维投射。上行投射主要经被盖部的腹侧上行,途经中脑发出分支终止于黑质、脚间核、被盖腹侧区;部分纤维经间脑至缰核、丘脑内侧核、束旁核、下丘脑后核、下丘脑内、外侧核、下丘脑前核、视交叉上核、弓状核等。纤维于下丘脑前端分成大小不等的纤维束,投射至视前核、隔核、嗅结节、斜角带、前梨状区、杏仁核、内嗅皮质前部和尾核,另有明显纤维束随扣带束分布于额、顶、枕叶新皮层,最后终止于海马。部分纤维于背侧上行,分别终止于中脑中央灰质和下丘脑后区或经小脑中脚进入小脑,终止在小脑皮质中央核群。5-HT 的下行投射主要经脊髓背外侧索下行至脊髓背角或经脊髓腹侧索下行至脊髓前角和中间外侧核(霍福权,2008)。

五羟色胺作为人体的内源性活性物质,与人体很多生理病理活动密切相关,作为神经递质的 5-HT,在脑内可参与多种生理功能及病理状态的调节,如睡眠、摄食、体温、精神情感性疾病的调节。

研究者关注五羟色胺与决策行为的关系,是因为五羟色胺在情绪调节中发挥重要作用。有关实验表明,中枢 5-HT 水平较低可出现显著的冲动攻击行为,增加突触间的 5-HT 浓度能减少冲动行为。五羟色胺系统的不正常则可能引起易激怒和生气等表现。因而,研究者认为,五羟色胺可能在人们的经济决策中发挥着重要的影响。

Emanuele 等(2008)研究了五羟色胺水平与反应者决策行为的关系。60 个健康大学生参与实验。实验前被试完成多个心理障碍问卷,如抑郁症、焦虑症、强迫性神经官能症等临床人格障碍量表,以确保被试无心理障碍。被试玩两轮最后通牒博弈,一轮作为提议者提出分配方案,另一轮作为反应者对他人的提议做出接受或拒绝的决策。分配总额为 $10,提议方案只能为 $5：$5 或 $1：$9。

博弈前抽取被试的血液样本 0.12 ml 以化验血小板 5-HT 浓度。结果发现,拒绝不公平提议的被试的 5-HT 浓度明显较低(2.86 ± 0.14 vs. 3.48 ± 0.11 nmol/10^9 血小板),而提出不公平提议的被试的 5-HT 浓度也低于提出公平提议的被试(2.99 ± 0.14 vs. 3.43 ± 0.11 nmol/10^9 血小板)。而这些被试在血小板数量和体积即内容上都无差异。这些结果显示,低 5-HT 表达与最后通牒博弈中正常的但又非理性的拒绝行为有关,表明决策行为会受到生理因素,比如激素的影响(Emanuele, Brondino, Bertona, Re, & Geroldi, 2008)。

Crockett 等(2008)采用双盲、安慰剂控制的急性色氨酸耗竭剂注射法(acute tryptophan depletion,ATD)短暂地使被试的 5-HT 水平降低,发现 ATD 组和控制组对 45% 和 30% 的出价的拒绝率无差异,但对 20% 的出价拒绝率差异显著,ATD 组的拒绝率更高。研究者认为,5-HT 水平降低使对情绪的调节能力下降,从而对不公平提议的拒绝率升高(Crockett, Clark, Tabibnia, Lieberman, & Robbins, 2008)。

一般而言,要研究某一物质在行为中的作用,即要回答因果关系,有两种方法。一种方法是当这种物质被抑制时,行为上有什么表现。常见的对递质或调质的抑制方法有拮抗剂、神经毒素、损伤或基因控制等以减少物质的神经传递。如Crockett 等(2008)的研究采用了注射色氨酸耗竭剂的方法来减少 5-HT 的水平,因为色氨酸是合成 5-HT 的前体,色氨酸的减少即意味着 5-HT 合成的减少。这种方法探索的是物质的必要作用。另一种是方法是,加强物质的神经传递,然后观察行为上的变化。常用的增强传递的方法有激动剂、脑部刺激(如高频 rTMS)、基因突变等。这种方法探索的是物质的充分作用。

目前,尚无研究报告 5-HT 水平提高对最后通牒博弈决策行为的影响。

5.3 五羟色胺受体基因多态性

受体(receptor)是细胞表面或细胞内的一种天然蛋白质,可以识别并特异地与有生物活性的化学信号物质(配体)结合,从而激活或启动一系列神武化学反应,最后导致该信号物质特定的生物学效应。受体应具有三方面的基本功能:第一个功能是识别并结合自己特异的信号物质——配体,识别的表现为两者结合。受体的某一部分的立体构象具有高度选择性,能准确识别并特异地结合某些立体特异性配体,这一部分称为受点。这里所说的配体,是指这样一些信号物质,除了与受体结合外其本身并无其他功能的信号物质;它不能参加代谢产生有用产物,也不直接诱导任何细胞活性,更无酶的特点,它唯一的功能就是通知细胞在环境中存在一种特殊信号或刺激因素。受体的第二个功能是转导信号,受体与配体的相互作用可启动级联反应,将细胞外的信号准确无误地放大并传递到细胞内部的效应器,如酶、离子通道等。第三个功能是产生相应的生物效应,三者缺一不可。

受体的主要特性有:① 受体与配体结合的特异性。这是受体的最基本特点,否则受体就无法辨认外界的特殊信号——配体分子,也无法准确地传递信息,配体与受体的结合是一种分子识别过程,它靠氢键、离子键与范德华力作用。但是,受体的特异性也不能简单地理解为任何一种受体仅能与一种配体结合,或者反之。如,下文介绍的 5-HT 的受体多达十几种,各具有不同的功能。② 饱和性。对某一特定受体来说,它在某一特定细胞中的数目应是有一定限度的。因此,当用浓度递增的配基与之相互作用时,应能观察到在达到某一浓度时,结合作用达到平衡,即表现出配基结合的可饱和性。③ 可逆性。受体与配基之间的作用绝大多数是通过氢键、离子键及范德华力等非共价键维系的。因此,一般地说,受体与配基的结合是可逆的(聂俊等,2009)。

除同卵双生子外,群体中没有两个个体的基因组(genome)DNA 序列(sequence)是完全相同的,也就是说个体间基因的核苷酸(nucleofide)序列存在着差异性,当这种差异在人群中的频率超过 1% 时,就称之为基因多态性(genepolymorphism)。基因多态性可带来转录(tran-scription)、mRNA 的稳定性(stability)、蛋白质的结构变化及蛋白质量和功能的微小改变,是遗传基因(gene)个体差异的标记。其本质是在进化过程中各种原因引起 DNA 中核苷酸顺序的变化,即产生的 DNA 片段(segment)和 DNA 序列在个体间的差异。这种差异决定了人类的个体差异性和个体的特异性。基因多态性显示了遗传背景(genetic background)的多样性和复杂性,是人类在进化过程中抵御不良环境因素的一种适应性表现,对维持种群的生存与延续具有重要的生物学意义(冯炜权,2008)。从本质上来讲,多态性的产生源于基因水平上的变异,一般发生在基因序列中不编码蛋白的区域和没有重要调节功能的区域。对于一个体而言,基因多态性碱基序列终生不变,并按孟德尔规律[①]世代相传(丛玉隆,2009)。

等位基因指位于一对染色体上对应位置的一对基因。基因频率指在群体中某一等位基因出现的几率与该群体全部等位基因之比。如在一段 DNA 中,等位基因 A 出现的频率为 0.6,而等位基因 B 出现的频率为 0.4。如果这两个等位基因(A,B)是随机相关的,那么,A 和 B 同时存在的概率等于每个等位基因存在频率的乘积,即 $2×0.6×0.4=0.48$,即 48% 的人同时含有等位基因 A 和等位基因 B。如果它们是非随机相关的,那么同时存在的可能性将和预期的频率相差较大,这种相关的非随机性称为连锁不平衡。如果多态性等位基因数目为 n,则可有 2^n 种不同的组合,每种组合称为一种单倍型(haplotype),每种单倍型随机相关的预期出现频率为各个等位基因频率乘积。

随着分子生物学技术的不断发展,人们从 DNA 水平上直接分析生物体 DNA 顺序上的变异成为可能。目前,国内外已采用的基因多态性分析技术包括:限制性内切酶片段长度多态性、实时定量 PCR、单核苷酸引物延伸法、等位基因特异扩增法、异源杂合双链技术、基因芯片、电喷雾液相色谱质谱(electrosprayionization-massspectrometry,ESI-MS)和基质辅助激光解析电离飞行时间质谱技术等(姚咏明,2008)。

---

① 孟德尔是奥地利遗传学家,遗传学奠基人。他根据豌豆杂交试验的结果,在 1865 年提出了遗传单位(现在称基因)的概念,并阐明其遗传规律,称为孟德尔规律。它的内容包括三个方面:具有相对性状的纯质亲本杂交时,由于某个性状对它的相对性状的显性作用,子一代所有个体都表现这个性状,这叫做"显性规律"。例如红花豌豆与白花豌豆杂交,子一代都是红花,因为红花对白花是显性。在子二代中表现分离现象,出现红花和白花,成 3∶1 的比例,这叫做"分离规律"。孟德尔以分离现象为基础,进而发现在两对或两对以上的相对性状的杂交中,子二代出现独立分配现象,如红花高植株与白花矮植株杂交时,子一代都为红花高植株,子二代中红花与白花以及植株高与矮各成 3∶1 的比例,所以出现红花高植株、红花矮植株、白花高植株和白花矮植株四种,成 9∶3∶3∶1 的比例,这叫做"独立分配规律"或"自由组合规律"。孟德尔提出的遗传规律在当时并没有受到学术界的重视,直到 1900 年才由荷兰植物学家德佛里斯、德国植物学家柯灵斯和奥地利植物学家丘歇马克分别予以证实,成为近代遗传学的兰础(摘自张长城,赵春义,李福林.新科学知识手册.吉林大学出版社,1985 年 12 月第 1 版)。

5.3.1　5-HT 受体基因多态性

目前发现哺乳动物神经系统中的 5-HT 受体至少分为 7 个家族 14 个亚型，即：$5\text{-}HT_1$、$5\text{-}HT_2$、$5\text{-}HT_3$、$5\text{-}HT_4$、$5\text{-}HT_5$、$5\text{-}HT_6$、$5\text{-}HT_7$ 受体。其中 $5\text{-}HT_1$ 受体又分为 $5\text{-}HT_{1A}$、$5\text{-}HT_{1B}$、$5\text{-}HT_{1D}$、$5\text{-}HT_{1E}$ 和 $5\text{-}HT_{1F}$ 受体；$5\text{-}HT_2$ 受体又分为 $5\text{-}HT_{2A}$、$5\text{-}HT_{2B}$ 和 $5\text{-}HT_{2C}$ 受体；$5\text{-}HT_5$ 受体又分为 $5\text{-}HT_{5A}$ 和 $5\text{-}HT_{5B}$。除 $5\text{-}HT_3$ 受体不经过 G 蛋白中介，直接引起阳离子通道开放（引起 Na^+ 内流和部分 Ca^{2+} 内流），属配体门控离子通道外，其余亚型所介导的生物效应均与 G 蛋白有关。通过 G 蛋白介导，激活腺苷酸环化酶或磷脂酰肌醇，使 K^+ 电导降低或 Cl^- 电导增加等（霍福权，2008）。五羟色胺受体与情感障碍的关系是一个研究热点，而研究最多的是 $5\text{-}HT_1$ 受体和 $5\text{-}HT_2$ 受体。有研究表明这两种受体与抑郁症、情感障碍、精神分裂症等有关（王学铭，2002）。表 5-1 总结了 5-HT 受体基因多态性相关信息。

表 5-1　五羟色胺受体基因多态性

分类	位置	分布	功能	多态性位点
$5\text{-}HT_{1A}$	染色体 5q1112213	边缘系统特别是海马区、齿状回和中缝背核神经元	精神分裂症，抗精神病药物，情绪障碍	G-1019C
$5\text{-}HT_{1B}$	6q13	脑动脉		A-161T，A/A，A/T，G861C，半胱氨酸替代苯丙氨（F124C）
$5\text{-}HT_{1D}$	1p3413-3613	黑质、基底神经节和黑质纹状体通路		Dalpha(TaqI) 和 5-HT1Dbeta（T61G 和 G861C）
$5\text{-}HT_{1F}$	3p12	中缝背核、海马和皮层		C176T，T161A，启动子上游 C278T
$5\text{-}HT_{2A}$	13q14-21 区	嗅球、海马、额叶皮质和梨状内嗅皮，基底核	精神分裂症，情绪障碍自杀，重症抑郁（CC＞TC＞TT），IMT 任务下 CC 组比 TC/TT 组更容易出错	第一外显子 102C/T，第三外显子 452Tyr/Ser，启动子区 -1438G/A [2 种静息多态性 T102C，C516T 和 3 种结构多态性 Thr25Asn、His452Tyr、Ala447Val]

续　表

分类	位置	分布	功能	多态性位点
5-HT$_{2C}$	X 染色体 q24	脑室的脉络丛、丘脑下核、黑质及中缝核等区域	精神分裂症	第二外显子 23Cys/Ser,23Cys/Ser,启动区三个单碱基置换（－995G/A，－759C/T，－697G/C），一个（GT）n 二核苷酸重复多态性位点
5-HT$_3$	11q2311－2312	大脑皮层、海马、尾状核、下丘脑、小脑等部位		5-HT3A 受体（178C/T，1596A/G）和 5-HT3B（一个 CA 重复序列）
5-HT$_{5A}$	7q3611	大脑皮层、海马、疆核、嗅球和小脑的颗粒层	精神分裂症	218C/T, 219G/C
5-HT$_6$	1p35－36	纹状体、杏仁核、伏核、嗅球、大脑皮质和海马等		－C267T
5－HT$_7$	10q2313－2413	丘脑、丘脑、脑干、海马和视交叉上核等	调节昼夜节律	两个变异体（pro279Leu，Thr92Lys）和一个核酸变异体（A1233G）
五羟色胺转运体(5-HTT)基因	17q11.1－12	突触前膜	影响 5-HT 的转录效率和蛋白的功能及再摄取能力	五羟色胺转运体基因启动子区多态性（5-HTTLPR），LL/LS/SS

　　在关于 5-HT 受体基因多态性的研究中,最常见的是对 5-HT$_{2A}$受体基因多态性的研究。其重要发现参见表 5－2。

表 5－2　5-HT$_{2A}$受体基因多态性

多态性位点	功　能
T102C （健康人频率：T/T 30%，T/C 46%,C/C 24%）	与心境障碍没有联系 试图自杀：C/C ＞ T/T & T/C 抑郁：C/C ＞ T/C ＞T/T 记忆任务出错率：C/C＞T/C&T/T 攻击性人群：C/T ＞ T/T ＞ C/C,但不关联 新异寻求：T/T ＞ C/C ＞T/C 合作：T/C ＞ C/C ＞T/T 急性心肌梗死：T/T ＞ C/C ＞T/C
A-1438G （健康人频率：A/A 29%，A/G 50%,G/G 20%）	新异寻求：A/A ＞ A/G ＞ G/G 依恋性：G/G ＞ A/A ＞ A/G 社会接受：G/G ＞ A/G ＞ A/A

5.3.2　5-HT 受体基因多态性对决策行为的影响

目前,探讨 5-HT 受体基因多态性对最后通牒博弈决策行为的影响的研究非常少。据一个未发表的实验来看,5-HT 受体基因多态性对反应者的决策行为的影响比较微弱。该实验探讨了五羟色胺转运体基因启动子区多态性(5-HTTLPR)的影响。研究者选择这个基因多态性,是因为有研究发现它与对有威胁性刺激的注意加工偏向有关。

人类 5-HTT 基因位于 17 号染色体 q11.1—12,属 SLC6A4(solute carrier fanlily),全长 37.8kbp,由 15 个外显子组成。它有两个常见的多态性位点,这两个多态性对 5-HT 转运蛋白的结构都没有影响,但对 5-HT 转运蛋白基因的表达有重要影响。第一个多态性是位于第二内含子区可变数目串联重复序列(VNTR)多态性,简称 StinZ,分别为一个 17bp 重复单元的 9 次(Stin2.9)、10 次(Stin2.10)、11 次(StinZ.11)、12 次(StinZ.12)重复,长依次为 250bp、267bp、284bp 和 300bp,其中最常见的等位基因是 Stin2.10 和 Stin2.12。第二个多态性是启动子区功能相关多态性(5-HTTLPR),该多态性位于 5-HTT 基因转录启动部位上游约 1kb 处,为富含 GC 的 20－30bp 重复元件的重复序列,有 14repeat、16repeat、18repeat、20repeat 和 22repeat 五种多态性片段,各多态性片段之间相差约 44bp。其中 14repeat 和 16repeat 最为常见,通常将前者定为 S 等位基因,后者及其他长片段定为 L 等位基因。有关研究表明,5-HTT 基因的这两个多态性可以显著影响基因的转录活性,Stin2.12 和 L 等位基因可以使 5-HTT 基因转录水平增高,导致 5-HTT 表达和 5-HT 再摄取增加(任燕,2007)。在欧系血统中三种类型在人群中的分布依次为:L/L 型占 36%,L/S 型占 48%,S/S 型占 16%。其中,S 型等位基因有患情感障碍的风险。很多研究发现,五羟色胺转运体基因多态性与焦虑、酒精滥用、临床抑郁、强迫性神经官能症、注意缺陷多动症(ADHD)和泛化的社交恐惧症等有关。

该实验从大学新生入学体检数据库中提取样本并进行化验分析。邀请到 L/L、L/S、S/S 型被试各 20 名,填写焦虑问卷、抑郁问卷以及大五人格问卷。被试作为反应者完成最后通牒博弈实验。提议者可能是计算机,也可能是人。结果发现,当提议者为人时,三个类型的个体在接受率上无显著差异。而当提议者为计算机时,S/S 型被试对不公平提议的接受率显著高于 L/L 型和 L/S 型。三类被试在问卷结果和主观报告上均无差异。实验者认为,行为结果无差异的原因至少有两个:① 被试量太少,每组仅 20 名,不足以引起效应;② 仅凭单个位点的基因多态性,无法预测社会决策行为的差异。其中,第二个原因有可能是迄今无文献报告基因多态性影响公平博弈的关键所在。然而,考察基因多态性将有助于揭示社会性决策的遗传效应,有着重要的意义。

5.4　多巴胺及多巴胺受体基因多态性

多巴胺(dopamine,DA)不仅是合成去甲肾上腺素(NE)的前体,而且还是一种独立的神经递质。DA 能神经末梢从血浆中提取酪氨酸,在酪氨酸羟化酶的作用下形成多巴,再经多巴脱羧酶转化为 DA,作为一种独立的递质贮存于神经末梢。神经冲动传导末梢时引起 DA 释放,作用于相应的 DA 受体产生生理效应。同时,被单胺氧化酶(MAO)和儿茶酚胺氧化甲基转移酶(COMT)代谢,主要代谢产物为高香草酸(homovanillicacid,HVA)。

中枢神经系统 DA 受体有 5 种亚型($D_1 \sim D_5$),分为两大家族,即 D_1 和 D_2 族。D_1 族包括 D_1 和 D_5 亚型,D_2 族包括 D_2、D_3 及 D_4 亚型。一般认为 D_2 族受体与精神分裂症的关系较密切。脑内 DA 神经元分布较局限,主要集中在中脑。已肯定的 DA 能神经通路有:① 中脑—皮层通路。该通路是中脑腹侧被盖部至皮层区(扣带、鼻内侧区、前额区和梨状皮层)的 DA 神经通路,与高级精神活动有关。该通路功能低下时,不能激活皮层 D_1 受体,从而抑制腺苷环化酶系统,降低葡萄糖利用率,引起阴性分裂症状和认知障碍。② 中脑—边缘通路。该通路是中脑腹侧被盖区至边缘区的 DA 神经通路。当过度激活该通路边缘区 D_2 受体时,抑制腺苷酸环化酶系统,降低葡萄糖利用率,引起阳性分裂症状。③ 黑质—纹状体通路。该通路是红核后区和黑质纹状体的 DA 神经通路,属锥体外系,使运动协调。DA 作为抑制性神经递质抑制脊髓前角运动神经元,与乙酰胆碱(Ach)共同调节锥体外系的生理功能。正常情况下,DA 和 Ach 保持功能平衡,共同维持肌张力正常。④ 结节—漏斗通路。该通路是下丘脑至垂体的 DA 神经通路,调节垂体的内分泌激素释放。该通路中的 DA 可抑制催乳素的释放,促进性激素、生长激素、促肾上腺皮质激素和血管升压素的释放。阻断该通路中的 DA 受体与抗精神病药物引起体重增加、溢乳、月经紊乱等内分泌功能紊乱有关(徐江平,2008)。

动物实验表明,多巴胺系统与奖赏加工有关。比如它可以促进动物感觉运动的发起、付出努力以获得奖赏、联结学习、预期错误等。它具有突显奖赏刺激属性的作用,从而引发对奖赏的需求(wanting),而不是对奖赏的学习(learning)或喜爱(liking)(Berridge, 2007)。

在决策领域,Holroyd 等(2002)认为中脑多巴胺能神经元活动是产生 ERN 或 MFN 的生理源。该理论认为:如果错误的行为反应造成的当前结果比预期差,多巴胺能神经元就会引起相位减弱的活动,多巴胺系统将这些信息传递到 ACC,由于多巴胺能的减弱不能抑制 ACC 上神经元的活动,此时就产生了较大波幅的脑电负波,如果当前结果比预期的要好,中脑多巴胺神经元就会引起相位增加的活动,此时在 ACC 上就不能产生脑电负向偏转。基底神经节就把这样两种信息分别利用并调整对下一次结果的预期,因此系统就逐渐地学会对奖赏和惩罚的早期预警。同时,多巴胺信号被用做强化学习的信号传递到前额叶运动皮层,调整做出适当的行为(Holroyd & Coles,2002)。

由于多巴胺在脑内主要在单胺氧化酶(MAO)和儿茶酚胺氧位甲基转移酶(COMT)的作用下降解成为高香草酸(HVA)并排出体外(陈彦立等,2003)。因而,有研究通过 COMT Val158Met 基因多态性来考察多巴胺的个体差异对利他性惩罚行为的影响。COMT 基因定位于 22q11,有一个常见的功能多态性,在密码子158 位有一个 G/A 的突变,导致缬氨酸(val)/蛋氨酸(Met)改变,含 Met 的 COMT在 37℃ 不稳定,酶活性只有含 Val 的 COMT 的 1/4。因而,含 Met 等位基因使COMT 酶减少,多巴胺减少降解,从而使突触的多巴胺浓度较高。

在 Strobel 等(2011)的研究中,被试要完成两组独裁者博弈,一组作为第一方反应者,另一组作为第三方反应者,同时扫描其 fMRI 信号。顺序在被试间平衡。每个试次里呈现提议 2s,然后被试有 6s 来决定是否要惩罚对方。被试可以投入0~4 个惩罚点数,在一种条件下,每一个点数对应着提议者要损失 2.5(惩罚力度大),另一种条件下每一个点数对应着提议者要损失 0.5(惩罚力度小)。独裁者博弈中的提议来自一个预实验的独裁者的出价:总额为 20,11 个出价 10:10,10 个出价 20:0,其余各类出价分别有一到两次。fMRI 数据分析将第一方和第三方部分分别分析,初级水平的一般线性模型里包括的感兴趣条件有:公平出价、不公平出价、小惩罚力度、惩罚力度小时未惩罚、大力度惩罚、惩罚力度大时未惩罚和反馈。在次级水平混合效应模型里进行 2(被试角色:第一方、第三方)×2(有惩罚、无惩罚)×2(惩罚力度大和惩罚力度小)的三因素分析。回归分析中加入了COMT Val158Met 基因多态性这一因素。结果发现,COMT Val158Met 基因多态性(Met/Met、Val/Met、Val/Val)不影响被试的惩罚点数,但被试在 NEO 人格问卷中利他性方面的得分与惩罚点数呈正相关。被试在第一方和第三方条件下的惩罚点数基本无差异,除了在 18:2 出价上第一方的惩罚点数更高。核磁结果上,惩罚相对于不惩罚,激活了双侧扣带回、背外侧前额叶、前脑岛和伏核;不惩罚相对于惩罚,激活了左侧后脑岛;第一方相对于第三方,激活了右侧伏核和双侧扣带回;惩罚力度大相对于惩罚力度小,激活了尾核。研究者最后分析了 COMT Val158Met基因多态性对脑区激活程度的影响。以(Met/Met > Val/Met > Val/Val)为预测源,以年龄、性别为协因子,分析惩罚相对于不惩罚条件激活的脑区,发现三个脑区有显著的激活:左侧前扣带回、右侧后脑岛、右侧伏核,携带有 COMT Met 等位基因的人(COMT 酶减少,使突触多巴胺增多),表现出更强的伏核激活。研究者认为,COMT Met 等位基因携带者可能对奖赏这类社会信号极为敏感,可以作为基因—文化共进化的证据。从进化上看,COMT Met 等位基因只存在于人类,属新近基因。从基因—文化共进化的角度来看,互惠行为是一种社会规范,COMT Met 等位基因因而更受欢迎,这就可以解释为何人类比其他动物表现出更多的互惠行为(Strobel, et al., 2011)。这个研究提示 COMT Met 等位基因有可能与人类的互惠行为有关,但遗憾的是,并未发现不同基因型在决策行为上的差异。

一个集合了新加坡、以色列、香港三个国家及地区的经济学家、遗传学家、基因组学家、心理学家在内的合作研究,探讨了多巴胺 D_4 受体基因多态性对最后通牒博弈决策的影响。

多巴胺 D_4 受体(dopamine D4 receptor,DRD4)基因编码 DRD_4,定位于人第 11 号染色体短臂 1 区 5 带 5 亚带(llpl5.5),含 5 个外显子和 4 个内含子。目前共发现 25 种多态性,其中编码区 7 种,非编码区 18 种。由 DRD4 受体基因所转录的 mRNA 主要分布在额叶皮层、中脑、杏仁核和延脑,在新纹状体的分布较低。这些区域富含传出和传入神经纤维联系,介导多巴胺的突触后活性,参与注意和知觉、智力、计划性、语言、记忆等认知功能和情感、情绪反应。目前,关注的焦点集中在第 3 外显子 48bp 的可变数串联重复序列多态性(Variable number of tandem repeat,VNTR),可出现 2～8 次,10 次的重复,它们的不同组合在 DNA 水平上可产生 25 种单倍型(haplotype)来编码 19 种不同的氨基酸序列,从而改变受体的功能或表达水平,进而影响个体疾病的易感性。在白种人人群,最常见的重复等位基因是 4 repeat,其次是 7 repeat 和 2 repeat 等位基因。在远东人群,7 repeat 等位基因十分少见,2 repeat 等位基因上升至第二位。最常见的 4 repeat 等位基因被认为是保留的最古老的等位基因,7 repeat 等位基因由稀有突变引起,2 repeat 等位基因由 4 repeat 与 7 repeat 等位基因重组产生。而且,2 repeat 等位基因具有抑制 4 repeat 与 7 repeat 等位基因的介质,环磷腺苷的作用。DRD_4 48bp VNTR 与新异寻求、金融风险寻求、利他行为、ADHD、心境和物质滥用有关。神经成像研究还发现,DRD_4 可以调节右侧腹内侧前额叶和右侧脑岛的激活。这两个脑区与最后通牒博弈的决策行为都有关系。

227 名中国被试参与实验(香港理工大学学生)。按被试的出生季节,将被试分为冬季出生组(10 月—3 月出生)和非冬季出生组(4 月—9 月出生)。被试随机配对完成最后通牒博弈。总额¥20。首先,每名被试作为提议者,提出提议。然后,每名被试作为反应者,提出最小可接收量。采用聚合酶链式反应 PCR 技术分析 DRD_4 48bp VNTR 其基因型和等位基因频率。基因型频率分布如下:4/4 (55.5%),2/4(34.0%),4/5(4.5%),2/2(3.5%),4/3(3.5%),4/7(2.0%) and 2/3(0.5%),满足 Hardy-Weinberg 平衡条件,等位基因的整体分布无差异。按基因型结果将被试分为 2/2 & 2/4 versus 4/4 两组。研究者将基因型、出生季节、性别以及交互效应纳入回归模型进行分析。结果发现,男性被试的最小接受量高于女性;基因型对反应者行为有显著影响,4/4 基因型比 2/2 & 2/4 基因型的最小可接收量高出 25.6%。结果还发现了基因型与出生季节和性别的交互作用:对于非冬季出生男性和冬季出生女性,4/4 基因型被试比 2/2 & 2/4 基因型的最小可接收量更高;对于冬季出生的男性,基因型不影响接收量;对于非冬季出生女性,2/2 & 2/4 基因型被试比 4/4 基因型的最小可接收量更高。基因型、出生季节、性别的三阶交互作用显著,交互作用的加入使模型的可解释变异由3.6%提高至 13.7%,表明遗传和环境共同影响着最后通牒博弈中的个体差异行为(Zhong, *et al.*, 2010)。

该研究是第一个考察最后通牒博弈决策行为的基因学相关的研究,发现了多巴胺 D_4 受体基因多态性在反应者行为上的差异,4/4 基因型个体更加追求公平,但未发现在提议者行为上的差异。

5.5 小结

社会行为的生物学研究仅处于起始阶段。无论是方法、手段还是结果,以及对结果的解释,都是探索性的。但这些开创性研究做了很好的奠基工作,也取得了丰富的结果。双生子研究是研究行为遗传学的主要方法,也是建立显型遗传性的重要工具。Wallace 等(2007)通过比较同卵双生子和异卵双生子在最后通牒博弈中的差异,其标准结构方程模型分析发现,累计基因效应可以解释超过40%的变异,表明行为决策中基因的重要影响。对睾酮激素、5-HT 受体基因多态性以及多巴胺受体基因多态性的研究也都得到了显著的行为差异。催产素的研究虽然已有不少,但加压素的研究较少。加压素和催产素同被称为"社会荷尔蒙",在社会性决策中的作用不可忽视。已有研究一个较大的不足是样本量不够大,有些研究的被试量不足 20,很难发现稳定的效应。另外,大多研究只考察了一个基因的作用。一个基因对一个复杂社会行为的预测力是有限的,考察多个基因的交互作用,可能会更具解释力。这是一个新兴的领域,有着广阔的发展空间。其他学科技术的发展,可以借用。例如,神经发育学的研究方法、全基因组关联、基因芯片、DNA 系列的拷贝数变异等。生物学、神经成像学、经济学和心理学等多学科的交叉合作,将能更深入地揭示公平博弈决策的产生机制,促进对人类社会性决策行为的理解与认识。

第 6 章 结论及展望

大凡物不得其平则鸣。对不公平厌恶和公平偏好的研究因为最后通牒博弈的提出,而得以进入实验室进行实证研究,从行为层面到神经系统再到分子水平,研究日渐深入和细致。最后通牒博弈已成为公平问题研究的典型代表,但又不仅限于对公平的研究。最后通牒博弈几乎是社会科学领域应用最多的实验范式之一。它的规则简单易操作:假如给你¥10,你需要和另一位匿名人士来共享,并需要就如何分配达成一致,但并没有讨价还价的空间;你只能给出一个分配方案,另一位人士可以接受或拒绝这个方案;如果拒绝,你们都无法拿到钱;如果接受,那么就按提出的方案来分配。这个设计已成为范式性实验,成为众多学科合作与共享的媒介,并在不同的领域发挥着不同的功能,探索着不同方向的新知。

对最后通牒博弈的研究已做出了很多的尝试,出现了一批具有里程碑意义的实证研究,并取得了丰硕的研究成果。这些研究,开拓了研究的视野,并为未来的研究指明了方向。已有研究的涵盖范围和内容参见图 6-1。

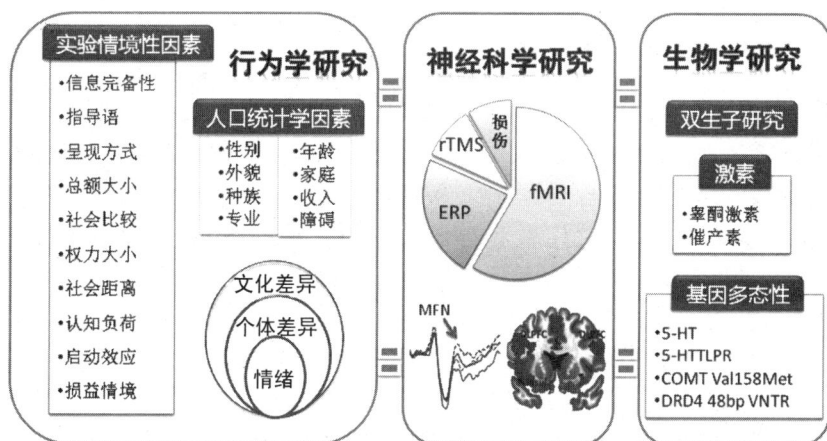

图 6-1 公平博弈已有研究概览

6.1 公平博弈的功能

从已有研究可以看出,最后通牒博弈虽规则简单,但发挥的功能却很强大。至少有以下几方面的功能。

功能之一:验证理论

研究最后通牒博弈的初始目的是验证传统经济学的理性经济人理论的普遍性。传统经济学理论认为,作为经济决策的主体是充满理智、精于计算的,在经济活动中,主体所追求的唯一目标是自身经济利益的最大化。根据这一假设,个体将力图以自己的最小经济代价去获得自己的最大经济利益。在最后通牒博弈中,如果参与者都是理性的,那么他们所选择的方案应该是能最大化自己的经济利益。采用博弈论常用的逆向推理,先看反应者一方,无论提议者提出多么不公平的方案,只要大于 0,反应者都应该接受,因为拒绝将意味着一无所获,因而接受任何非 0 的提议就是反应者的最优策略;作为提议者,他知道反应者的最优策略,那么他要使自己的经济利益最大化,所提出的方案将无限接近于 0 但不等于 0,这是提议者的最优策略。

在面临最后通牒博弈时,参与者的表现与理性人假设并不一致。提议者的方案大多是在二人之间公平分配,其平均值在 30%~40%,远大于假设的接近于 0 的数值。反应者一方,常会拒绝小于 20% 的提议,也远非最优策略下的行为。这种非理性结果对传统理论的背离,挑战了传统理论的普遍性,提示传统理论模型应考虑更多的因素。

功能之二:研究偏好

最后通牒博弈以及其他博弈,如独裁者博弈、信任博弈、囚徒困境博弈等,质疑了传统经济人假设的自利偏好,同时引入了另一个偏好:社会偏好(social preference)。社会偏好与自利偏好相对,指的是个体不仅关注自我利益的最大化,同时也关注他人的利益,关注自我与他人的相对结果,表现出他涉偏好(other-regarding preference)。与自利偏好相比,社会偏好理论更强调人类在社会交往中所表现出的复杂行为。这两种偏好并非互相排斥。实际上,在多数情况下,自利偏好可以解释很多决策行为,包括最后通牒博弈中提议者的策略性出价行为。但反应者一方的行为,用社会偏好理论来解释会更佳。采用最后通牒博弈,可以考察自利偏好和社会偏好如何影响着最终的决策,也可以考察个体两种偏好上存在的差异,以及这两种偏好的调节因素等。

功能之三：探讨人性

人之初,性本善、性本恶、性本无善无恶等争论持续了几千年。西方也有人性自私论的观点。经济学强调自利是人类的天性,生物学也有"自私的基因"的说法。这些观点尽管有很多现实和实验室证据的支持,但最后通牒博弈的实证结果,似乎在表明,公平也是人类的天性之一。最后通牒博弈研究有助于回答人本性自利还是本性公平这一古老问题。以目前的研究结果来看,证据各半。进化学、神经科学和生物学研究的加入,将使这个问题的答案离客观和真相越来越近。

功能之四：理解大脑

自 1989 年美国率先推出全国性的脑科学计划开始,人类已大步向"读脑时代"迈进。美国提出"脑的十年"计划重点是保护脑,防治脑疾病。随后,"欧洲脑十年"则开始兼顾保护脑和了解脑;日本订立的十年"脑科学时代计划"则把创造脑提到了和了解脑、保护脑并重的地位,成为脑研究的三大目标。这些计划都得到国家政府的高度重视。在日本,基于脑科学研究而创作的电视剧《Mr. Brain》受到了观众的热捧,反映了大众对脑科学的热爱与期望。对最后通牒博弈的脑机制研究,一方面有助于揭示人类复杂决策行为的产生机制,另一方面,也可以帮助理解大脑区域在社会性决策中发挥的具体功能,比如,如何在自利偏好和社会偏好中寻找平衡,如何解决认知目标与情绪动机的冲突,如何做出最有利于自己和他人的行为,为了解脑和保护脑作出相应的贡献。

功能之五：揭示人类合作之谜

Science 杂志 2005 年 7 月刊曾提出 125 个"在接下来的 25 年里,科学家应该能够回答的问题,或者科学家至少应该知道怎么寻找答案的问题"。这些问题的选择标准是:其基础性意义、涉及的范围有多宽泛、对问题的解决对于整个科学界的影响。其中 25 个问题是特别强调的,另有 100 个问题分属物理与化学、生命科学、气候科学、人类学、社会学、经济学和数学等领域。着重强调的 25 个问题包括宇宙的起源、意识的生物基础、基因与健康的关系、寿命的延长、外星人的存在、生命的起源、物种多样性、记忆的保持与提取等,合作行为的进化机制（How Did Cooperative Behavior Evolve?）也赫然其中。一些科学家正在使用进化博弈论以对合作进行量化,并建立模型试图预测在不同情境下人类的决策行为,但已有模型并不完善。随着博弈论研究的深入,研究者预期可以发现主导复杂社会活动的规则。最后通牒博弈涉及二人交易,是最简单的社会交往活动,也是研究人类合作行为的进化的一个强有力的工具。

功能之六：测量标尺

最后通牒博弈可以作为一种标准化的测量工具，就像是一个"社会温度计"，可用于不同的文化，测量不同文化下的社会规范（Guala，2008）。最后通牒博弈，除了可以反映社会规范外，还可以测量个体的社会性决策能力。例如，一些精神患者不善于利用提议者的优势地位，提出对自己有利的策略性行为。孤独症患者则由于心理理论能力的欠缺，对提议有着不稳定的决策行为，常拒绝公平提议。在最后通牒博弈中表现出的异常行为，在一定程度上可作为社交能力缺陷的诊断标准，在临床上有着广泛的应用价值。最后通牒博弈具有便携性、规则易懂性、操作简明性、对智力和受教育水平的要求低等多个特点，其受众范围大可至耄耋老者，小可至孩提幼儿，可测学生职员也可测不识一丁的普通民众。在坚实的理论和实证研究的基础上，将可以开发出更多的应用项目。

6.2 从经典研究看公平博弈的研究进程

最后通牒博弈自被提出，就受到了广大研究者的关注，就像一颗发光的宝石，吸引了经济学、社会学、人类学、心理学、神经科学、生物学、遗传学、信息工程等领域研究者的目光。人们不约而同地将最后通牒博弈作为研究工具，探索着各自学科所感兴趣的问题。由图 6-1 可以看出，最后通牒博弈研究的触角已伸向各方，研究层面由系统到局部，由宏观到微观，由区域到分子，由社会到个人，构成了一幅广阔的画卷。自 1982 年发表第一篇文献开始，30 余年过去，近千篇文献讨论了公平，这个亘古不变的话题。一些研究，由于改变了已有观点，更新了人类知识，而成为了研究中的经典。从这些经典研究里，可以窥探公平博弈的研究发展。

6.2.1 Roth 等（1991）：跨文化研究

早期的最后通牒博弈研究主要探讨非理性行为的稳定性。大量的研究一致地发现，人们在最后通牒博弈中的行为偏离理性决策的预期。Roth 等（1991）的研究将最后通牒博弈放到了一个更大的空间，开启了公平博弈研究的新篇章。

Roth 等（1991）的研究旨在验证两个假设：① 竞争的影响；② 不同文化背景下的交易行为是否有差异。为了验证这些问题，研究者设计了一个与最后通牒博弈类似的市场交易实验：多个买家出价来买一个卖家的物品，这个物品对每个买家的价值是一样的，但对卖家来说一文不值；卖家可以接受或拒绝最高的出价，如果接受，则卖家拿到高出价，而出价最高的买家拿走物品价值与出价之间的差值，其他的买家什么也拿不到。在这种方式下，竞争可以消除公平考虑。研究者将最后通牒博弈和市场交易实验在四个不同的地区重复进行：以色列首都耶路撒冷、斯洛文尼亚首都卢布尔雅那、美国的匹兹堡和日本首都东京。由于是第一个进行文化差异研究的实验，所以研究者探索性地控制了若干可能出现的混淆变量。例如，为避免实验者效应，所有的实验者都参与匹兹堡数据的收集，并训练使用统一的程序。这个研究之所以被推崇，是因为这个研究得到了对实验经济学而言非常重要的三个结果：① 理性自利经济人模型不能解释大部分的观察到的行为；② 理性自利经济人模型可以解释涉及较大范围的实验情境下的行为；③ 制度很重要。这种制度可能是非正式的社会规范，比如公平、公正、合作、互惠等，还有以正式规则或制度的方式，比如物品交换、聚集、信息传递等规范化的市场制度。最后通牒博弈与市场交易实验结果的比较，显现了制度或规范的重要性。而四个地区的不同行为则体现了文化差异的影响：日本和以色列提议者的出价比美国和斯洛文尼亚人低，但对不公平出价的接受率则更高（Roth, *et al.*, 1991）。

这个研究至少有两个突破：① 根据最后通牒博弈的结构，设计了类似现实经济交易活动的市场交易实验，有助于将实验室研究结果推广到市场行为；② 将四个不同国家的数据进行比较分析，有助于发现文化背景对经济行为的影响。这两个方面显示了该研究的开创性价值。

6.2.2　Bolton 和 Zwick（1995）：惩罚与免惩罚

实证研究一致地发现最后通牒博弈中反应者行为对完美均衡的偏离，对于反应者为何做出这一行为，有着不同的假设。Bolton 和 Zwick（1995）验证了这样两个假设：① 匿名假设认为是由于实验观察的影响，使得被试的结果偏离了完美均衡，遵循着公平的规范；② 惩罚假设认为被试倾向于惩罚那些给予他们不公平对待的人，与实验者的影响无关。这两种假设都反映出一种公平的倾向性，其区别在于为什么会存在公平的倾向性，这种倾向性的具体表现形式是对公平结果的期望，还是对公平对待的期望。对第一个问题的回答尤其重要，因为这关乎实验法研究人类行为的有效性。如果被试仅因着实验观察效应，而做出某种行为，这意味着实验结果将不能反映和预测真实世界的决策。对第二个问题的回答则是对决策行为动机的考察，对心理机制的探讨。

Bolton 和 Zwick（1995）的实验包括三个条件。第一个条件，被试完成标准的最后通牒博弈；第二个条件，被试—实验者匿名条件，实验者不知道每个结果是哪个被试给出的；第三个条件，非匿名免惩罚条件，即使反应者选择拒绝，对方的金额也不受影响。每组有 20 名被试，提议者和反应者各 10 名。每名提议者需要与每名反应者博弈一次，共 10 轮。每一次，提议者需要从两种提议中选一个，其中一个选项固定为公平分配,总额为 4,公平分配是(2,2),另一个选项在 10 轮博弈中的顺序依次是[(2.2,1.8),(2.6,1.4),(3,1),(3.4,0.6),(3.8,0.2),(2.2,1.8),(2.6,1.4),(3,1),(3.4,0.6),(3.8,0.2)],其中,第 6 到第 10 轮是第 1 到第 5 轮的重复,这样可以观察到被试的学习效应。实验实施过程中,实验者小心翼翼地创造了双方匿名条件,指导语和具体操作说明均以书面形式交给被试。图 6 - 2 显示了实验三种条件下提议者选择非公平分配的结果。

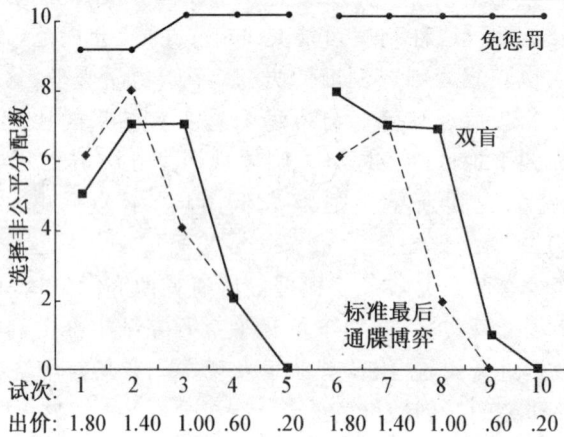

图 6 - 2   三种条件下符合完美博弈的次数(摘自 Bolton 和 Zwick,1995)

由图 6 - 2 可知,以后 5 轮结果来看,标准最后通牒博弈条件和被试—实验者匿名条件下的差异相对较小(选择自利方案的比例为 30% 与 46%),免惩罚条件下,所有的提议者均选择了对自己最有利的分配方案(100%),表现出完美均衡策略。这些结果表明,被试并不在意自己的决策被实验者看到,因为他们在非匿名的免惩罚条件下,后几轮博弈都选择了自利的方案。结果还表明,提议者并没有倾向于公平的意识,他们给出公平分配的方案,只是害怕反应者会拒绝不公平的提议。而反应者拒绝不公平提议的原因是要惩罚对方,因为在免惩罚条件下,即使是最不公平的出价,反应者也无一拒绝。

这个研究明确地反映了惩罚不公平行为是反应者拒绝不公平提议的主要原因。实验观察者效应虽然给结果带来了一定的差异,但不影响基本的结果模式,而惩罚几乎能解释所有的变异。研究者所提出的惩罚假设具有较强的解释力,之后进行的行为研究,通过控制信息完备性等,也发现提议者提出公平的出价行为不是出于对公平的偏好,而是害怕被拒绝,所做出的策略性行为。另有对个体差异的研究也证实,提议者提出公平的出价,只是想提高增加自己受益的概率而已。惩罚假设也得到了后来神经科学研究的证据的支持,有研究表明,反应者拒绝不公平提议,激活了与奖赏加工和利他性惩罚有关的脑区,如伏核和尾核等。Bolton 和 Zwick (1995)提出的惩罚假设是为数不多的既能解释提议者的行为,也能解释反应者行为的假设,堪称经典。这一经典研究结果提示,权力必须有所限制,不然就会走向极端自利。

6.2.3 Fehr 等 (2008):自利是本性,公平是后天形成

公平偏好是人类天性的还是后天形成的这一问题一直存在争议。Fehr 等 (2008)从发展的角度,采用幼儿园儿童为被试,将他们的行为与年龄稍大的儿童进行对比。结果发现,年龄越小的儿童,其行为越偏向自利,而到了 7、8 岁左右,开始偏向公平(E. Fehr, *et al.*, 2008)。这个研究表明,公平这种社会规范,不是写在基因里天生就存在的。而是随着环境的变化,在后天的教育过程中慢慢习得的。虽然在 Fehr 等 (2008)的研究之前,也有很多发展心理学的研究,发现了年龄越小的儿童其行为越自利这一现象。但 Fehr 等 (2008)的研究被试,是目前使用最后通牒博弈的所有实验中年龄最小的(3 岁)。

有研究指出,最后通牒博弈涉及心理理论加工。3 岁左右的儿童这一能力还未发展,可能是他们的行为更偏自利的原因之一。虽然他们的研究结果提示公平概念与分享行为是后天形成的,但研究者提示,基因与社会文化均对公平观念和分享行为的形成发挥作用。

6.2.4 Henrich 等 (2005):公平是社会文明和市场一体化的产物

人们在经济决策中表现出非理性行为已成为研究者的共识。Henrich 等 (2001)对 15 个不同国家或地区的最后通牒博弈实验复制了这一结果,尽管部分地区,比如马奇根加人给出了极低的出价(总额的 26%)和几乎对低出价的全盘接受(拒绝率为 4%)这样的结果,整体来看,在所有的社会里,出价均为正值,甚至在一些社会里,出价超过平均分配值,对正的出价的拒绝也维持在较高的概率,这些结果显示了对理性经济人的自我利益最大化假设的系统偏离。这个跨文化研究提出,经济决策的偏好是由经济规模如市场一体化程度,以及日常生活中的社会交往经验决定的(Henrich, *et al.*, 2001)。

Henrich 等的研究为以下问题提供了答案:① 偏离自我利益最大化原则的非理性行为是人类表现出的普遍模式吗? ② 个体所处的经济和社会环境是否会影响他们的行为、动机、偏的形成? ③ 如果影响,那么人类本性的可塑性的边界条件是什么? 或者说什么的经济条件和社会条件在起作用? ④ 有没有一种文化下,其行为是最接近理性经济人假设的? ⑤ 个体的性别、年龄、教育程度、相对富裕程度以及个体所处的文化群体,在多大程度上可以解释个体对公平和惩罚不公平行

为的倾向性？在他们的研究发表之前,这些问题是没有答案的。因为已有研究大多采用的是大学生被试,这个群体的同质性相对较高,无法作为整个人类的经济决策行为的代表。Henrich 等的研究涵盖了四个大洲以及新几内亚地区,对来自 15个小规模社会的社会人进行了跨文化的研究,包括三个狩猎社会、六个刀耕火种式的园艺社会、四个游牧社会和两个小规模的农业社会。研究结果参见图 6-3。由图可知,绝大多数社会下,在最后通牒博弈中的出价在总额的 40%～50%,有部分社会甚至提出超过平均水平的出价。秘鲁的马奇根加人和南美印第安的盖丘亚人的出价偏低。反应者的行为也表现出较大的差异,比如马奇根加人的拒绝率最低,奥乌和哥劳人对提议的拒绝率特别高(而提议者给出低出价的比例并不高),表明这些群体对不公平尤其敏感。

对于以上问题,该研究给出了以下答案：① 所有社会背景下的决策行为均不符合自利原则；② 不同群体间的行为具有明显的差异性,但变化的范围和模式表明人类社会性的可塑性具有一定的边界；③ 社会的市场一体化程度以及合作行为在日常生活中的重要性,这两个因素可以解释群体间差异的大部分变异；④ 马奇根加人的行为最接近理性经济人假设,这与他们所处的社会特征有关：基于亲缘关系成立的生活圈子,以核心家庭为基本单位,除了狩猎外基本无合作行为,且人们之间很少进行经济交换活动；⑤ 个体以及社会统计学变量无法解释群体或群间的行为变异；⑥ 实验性博弈通常可以反映人们在日常生活中的交往模式(Henrich, *et al.*, 2005)。

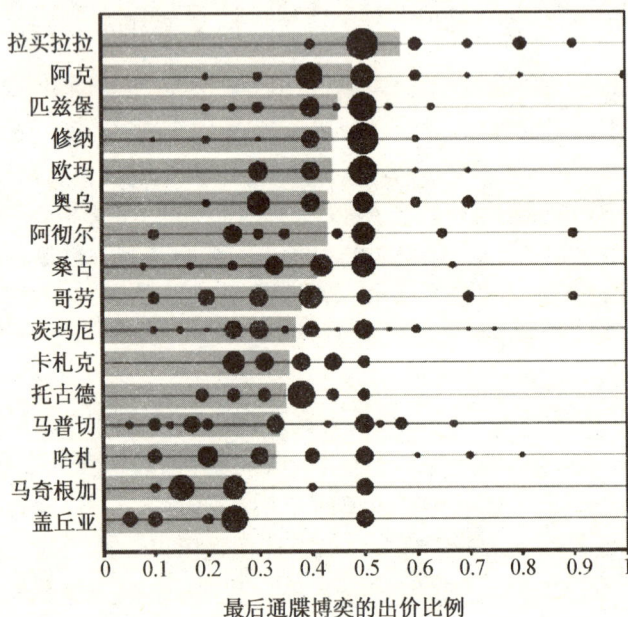

最后通牒博弈的出价比例

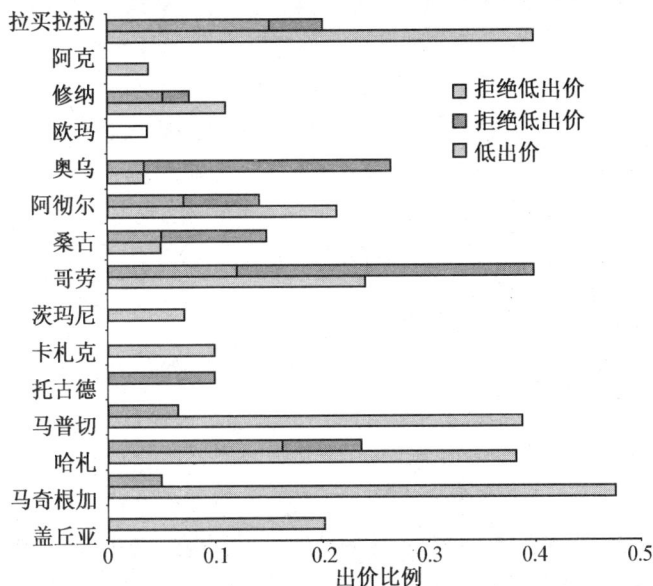

图 6 - 3　15 种社会群体在最后通牒博弈中的出价气泡图和拒绝率分布
（摘自 Henrich 等，2005）

　　Henrich 等的研究向跨文化研究迈出了坚实的一步，使用最后通牒博弈比较了不同文化和社会背景下的群体间的差异。尤其是发现市场一体化发展程度与公平行为的正相关关系，市场化程度越高，人们越倾向于公平的分配。这个结果挑战了常识所认为的，市场经济下人们更加追逐自我利益的观点。但是，将群体间的行为差异归因于文化背景或市场，可能会掩盖一些心理机制上的差异。因而，对文化因素进行实验控制，可能会揭示一些因果关系。

6.2.5　Sanfey 等（2003）：情感与理智的较量——前脑岛与背外侧前额叶的竞争

　　Sanfey 等（2003）的 fMRI 研究虽然不是第一个关于最后通牒博弈的神经机制的研究，但他的影响却是最大的一个。该研究通过将不公平提议与公平提议相比，发现了前脑岛、背外侧前额叶和前扣带回的激活。这三个激活脑区在后续的 fMRI 研究中都得到了复制。该研究首次找到了反应者拒绝不公平提议的神经活动上的证据。研究者认为，是不公平提议诱发的负性情绪导致了拒绝行为。因为不公平提议激活的前脑岛与情绪表征，尤其是负性情绪表征有关，曾被发现被厌恶、悲伤、生理疼痛、社会排斥等负性事件激活，是负性情绪加工的核心区域。通过将拒绝提议与接受提议相比，发现前脑岛的激活与背外侧前额叶的激活呈竞争模式，当前脑岛激活更强时,被试做出拒绝行为,而当背外侧前额叶激活更强时,被试做出接受决定。研究者认为,这些结果表明,背外侧前额叶的作用是抑制由前脑岛所表征的负性情绪,从而使个体做出对自己有利的决策(Sanfey, *et al.* ,2003)。这个研究表明,经济决策行为是由大脑的情绪系统和认知控制系统协同作用产生的,当情绪系统占优时,人们会做出非理性的决策,而当认知控制系统占优时,人们会走出理性的决策。这种双系统加工的观点至今仍是神经经济学领域的主流思想。

这个研究是最后通牒博弈的神经机制研究的经典之作。尽管研究者对脑区具体功能的解释在后续研究中多被质疑或推翻,但丝毫不影响它的价值和经典地位。其最突出的贡献是,为人类情感与理智的斗争提供了直接的神经活动的证明。前脑岛和背外侧前额叶,这两个脑区一个代表情感,一个代表理性,两者的角逐与较量,决定了最终的选择。该研究还提示,在这种情感与理性的较量中,情感通常会是战胜的一方,有力地驳斥了理性决定论。这一研究为社会偏好理论提供了直接的证据,并为社会性决策的双加工理论模型的建立作出了贡献。这个研究也因而多被大众媒体引用,称其发现了脑内的"公平开关",揭开了人类经济决策行为的黑匣子。

自这个研究始,公平博弈的神经机制研究进入蓬勃发展。研究者从不同的角度探讨了公平博弈决策的神经机制,比如公平提议的激活脑区、情境的影响、个体差异影响等,这些研究在一定程度上都重复了该研究的重要发现:情绪脑区与认知脑区的协同参与。但也有研究,对 Sanfey 等(2003)的解释提出了反驳,比如 Knoch 等(2006)的 rTMS 研究。

6.2.6 Knoch 等(2006):神经科学之树上开出精神分析之花

中国自古就有性善论与性恶论之争。从"人之初,性本善"到"恻隐之心,人皆有之"。中国的儒文化多推崇和宣扬人性本善。但荀子认为:"人性恶,其善者伪。"伪,即人为。荀子的观点也得到了最后通牒博弈研究的支持。行为学研究证实,提议者提出公平的出价只是一种表面上的亲社会行为,其终极目的依然是私利的最大化,符合其"善者,伪也"的观点。发展心理学研究所发现的年龄越小行为越自利的现象也符合这种"伪善"思想,因为儿童还没有学会掩饰自己真实的想法,做出伪装的行为。这种"伪善"论虽然可以很好地解释提议者的出价行为,但是否也可以解释反应者表现出的宁愿牺牲个人利益也要拒绝不公平提议的非理性行为呢?换句话说,伪善是驱使反应者做出拒绝行为的动机之一吗? Bolton 和 Zwick (1995)的实验表明,反应者在被试—实验者匿名条件下,对不公平提议的拒绝率降低(Bolton & Zwick, 1995)。该结果在一定程度上表明,一些实验研究中,反应者有"故意"做出拒绝行为的嫌疑。Knoch 等(2006)的 rTMS 研究对这个猜测给出了神经科学的证据。

他们的研究采用了 rTMS 技术,暂时地使左侧或右侧背外侧前额叶区域失激活,然后让被试完成最后通牒博弈。该研究发现,右侧背外侧前额叶失激活后对不公平提议的拒绝率降低,这一结果用 Sanfey 等(2003)的假设无法解释。如果背外侧前额叶的功能是抑制由不公平提议诱发的负性情绪的话,那么区域失激活后,意味着负性情绪不能被抑制,拒绝率将会提高,而不是降低。研究者认为,背外侧前额叶的功能不是抑制负性情绪,而是抑制自利天性,以实现维护社会公平这一现实目标(Knoch, *et al.*, 2006)。也就是说,背外侧前额叶完成的很可能就是"伪善"这一特殊的任务。

Knoch 等(2006)将他们的研究结果与弗洛伊德的理论相联系,认为背外侧前额叶完成的是"超我"对"本我"的抑制,以引导"自我"表现出符合现实要求与规范的适当行为。若这一区域被抑制,则本我的自利冲动无法被控制,从而表现出不符合社会规范的逐利行为。这种解释很有趣。

弗洛伊德的人格结构论包含三个部分:本我、自我和超我。本我即原我,指原始的自己,包含生存所需的基本欲望、冲动和生命力。本我是一切心理能量之源,按"快乐原则"行事,它不理会社会道德、外在的行为规范,它唯一的要求是获得快乐,避免痛苦,本我的目标是求得个体的舒适、生存及繁殖,它是无意识的,不被个体所觉察。自我,是自己可意识到的执行思考、感觉、判断或记忆的部分,自我的机能是寻求"本我"冲动得以满足,而同时保护整个机体不受伤害,它遵循的是"现实原则",为本我服务。超我,是人格结构中代表理想的部分,它是个体在成长过程中通过内化道德规范,内化社会及文化环境的价值观念而形成,其机能主要是监督、批判及管束自己的行为,超我的特点是追求完美,所以它与本我一样是非现实的,超我大部分也是无意识的,超我要求自我按社会可接受的方式去满足本我,它所遵循的是"道德原则"。所以每个人表现出来的都是自我,每个人所看到的也是"自他",这个"自他"并不能代表真正的他,还需要对背后的"本他"和"超他"进一步推理。马斯洛的需要层次论,也指出人有生理、安全、社交、尊重和自我实现等需要,与自我、本我、超我的观点本质上是一致的。

神经科学的发展,为这些经验式的理论收集到了实证证据。社会认知神经科学研究的先驱之一 Lieberman 教授在综合自己和其他研究者的成果的基础上,总结出了一个双加工模型:自动化加工 X(reflexive)系统和控制化加工 C(controlled)系统(Lieberman,2007)。X 系统是自动化的、反射性的、快速应答的自发式活动系统,而 C 系统则是有意识的、有意图的、需付出一定努力的且有容量限制的控制性加工系统(参见表 6-1)。

表 6-1　X 系统和 C 系统的特点（摘自 Satpute & Lieberman，2006）

X 系统（自动化）	C 系统（控制化）
平行加工	系列加工
快速操作	慢速操作
慢速习得	快速习得
非反射性意识	反射性意识
对阈下刺激敏感	对阈下刺激不敏感
自发性加工	意图性加工
感觉表征	言语表征
输出为外显的现实	输出为内生性活动
与不受认知负荷调节的行为有关	与受认知负荷调节的行为有关
受高唤醒的易化	受高唤醒的弱化
种系发生学上更古老	种系发生学上更新
表征的是对称性关系	表征的是非对称性关系
表征的是常见事物	表征的是异常事物、抽象概念

　　X 系统的大脑加工系统包括杏仁核、基底神经节、腹内侧前额叶、外侧颞叶、背侧前扣带回等。C 系统的大脑加工系统包括外侧前额叶、内侧前额叶、外侧顶叶、内侧顶叶、内侧颞叶、前扣带回喙部等（参见图 6-4）。

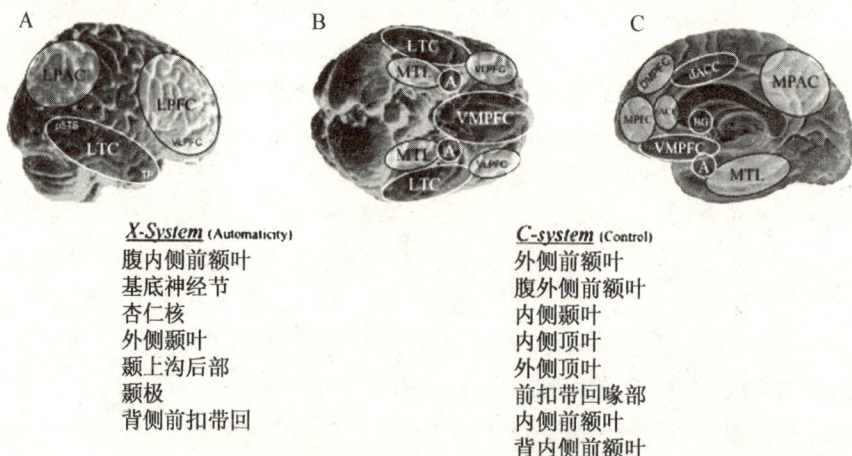

X-System (Automaticity)
腹内侧前额叶
基底神经节
杏仁核
外侧颞叶
颞上沟后部
颞极
背侧前扣带回

C-system (Control)
外侧前额叶
腹外侧前额叶
内侧颞叶
内侧顶叶
外侧顶叶
前扣带回喙部
内侧前额叶
背内侧前额叶

图 6-4　与 X 系统和 C 系统有关的脑区（摘自 Lieberman，2007）

　　X 系统类似于"本我"加工区,由基本生存需要所驱动,并遵循及时享乐的原则。例如研究表明,相对于中性图片,恐惧性图片会诱发强烈的杏仁核活动,甚至当刺激是阈下呈现时也会有杏仁核的激活。当看到食物类图片、美丽的面孔或嗅到食物的香气,都会激活眶杏仁核、腹侧纹状体等脑区。C 系统类似于"自我"加工区,由当前任务所驱动,并遵循趋利避害的原则。认知性任务,如工作记忆、心理旋转等都会诱发背外侧前额叶的激活,且任务越难(工作记忆负荷越高),背外侧前额叶的激活越强。

　　复杂的社会性决策涉及 X 系统和 C 系统的共同参与。如一项 fMRI 研究考察了人们在选择近期金钱奖励与长期金钱奖励时的神经活动,结果发现,边缘和旁边缘系统在人们选择"立即得到一笔小的金额"时激活更强,这些神经系统内富含多巴胺神经元,在不断地释放着含奖励信息的信号。而当人们选择"两周或一个月后获得一笔大的金额"时,外侧前额叶的激活更强,可能在进行经济价值的计算。有意思的是,若额叶系统的激活强于边缘系统,则人们将会选择长期内的大金额奖励,若边缘系统的激活强于额叶系统,则人们将会选择立即的小金额奖励。这种模式反映了初级水平的自动式加工与高级水平的控制式加工之间的竞争与冲突解决(McClure, et al., 2004)。又例如,Sanfey 等(2003)的研究所发现的,前脑岛的活动与背外侧前额叶活动的竞争,对反应者选择接受或拒绝提议的影响,也表明了两个系统的协同参与。

　　Knoch 等(2006)对背外侧前额叶的功能的假设非常具有启发性。综合其他研究来看,前脑岛很可能就是表征"超我"本身,因为它对不公平提议敏感,可能表征着社会规范;外侧前额叶系统则是一个"自我"表征系统,控制着来自本能的冲动,促使个体做出适当的决策;奖赏系统则可能反映了"本我"的追求享乐的天性。已有研究表明,前脑岛与负性事件的感知和评价加工有关(Craig, 2009);背外侧前额叶是目标维持和认知控制脑区,引导着个体做出最优的选择(Wallis, 2007);腹侧纹状体、中脑多巴胺系统和腹内侧前额叶等区域都与奖赏加工有关,这些区域的激活相对自动化和无意识,与本能的行为有关,也与对自我的重要性有关(de Greck, et al., 2008;Delgado, 2006);前扣带回则反映了冲突检测与控制(Botvinick, Cohen, & Carter, 2004)。从这个角度而言,人性善性恶的争论就可以得到一个中庸的解决之道:人皆有善因,也有私因。人的行为不过是几大系统角逐较量的输出。另一个问题或许更值得讨论:如何抑私扬善? 既然人有追逐私利的本性,制定一定的制度进行制约是必需的。既然人有善根,进行发扬光大是必要的。这正体现了进化论的新观点:基因与文化双进化。

6.2.7 Wallace 等(2007)：决策行为中的遗传影响

行为遗传学常采用双生子研究来发现显型的遗传性，以期发现遗传和环境在塑造行为中发挥的相对作用。在 Wallace 等(2007)的研究之前，研究者即存在争论：公平偏好和不公平厌恶行为是人的本性使然，还是后天社会规则使然。人们并不清楚，最后通牒博弈中的决策行为在多大程度上是由环境决定，又在多大程度上可由遗传来解释。通过将同卵双生子和异卵双生子的决策结果进行比较，Wallace 等(2007)的研究发现，遗传可以解释反应者决策行为的 42% 的变异，而环境可以解释 58% 的变异(Wallace, *et al.*, 2007)。这个研究体现了决策行为中的遗传效应，并开启了对公平博弈的生物学研究的序幕。

Wallace 等(2007)的研究提示了一种可能性，即拒绝不公平提议以追求公平的行为有着其遗传学基础，这就可以部分地解释 Henrich 等(2001)的研究发现，在不同的地区、不同的文化背景和经济发展状况下，人们都表现出公平偏好和不公平厌恶的倾向，这种行为很可能在历史文化的演进过程中被认可和被提倡，因而被写入了基因。然而，Wallace 等(2007)的研究并未给出直接的证据表明公平偏好的进化过程，比如基因的数目或每个基因的影响等。目前，受这一研究的影响，已有研究开始探讨基因多态性对最后通牒博弈决策的影响，比如 5-HT 受体基因多态性和多巴胺受体基因多态性等。但相关研究仅处于起步阶段，积累的证据还比较少。然则，可以从另一个角度来看遗传或进化的影响，那就是，人类的近亲——猴子。

6.2.8 Brosnan 和 Waal (2003)：猴子也有不公平厌恶

公平感到底是人类的天性，由进化而来，还是社会规范的约束，由后天习得的？上面的研究也探讨过这个问题，但答案并不统一。动物实验或许可以提供一些线索。

Brosnan 和 Waal (2003)的研究报告了以卷尾猴为被试的实验结果。他们的预实验包括两种条件："公平"条件，两只猴子用代币与实验者交换黄瓜；"不公平"条件，一只猴子交换到黄瓜，而另一只猴子则交换到葡萄，一种更受欢迎的食物。他们的预实验发现，只有雌猴在两种条件下表示出不同的反应，在不公平条件下，它们拒绝交换。研究者又以 5 只雌性卷尾猴为被试，同样设公平和不公平条件，并加了两种控制条件："努力控制"，实验者直接给同伴一个葡萄（不需代币），而被试卷尾猴仍需以代币交换黄瓜；"食物控制"，同伴不在，但被试卷尾猴会看到同伴常坐的位置放着一个葡萄，之后被试卷尾猴需以代币交换黄瓜。实验中，每一轮的葡萄都是累加的。观察变量是被试卷尾猴成功交换的次数以及反应时。结果发现，公平条件下，卷尾猴基本不会拒绝交易，但在不公平和食物控制条件下，猴子不太情愿交易黄瓜,在努力控制条件下,猴子拒绝交易达 80%;随着实验的进行,在公平、不公平和努力控制条件下,拒绝交易行为越来越多,而在食物控制条件下,拒绝交易行为在逐渐减少。研究者提出预期违反的假设来解释这些结果:当卷尾猴看到同伴拿到或吃更好的奖赏食物时,他们也想要得到更好的奖赏。由结果可以看出,卷尾猴也会将自己的奖赏与同伴的奖赏进行比较,一旦发现自己的奖赏不如同伴时,就会做出反抗反应。与人类一样,猴子也会表现出不公平厌恶,可能表明不公平厌恶是种普遍存在的属性(Brosnan & de Waal, 2003)。

这个研究发表在 *Nature* 上,体现了该研究的价值,它也是公平博弈领域被引用次数最多的文献之一。猴子也有不公平厌恶,这个结果比较激动人心。然而,Henrich(2004)却指出,这个推论是有问题的。假如是人类被试处于卷尾猴所处的条件的话,人类被试是不会拒绝交易的,因为拒绝不会给同伴带来任何损失,不会使双方的结果变得公平。他引用了 Bolton 和 Zwick(1995)的实验作为证据,在免惩罚条件下,反应者的拒绝率为 0。另外,他也质疑了研究者提出的另一假设,不公平厌恶的普遍存在性。理由是,在他所做的对 15 个地区的实验中,一些群体并未表现出不公平厌恶,比如马奇根加人(Henrich, 2004)。Henrich(2004)的反驳体现了一个观点,那就是,人类表现出的不公平厌恶,实际上是以自利为前提的(惩罚给自己带来的主观效用)。从这个意义上讲,卷尾猴表现出的不公平厌恶,恰是纯粹的不公平厌恶。

6.2.9　小结

一切学术研究,最终的归宿是哲学,公平博弈也不例外。最后通牒博弈的经典研究,使离人类决策行为的本质和真相的距离越来越近。已有研究提示,不考虑个体主观偏好的经济模型对现实行为的预测力是有限的,但完全抛弃自我利益最大化原则为时尚早。借助哲学家的观点,用"自我效用最大化"原则替代"自我利益最大化"原则,或许可以更好地解释人类的行为。效用(utility)是经济学中用来描述消费者行为的概念,指消费者从消费某种物品中得到的满意程度,或者说商品满足人的欲望和需要的能力和程度。若将这种消费行为扩大到更大的社会范畴,则一切能给个体带来主观满意、满足人的欲望和需要的活动,都可以效用来衡量。

效用论,可追溯至西方哲学中的快乐思想。如大卫·休谟认为,人们心灵的痛苦和欢乐是一切行动的动因和驱动原则。爱尔维休提出,欢乐和痛苦是人类行为的唯一动力,永远如此。穆勒认为,对快乐的追求是人的一切行为的潜在指导者,人们之所以这样做而不那样做,就在于他们趋乐避苦的天性。边沁认为,人们一切行为的准则取决于是增进幸福抑或减少幸福的倾向。各个人追求一己的最大幸福,是具有理性的一切人的目的。在人类社会生活中,自利的选择占着支配地位。

当人们进行各种活动的时候,凡是对自己的最大幸福能有最高的贡献,不管对自己以外的全体幸福会带来什么样的结果,他都会全力追求,这是人性的一种必然倾向。边沁甚至提出了计算幸福的数量指标:强度(intensity)、持久性(duration)、确定性(certainty)、远近(propinquity and remoteness)、繁殖性(fecundity)、纯洁度(purity)和广度(extent)。我国快乐主义经济学家陈惠雄认为,边沁提出的测算快乐的七个指标只需修整,不会过时,大致反映了快乐的主要属性(陈惠雄,2003)。获得 2002 诺贝尔经济学奖的 Kahneman 也持效用论观点,他在前景理论中所提出价值函数(value function)和决策权重函数(decision weight function),一起构成了效用函数(Kahneman & Tversky, 1979)。

"自我效用最大化"可以解释最后通牒博弈中的决策行为。提议者提出公平的出价,一方面可以避免被反应者拒绝,另一方面也维护了社会规范,既获得了利益也建立了名声,达到了个人效用的最大化。在反应者一方,拒绝不公平提议,对自己来说,所付出的代价并不太大(提议接近 0),而对对方造成的损失却很大(降为0),还可以给自己带来惩罚和报复的快感,也建立了维护社会规范的名声。而接受不公平提议,虽然挽回了一点损失,但自己到底"意难平",也可能会给他人留下不好的名声。相比之下,拒绝产生更大的效用。采用效用论还可以解释决策行为中表现出的个体差异:不同的因素对于不同的个体有着不同的权重,对应着不同的效用。对于心理学而言,研究价值就在于找出权重指数以及个体差异的产生机制。

6.3　前沿的开放性问题

公平博弈的研究正处于蓬勃发展的阶段,无论是行为科学、神经科学还是生物学研究,其研究问题和内容都有待进一步开发。

Fehr 和 Camerer (2007)曾提出社会偏好的神经科学研究领域十大待解决的问题(Fehr & Camerer, 2007)。作为 2009 和 2010 年度诺贝尔经济学奖呼声最高的学者,其学术成就和前瞻性令人敬仰。十大问题如下:

(1)决策效用、预期效用和体验效用的大脑相关?

(2)道德情感,如内疚和羞耻感,与道德行为之间的关系?怎么测量和诱发这些情绪?什么行为可以导致这些情绪?

(3)人类亲社会行为在行为上、情绪上和神经机制上有何独特之处?有什么地方与动物是相通的?

(4)哪些基因组与经济决策等社会行为相关?

(5)什么样的神经计算模型可以准确地预测大脑活动和社会行为?

(6)社会性障碍,如孤独症、阿斯皮尔症、william 症、社交恐惧症、反社会人格障碍等在神经激活上有何特别之处?

　　(7) 群组关系在脑内如何感知和评价? 有何启示?

　　(8) 已有经验,如谈判专家和职业赌徒,如何影响社会交易的神经机制?

　　(9) 技巧在策略性交往中的神经相关? 训练和经验如何影响神经活动?

　　(10) 个体交往与群体间交往的神经活动有何差别?

　　这些问题都与社会性决策有关,因而也适用于公平博弈的研究。但是,这些问题仅限于神经科学层面的研究,而公平博弈的研究范围,远大于此,至少可从以下几方面深入探讨。

6.3.1　公平决策行为的习得机制

　　如果公平行为并非与生俱来,那么这种行为是如何获得的? 至少可从三个方面探讨这个问题:

　　(1) 发展心理学的研究方法。已有发展心理学研究多采用横向比较的方式,没有纵向研究,也没有纵横交叉的研究。采用纵向设计的优势是,可以发现儿童习得公平行为的发展过程,甚至可以发现公平决策行为由量变到质变的规律。此外,目前公平博弈研究中最小的被试群是幼儿园儿童,大约 3~4 岁。这个年龄也许可以再提前。例如最近的一项研究发现,早到 5 个月大的婴儿就能区分亲社会行为和违反社会规范的行为,而 8 个月大的婴儿,已表现出希望亲社会行为得到奖励,不良行为受到惩罚的倾向性。研究人员用动物造型的手偶模拟各种情景,同时测试 100 名 8 个月大婴儿的反应。婴儿们首先观看一些手偶对其他手偶做出正面或负面的行为,然后看到另一批手偶给"好的"手偶送玩具(即奖励),或从"坏的"手偶那里拿走玩具(即惩罚)。研究人员随后要求婴儿们选择自己喜欢的手偶,结果婴儿们选择最多的是对"坏"手偶进行惩罚的手偶。在另外一项有 64 名 21 个月大的婴儿参与的实验中,手偶们要么帮助过其他手偶,要么伤害过其他手偶。研究人员让婴儿们选择是拿玩具奖励某个手偶还是拿走玩具惩罚这个手偶。结果显示,大部分婴儿选择奖励"好"手偶,惩罚"坏"手偶。这项研究表明,人类很早就出现了对奖励亲社会行为,惩罚违反社会规范行为的偏好(Hamlin,Wynn,Bloom,& Mahajan,2011)。证据又开始偏向公平是天性这一端了。可以借鉴该研究方法,应用于最后通牒博弈范式,以观察婴儿是否表现出公平偏好的倾向性。

　　(2) 重复博弈范式。由于重复博弈涉及策略性考虑,所以已有研究主要关注了单轮博弈的结果,以获取纯粹的决策倾向性。但公平博弈的研究已进行了三十年,研究思路不应仍局限于为经济行为偏离自利原则这一观点累积证据。重复博弈可以考察上下轮游戏间的序列影响以及提议者与反应者在游戏过程中变化的决策策略、决策行为。这种动态的决策调整和产生的过程可以体现决策者对规范的习得机制,也更接近现实生活中的决策过程。因为现实的经济活动中,"一锤子买卖"很少,长期、稳定、重复的合作与交易更为常见。

(3) 社会压力情境。从个体角度而言,采取公平决策可能是一个从众的行为。可以设计相关的实验,考察从众性对决策行为的影响。已有研究曾从小组决策的角度,将群体决策与个体决策相比,发现群体决策比个体决策更理性,出价更少,而对不公平出价的接受率更高(Bornstein & Yaniv, 1998)。这个研究表明,群体决策与个体决策涉及不同的策略,对于理解公平行为的产生机制和动态过程很有启发意义。

6.3.2　被试群体的多样性

尽管一些研究证明,采用大学生为被试的实验室研究得到的结果与社会人士的研究结果没有显著差异(Güth, *et al.*, 2007),且发达国家的研究结果与不发达或发展中国家的研究结果,其模式都是类似的(Gil-White, 2004; Henrich, *et al.*, 2001)。但这些研究比较的都是均值,且进行组间比较的同时,忽视了组内比较。目前以非大学生为被试的公平博弈研究屈指可数。大学生群体是方便样本,但同时也是一个相对特殊的群体。作为象牙塔中的学子,他们没有经历过社会磨砺,其决策结果是否能代表社会上绝大部分人的行为尚不确定。在得到一个确定的答案前,实验室研究有必要有意识地采用其他被试群,尤其是一些与大学生异质性较高的群体。① 应该考察经验性因素对决策行为的影响,例如不同职业类型、不同经济状况、不同年龄层次的群体间比较等。② 应将更多的特殊群体纳入研究范围,例如专家学者、多类精神病患者、从事特殊岗位职业者、罪犯、弱势群体等。

6.3.3　实验情境的真实性

已有研究多采用经典最后通牒博弈的范式,在陌生人之间进行单轮博弈。这种方式有助于排除其他因素的混淆,得到相对纯净的结果,以验证自我利益最大化原则的普适性。然而,进一步的研究应该走出这个框架,探讨与现实生活更类似的博弈场景。

(1) 现场研究(field study)是一种生态效度较好的研究方法。现场研究法又称实地研究法,是在真实、自然的社会生活环境中,运用观察、访谈和实验等方法收集数据,以探讨客观、接近自然和真实的决策行为的方法,具有真实、自然和灵活的特点。*Science*上发表了一个有趣的现场研究。在一个游乐园,向游客兜售纪念性照片的实验。实验者控制了两个因素,一个因素是定价方式,向一些消费者以固定价格方式售卖,而向另一部分消费者以自由价格出售(pay what you want);另一个因素是收益的出处,一些消费者将会看到,售卖物品的收益将捐给慈善机构。发现在固定价格方式下,增加捐献这个因素使销售收入增加的幅度并不大,而在自由定价方式下,增加捐献因素使销售收入几乎翻了三番。研究者认为,在固定价格方式下,消费者认为捐献是企业的社会责任,与自己的关系不大,而在自由定价方式下,捐献成了一种共同的社会责任,消费者可以通过购买纪念品的方式表达自己的爱心(Gneezy, Gneezy, Nelson, & Brown, 2010)。这是一个成功的现场研究加实验法的操纵,可以借鉴到最后通牒博弈的研究中。

(2) 避免实验者效应。实验室研究很难消除实验者因素对被试的影响。Bolton 和 Zwick (1995)的实验小心翼翼地控制了被试与实验者的匿名性,虽然整体结果模式没有发生变化,但决策行为的确存在显著差异,表明了实验者效应可能对决策行为造成污染(Bolton & Zwick, 1995)。最后通牒博弈是对公平的研究,体现了社会规范,被试的决策启发式可能就是社会规范。即使被试想要追求自我利益的最大化,他也会顾虑实验者的影响。一般而言,实验者都是被试的老师或同学,被试担心自己给他人留下不好的印象,影响自己的名声,所以可能会有意做出符合社会规范的行为。或者被试会猜测实验者的期望,从而掩盖自己真实的行为倾向,以迎合实验者的预期。除了社会赞许性效应外,还有观察者效应。当被试感到自己的行为正在被观察时,也会产生一种压力,从而迫使自己表现出在匿名情况下可能不会做出的行为。所以中国古代有"慎独"的训诫之言。有研究表明,当在独裁者博弈中采取双盲设计,即实验者不知道每个被试的具体提议时,分配者的提议最符合自我利益最大化的原则(Hoffman, et al., 1994)。除了实验者效应以外,其他能够引起"被注视"的感觉的实验控制也能引发类似的旁观者效应。Haley 和 Fessler(2005)的研究报告了外部控制对独裁者博弈的影响,分别以听觉呈现他人的声音(使用隔音耳机)和视觉呈现线索(程式化眼睛器官的图案)方式,发现计算机呈现眼睛线索下,分配者分配给接受者的钱数是控制条件下的两倍。无意识的线索诱发了一种被监视感,使得被试做出更多的亲社会行为(Haley & Fessler, 2005)。Bateson 等(2006)的现场研究也发现了线索所起到的观察者作用。在大学的咖啡厅,背景图片是眼睛与控制条件相比,人们的投币量几乎翻了三番(Bateson, Nettle, & Roberts, 2006)。而最近的一项研究发现,即使是由三个简单的点组成一个类似于面孔的图形,也能够引起旁观者效应,使被试做出更加利他的分配行为(Rigdon, Ishii, Watabe, & Kitayama, 2009)。Burnha 认为,人们在进化过程中获得了对目光和面孔的高度敏感和自动反应性,当察觉到目光注视时,便会自动做出亲社会行为(Burnham & Hare, 2007)。这些研究均表明,旁观者的存会影响人们在决策中的行为选择。如果消除旁观者的影响,最后通牒博弈的决策行为可能会是另一种模式。

(3) 考察社会距离的影响。现实生活中,有经济往来的多是朋友,甚至是亲属。这种情境与匿名、陌生人的交往情境不同,涉及更多的策略性考虑。亲情、友情如何影响个体的决策呢? 仅有的研究得到了不一致的结果。如 Campanha 等(2011)的 ERP 研究发现,当不公平提议由朋友提出时,拒绝率更低,对公平水平的主观判断也更偏公平,且 MFN 波幅反转为正性(Campanha, et al., 2011)。但另一研究采用类似的设计,得到了截然相反的结果。Wu 等(2011)采用了独裁者博弈,考察了当提议者是朋友和陌生人时的行为和 ERP 差异。结果发现,当不公平提议是由朋友提出时,对其满意度的评价更低,朋友提出的不公平提议诱发了更大的 MFN 负走向(Wu, et al., 2011)。不一致的结果可能是由于实验任务的不同,也有可能是由于文化差异。有必要做出进一步研究以探讨什么因素在发挥作用。

(4) 金钱以外的分配对象。已有研究多以金钱作为最后通牒博弈的主要对象。现实生活中,涉及分配公平的不仅仅是金钱,还有可能是其他物品或物质。换一种分配对象会不会影响决策行为呢? 一项研究初步显示了这种差异。Takahashi 等(2007)比较了吸烟成瘾者在分配虚拟金钱和分配香烟时的决策差异,结果发现,金钱任务和香烟任务的最小可接受量之间有显著差异,被试在金钱任务中具有更强烈的不公平厌恶(Takahashi, 2007)。这个研究提示,不公平厌恶可能存在领域效应,即分配金钱与分配其他物质相比,人们更加注重公平。对跨期选择的研究发现,人们在金钱、健康、环境等领域中表现出的折现率是不同的,提示对不同领域的公平偏好可能也是不同的。正如公平可分为机会公平、程序公平、结果公平。已有最后通牒博弈研究探讨的多是结果公平,部分研究也探讨了程序公平,但很少有研究探讨机会公平。机会公平是指在机会有限的情况下,个体参与某种活动和拥有相应条件方面的平等,它意味着人们有公平的机会选择和从事不同的经济活动。凡是有相同能力和相同利益诉求的个体,社会都应对他们一视同仁,公平地为其提供相同的机会与舞台,以确保其在社会认可的范围内享有同等的发展机会和条件。大家在关注结果公平的时候,常常忽略了机会公平的重要性。有必要将机会公平纳入实证研究,探讨机会公平与结果公平的异同。

6.3.4 博弈者的认知机制

最后通牒博弈的研究已有不少,但很少有研究提供博弈参与者的认知加工这一信息。大家都将焦点放在决策的结果上,而忽视了结果的产生过程。例如,参与者在博弈的过程中是如何思考的? 一个古老的心理学研究方法,可能可以提供途径去了解参与者的思考内容:出声思维。出声思维法(think aloud)是传统心理学中常用的一种收集数据的方法。该方法要求被试在完成指定任务时报告自己的主观想法,包括思想、感受、体验等,但不要求被试做出解释或矫正。研究者只需客观地记录就可以。这种方法可以找出隐含在行为背后的思考过程,常用于产品设计与开发等领域。实验心理学有研究主体的直接经验的传统。例如,冯特提出的内省法。这一传统方法在现代心理学研究中很少用,但它有着自己独特的优势,可以与实验法相结合,从而提供更多的信息。

此外,已有研究都非常欠缺的一个环节是,实验后访谈。也有可能研究中有这个环节,但研究者没有报告。结构性的实验后访谈,可以提供很丰富的资料,比如参与者如何理解和评价博弈本身,参与者做出某一决策行为的出发点,参与者如何矫饰自己的行为。这些信息不仅有助于揭示决策的产生机制,还能体现决策行为中的个体差异,比如动机差异。

6.3.5　关注个体差异因素

绝大多数研究对结果的分析仅限于平均趋势,而忽视了个体差异的影响。尽管最近已有一些研究探讨了人格特质对决策行为的影响,但这种证据还不够充分。除了探讨个体差异因素本身,还应探讨个体差异与其他因素的交互作用,如个体的成长环境、教育状况以及实验者控制因素等。需要更多地研究探讨情绪、习得性经验、进化模块,以及这些因素的组合对决策行为的影响。个体差异研究还应和神经科学的研究,以及生物学研究相结合。如一项 fMRI 研究发现,社会价值取向中,亲社会型个体和自利型个体对不公平分配的主观感受不一样,亲社会型个体对不公平提议尤为敏感,杏仁核的活动可以区分出被试的不同价值取向(Haruno & Frith,2009)。这种将个体差异与神经成像技术以及与基因分析技术相结合的模式将是未来研究的一大趋势。

6.3.6　全方位多层次的神经科学研究

目前对决策行为的神经机制的研究主要以神经成像技术为主,探讨的是系统层面的大脑活动机制。脑科学是一个庞大的学科体系,除了神经系统外,还包括分子水平、细胞水平、神经网络或回路水平以及整体水平等。要理解决策行为的神经机制,至少需要在以下两方面取得突破:

(1)产生公平决策行为的神经网络或回路。核磁数据处理技术的发展,为探索神经网络或回路提供了新的途径。例如多变量分类方法的出现,为预测行为提供了新的可能。Hollmann 等(2011)将这一技术运用到最后通牒博弈的 fMRI 数据分析中,发现前脑岛和外侧前额叶的更强的激活可以预测拒绝决定,而枕叶更强的激活可以预测对提议的接受决定,表明额叶和枕叶在提议加工中发挥着不同的功能(Hollmann, et al., 2011)。这种多像素模式分析技术(multi-voxel pattern analysis,MVPA)技术与传统的 voxel-wise 分析相比,对空间活动模式变化具有更高的敏感性。在 fMRI 数据中,即使有些体素没有在统计学上达到显著"激活",该技术也能同时检测到多个体素的贡献,从而提高对神经活动变化的敏感性。采用 Granger 因果模型分析方法、动态因果模型(dynamic causal modelling,DCM)、结构方程模型(structural equation modelling,SEM)等方法不仅可以描述不同脑区之间活动的协同性或同步性,还可以阐明脑区之间信息的方向性传递(有向连接)。其基本思路是,若在某个脑区活动的时间变化能够预测另一个脑区活动的时间变化,则可以推断在功能上前一个脑区对后一个脑区有影响。通过多元自回归方法,可以计算各功能区之间相互影响的程度。这些有效连接的数据分析技术已成功应用于多个领域,但并未看到在公平博弈研究中的应用。研究不同功能区域之间的方向性信息传递,有助于从根本上理解决策产生的神经机制。已有研究在关键脑区的具体功能上仍存在争议,相信随着技术的发展与应用,这些问题可以很快被解决。对决策行为的神经机制研究,将会促进建立神经计算模型。

(2)神经递质或调质的影响机制。神经递质是指神经末梢释放的特殊化学物质,在化学突触传递中担当信使的角色。它能作用于支配的神经元或效应细胞膜上的受体,从而完成信息传递功能。神经调质是指神经元产生的另一类化学物质,它能调节信息传递的效率,增强或削弱递质的效应。也有人认为,只有作用于膜受体后导致离子通道开放从而产生兴奋或抑制的化学物质才能称为递质;其他一些作用于膜受体后通过第二信使转而改变膜的兴奋性或其他递质释放的化学物质,均应称为调质。但递质与调质无明确的界限,调质是从递质中派生出来的,许多情况下递质包含调质。随着神经生物学的发展,在神经系统中发现了大量神经活性物质。迄今有 20 多种物质为重要的神经递质和调质,可分为小分子神经递质(如乙酰胆碱、谷氨酸)、单胺(儿茶酚胺如去甲肾上腺素、甲肾上腺素和多巴胺、吲哚胺、五羟色胺、组胺)、神经活性肽(如下丘脑释放激素、垂体激素、神经垂体激素、胰岛素、胰高血糖素、胆囊收缩素和肠激素等激素类物质)和气体(一氧化氮)(李振平等,2009)。目前,在公平博弈中被研究到的物质多为 5-HT、睾酮激素和催产素,其他神经递质或调质均未见研究。除了进一步阐明这些递质的影响机制外,还需探讨其他递质在公平决策中的作用。例如,中脑多巴胺系统与奖赏加工有关,多巴胺有可能与公平决策有关。

6.3.7　决策行为的基因学相关

最后通牒博弈的双生子研究发现,>40%的变异可以用累计基因效应来解释,表明行为决策中基因的影响不容忽视(Wallace, *et al*., 2007)。目前神经递质调质水平对决策的影响已有了较多探讨(Baumgartner, Heinrichs, Vonlanthen, Fischbacher, & Fehr, 2008; Crockett, *et al*., 2008; Ebstein, *et al*., 2008; Zak, Stanton, & Ahmadi, 2007),但基因型对决策行为的影响尚少见报告。

最近的一项研究显示,有特定基因特征的人比没有该基因特征的人更友善、更关心人。该研究考察了催产素受体(OXTR)基因的 rs53576 段的多态性对行为的影响。该受体基因有 GG、AG 或 AA 这三种基因型。研究者招募了 23 对夫妇,分析了他们的基因型,并招募了另一批被试作为观察者。要求夫妇中的一人向另一人讲述自己人生中一段受苦的经历,并要求观察者观察倾听者 20 秒,其间关闭讲述者的声音。结果发现,在观察者认为"最不受信任的"人中,10 人中有 9 人的这一基因为 AG 型或 AA 型,而在被认为"最亲社会的"人中,10 人中有 6 人拥有 GG 基因型。即,拥有两个 G 等位基因的人被认为更有同情心、更让人信任也更慈爱。而这些差异可从倾听者表情中体现出的亲和性线索中辨别出来。这一研究结果表明,即便是微小的遗传变异也可能会对人们的行为产生切实影响,而其他人则会迅速地注意到这些行为上的差异(Kogan, *et al.*, 2011)。该研究采用了中立观察者的角度来考察催产素受体基因多态性对行为的影响。尽管从不同基因型个体的面部表情看,其亲社会程度有所不同,但不清楚的是,这种基因多态性是否会影响个体在经济博弈中的决策行为。已有研究仅考察了多巴胺受体基因多态性和 COMT Val158Met 基因多态性对决策行为的影响,其中一个研究并未发现不同基因型在行为上的显著差异,对 5-HTTLPR 基因多态性的研究也未发现显著差异,因而有必要进行更广泛的研究,以寻找与公平决策相关的基因位点和基因组。

6.3.8　使决策行为表现出文化差异的关键文化特质因素

已有研究发现了最后通牒博弈中的文化差异,但不明确的是,是什么文化特质造成了这种文化差异。如一项元分析研究指出,权力距离、个人主义、对权威的顺从三个文化特质,以及对信任、竞争等的态度,这些因素既不影响分配额也不影响拒绝率(Oosterbeek, *et al.*, 2004)。也就是说,已有研究并未发现导致文化差异的关键变量。跨文化比较研究的操作性比较复杂,涉及语言、货币、实验者等多个可能会混淆结果的因素。可以采取另一种范式来考察文化差异,社会心理学中常用的文化启动范式(culture priming)。如,Wong 和 Hong(2005)考察了启动中国文化和美国文化后,中美双文化背景的被试在囚徒困境博弈中的表现。分别用中国文化象征和美国文化象征作为启动刺激,以激活相关的文化行为图式。用几何图片作为控制条件。结果发现,启动中国文化图式后,当博弈对象是朋友时,被试的合作行为明显更多(Wong & Hong, 2005)。文化启动范式从未应用于最后通牒博弈。中美文化启动可能反映了两国在个体主义—集体主义这一文化特质上的差异。可以采用文化启动与问卷测量相结合的方式,考察个体主义—集体主义特质对公平决策的影响。根据 Oyserman 和 Lee(2008)的元分析研究,个体主义和集体主义倾向性对价值观、自我概念、理性假设和认知风格均有一定程度的影响，尤其是认知风格的相关，达到了中等以上（Oyserman & Lee，2008）。

6.3.9　对国家制度设计、提高国民幸福的启示

温总理提出"社会公平正义，是社会稳定的基础。公平正义比太阳还要有光辉"。但我国目前财富分配不均，国民收入分配差距过大。在中国经济持续增长、人民生活普遍提高、不同程度地普遍得到实惠的前提下，部分社会成员收入差别持续拉大，城乡差别、区域差别等社会差别也在持续拉大。按照国际公认的衡量分配公平程度的指标来看，我国大陆基尼系数 2010 年超过 0.5，超过了国际警戒线（基尼系数 0.4），已跨入收入差距悬殊行列，财富分配非常不均。如果分配不公平这一问题不能得到及时克服并切实加以扭转，就有可能带来社会冲突和心理不平衡，影响社会稳定，制约社会的进一步发展。

学术研究应该造福于民，造福于社会。我国当前贫富差距过大、社会分配不公的现状应该引起研究者的关注。根据最后通牒博弈研究的结果，当人们遭受到不公平对待时，会表现出强烈的不满，并乐意牺牲一定的代价以惩罚实施不公平者，表现出明显的公平追求。这一结果提示制度制定者，初次分配和再次分配，都要注重公平。公平博弈的研究结果还发现，提议者提出公平分配是一种策略性行为，其前提是自我利益的最大化，而不是出于天生的公平偏好。这一结果提示，应以制度的方式制约财富分配者，免使贪欲腐蚀权力，免使权力滋生腐败。规范而缜密的制度设计，有助于遏制分配差距的进一步扩大。后续研究应该考虑群体规模的效应，考察遭遇不公平给个体带来的负面影响，以及遭受不公平对待后可能产生的破坏力。

6.3.10　如何有效地开展多学科交叉合作

这是一个融合和合作的时代。开展多学科交叉合作已成为所有研究者的共识。最后通牒博弈提供了一个绝佳的合作基础与平台。在这个主题下，在多学科合作的模式下，不同学科的学者可以对同一个问题进行研究，并根据各自领域的框架和思维方式对这个问题进行不同的解读和探讨，从而得到全方位的研究成果。其突出的优势是技术共享，如经济学的模型建立、心理学的实验设计、神经科学的成像技术与数据分析技术、生物学的基因分析技术、医学的病理分析技术、计算机科学的自动化技术等。这些技术的共享，提供了攻破学术难关的利器。其另一个优势是，可以突破单个学科的学识局限，打破学科的传统规范的桎梏，获得更广阔的视野，寻得更合适的切入点，从而取得更有启发性的成果，探索更多的新知。

参 考 文 献

陈惠雄.快乐原则：人类经济行为的分析[M].北京：经济科学出版社,2003.

陈景清,詹来英等.常见精神障碍：全程治疗与护理照顾[M].天津：天津科学技术出版社,2009.

陈彦立,李舜伟.脑部疾病诊断治疗学[M].北京：中国协和医科大学出版社,2003.

丛玉隆.实用检验医学(上)[M].北京：人民卫生出版社,2009.

冯炜权,谢敏豪,王香生等.运动生物化学研究进展[M].北京：北京体育大学出版社,2006.

侯然.独裁者游戏中基于行为承受者知觉的框架效应[D].北京：北京大学出版社,2009.

姜远英.临床药物治疗学（第二版）[M].北京：人民卫生出版社,2007.

李振平,刘树伟.临床中枢神经解剖学[M].北京：科学出版社,2009.

刘金婷,蔡强,王若菡,吴寅.催产素与人类行为[J].心理科学进展,2011,19(10):1480-1492.

买晓琴.复杂认知活动中结果评价的神经机制[D].北京：中国科学心理研究所,2005.

聂俊,杨冬芝,杨晶.细胞分子生物学[M].北京：化学工业出版社,2009.

王学铭.精神与精神病的生物化学[M].北京：人民卫生出版社,2002.

徐江平.基础神经精神药理学[M].武汉：湖北科学技术出版社,2008.

姚咏明,盛志勇.脓毒症防治学[M].北京：科学技术文献出版社,2008.

周玉芹.不同公平情境下社会比较对经济决策的影响[D].北京：北京大学出版社,2011.

Abbink, K., Sadrieh, A., & Zamir, S. (2004). Fairness, public good, and emotional aspects of punishment behavior. *Theory and Decision*, 57(1), 25-57.

Agay, N., Kron, S., Carmel, Z., Mendlovic, S., & Levkovitz, Y. (2008). Ultimatum bargaining behavior of people affected by schizophrenia. *Psychiatry Research*, 157(1-3), 39-46.

Allen, L. S., & Gorski, R. A. (1990). Sex difference in the bed nvcleus of the stria terminalis of the human brain. *The Journal of Comparative Neurology*, 302(4), 697-706.

Anderson, C., & Dickinson, D. L. (2010). Bargaining and trust: the effects of 36-h total sleep deprivation on socially interactive decisions. *Journal of Sleep Research*, 19(1), 54-63.

Andrade, E. B., & Ariely, D. (2009). The enduring impact of transient emotions on decision making. *Organizational Behavior and Human Decision Processes*, 109(1), 1-8.

Barraza, J. A., & Zak, P. J. (2009). Empathy toward Strangers Triggers Oxytocin

Release and Subsequent Generosity. In S. N. A. O. K. T. A. V. O. Atran (Ed.), *Values, Empathy, and Fairness across Social Barriers* (Vol. 1167, pp. 182 – 189).

Bateson, M., Nettle, D., & Roberts, G. (2006). Cues of being watched enhance cooperation in a real-world setting. *Biology Letters*, 2(3), 412 – 414.

Baumgartner, T., Heinrichs, M., Vonlanthen, A., Fischbacher, U., & Fehr, E. (2008). Oxytocin shapes the neural circuitry of trust and trust adaptation in humans. *Neuron*, 58 (4), 639 – 650.

Beggan, J. K., Messick, D. M., & Allison, S. T. (1988). Social Values and Egocentric Bias: Two Tests of the Might Over Morality Hypothesis. *Journal of Personality and Social Psychology*, 55(4), 606 – 611.

Bellemare, C., Kroeger, S., & van Soest, A. (2011). Preferences, intentions, and expectation violations: A large-scale experiment with a representative subject pool. *Journal of Economic Behavior & Organization*, 78(3), 349 – 365.

Berridge, K. (2007). The debate over dopamine's role in reward: the case for incentive salience. *Psychopharmacology*, 191(3), 391 – 431.

Bohnet, I., & Frey, B. S. (1999). Social Distance and other-regarding Behavior in Dictator Games: Comment. *The American Economic Review*, 89(1), 335 – 339.

Bohnet, I., & Zeckhauser, R. (2004). Social Comparisons in Ultimatum Bargaining. *Scandinavian Journal of Economics*, 106(3), 495 – 510.

Boksem, M. A. S., & De Cremer, D. (2010). Fairness concerns predict medial frontal negativity amplitude in ultimatum bargaining. *Social Neuroscience*, 5(1), 118 – 128.

Bolton, G. E., & Ockenfels, A. (2000). ERC: A Theory of Equity, Reciprocity, and Competition. *The American Economic Review*, 90(1), 166 – 193.

Bolton, G. E., & Zwick, R. (1995). Anonymity versus Punishment in Ultimatum Bargaining. *Games and Economic Behavior*, 10(1), 95 – 121.

Bonini, N., Hadjichristidis, C., Mazzocco, K., Dematte, M. L., Zampini, M., Sbarbati, A., et al. (2011). Pecunia Olet: The Role of Incidental Disgust in the Ultimatum Game. *Emotion*, 11(4), 965 – 969.

Bornstein, G., & Yaniv, I. (1998). Individual and Group Behavior in the Ultimatum Game: Are Groups More "Rational" Players? *SO-Experimental Economics* 1998;1(1):101 – 108.

Bosman, R., & van Winden, F. (2002). Emotional hazard in a power-to-take experiment. *Economic Journal*, 112(476), 147 – 169.

Botvinick, M. M., Cohen, J. D., & Carter, C. S. (2004). Conflict monitoring and anterior cingulate cortex: an update. *Trends in Cognitive Sciences*, 8(12), 539 – 546.

Brandstatter, H., & Konigstein, M. (2001). Personality influences on ultimatum bargaining decisions. *European Journal of Personality*, 15, S53 – S70.

Brosnan, S. F., & de Waal, F. B. M. (2003). Monkeys reject unequal pay. [10. 1038/

*nature*01963]. *Nature*, 425(6955), 297 – 299.

Brunstein, J. C., & Schmitt, C. H. (2004). Assessing individual differences in achievement motivation with the Implicit Association Test. *Journal of Research in Personality*, 38(6), 536 – 555.

Buchan, N., Croson, R., Johnson, E., Wu, G., & John, M. (2005). Gain and Loss Ultimatums. *Advances in Applied Microeconomics*, 13, 1 – 23.

Burnham, T., & Hare, B. (2007). Engineering Human Cooperation. *Human Nature*, 18 (2), 88 – 108.

Burnham, T. C. (2007). High-testosterone men reject low ultimatum game offers. *Proceedings of the Royal Society B-Biological Sciences*, 274(1623), 2327 – 2330.

C. Darwin. (1904). *The descent of man and selection in relation to sex*: Adamant Media Corporation.

Camerer, C., & Thaler, R. H. (1995). Ultimatum and dictator games-response. *Journal of Economic Perspectives*, 9(4), 239 – 240.

Campanha, C., Minati, L., Fregni, F., & Boggio, P. S. (2011). Responding to unfair offers made by a friend: Neuroelectrical activity changes in the anterior medial prefrontal cortex. *Journal of Neuroscience*, 31(43), 15569 – 15574.

Cappelletti, D., Güth, W., & Ploner, M. (2011). Being of two minds: Ultimatum offers under cognitive constraints. *Journal of Economic Psychology*, 32(6), 940 – 950.

Carter, J. R., & Irons, M. D. (1991). Are economists different, and if so, why? *The Journal of Economic Perspectives*, 5(2), 171 – 177.

Castillo, M. E., & Cross, P. J. (2008). Of mice and men: Within gender variation in strategic behavior. *Games and Economic Behavior*, 64(2), 421 – 432.

Chang, L. J., & Sanfey, A. G. (2009). Unforgettable ultimatums? Expectation violations promote enhanced social memory following economic bargaining. *Frontiers in Behavioral Neuroscience*, 3.

Charness, G., & Gneezy, U. (2008). What's in a name? Anonymity and social distance in dictator and ultimatum games. *Journal of Economic Behavior & Organization*, 68(1), 29 – 35.

Chen, K., & Tang, F. −F. (2009). Cultural differences between Tibetans and ethnic Han Chinese in ultimatum bargaining experiments. *European Journal of Political Economy*, 25(1), 78 – 84.

Chris, M. (2009). Fairness in Children's Resource Allocation Depends on the Recipient. *Psychological Science*, 9999(9999).

Chuah, S. −H., Hoffmann, R., Jones, M., & Williams, G. (2007). Do cultures clash? Evidence from cross-national ultimatum game, experiments. *Journal of Economic Behavior & Organization*, 64(1), 35 – 48.

Chuah, S. − H., Hoffmann, R., Jones, M., & Williams, G. (2009). An economic anatomy of culture: Attitudes and behaviour in inter-and intra-national ultimatum game experiments. *Journal of Economic Psychology*, 30(5), 732 – 744.

Civai, C. , Corradi-Dell'Acqua, C. , Gamer, M. , & Rumiati, R. I. (2010). Are irrational reactions to unfairness truly emotionally-driven? Dissociated behavioural and emotional responses in the Ultimatum Game task. *Cognition*, 114(1), 89 – 95.

Corradi-Dell'Acqua, C. C. , C. ; Rumiati, R. I. ; Fink, G. R. . (in press). Disentangling self-and fairness-related neural mechanisms involved in the Ultimatum Game: an fMRI study. *Social Cognitive and Affective Neuroscience*.

Courtiol, A. , Raymond, M. , & Faurie, C. (2009). Birth order affects behaviour in the investment game: firstborns are less trustful and reciprocate less. *Animal Behaviour*, 78(6), 1405 – 1411.

Craig, A. D. (2009). How do you feel now? The anterior insula and human awareness. *Nature Review Neuroscience*, 10(1), 59 – 70.

Crockett, M. J. , Clark, L. , Tabibnia, G. , Lieberman, M. D. , & Robbins, T. W. (2008). Serotonin Modulates Behavioral Reactions to Unfairness. *Science*, 320(5884), 1739 – 1739.

Croson, R. T. A. (1996). Information in ultimatum games: An experimental study. *Journal of Economic Behavior & Organization*, 30(2), 197 – 212.

Csukly, G. , Polgar, P. , Tombor, L. , Rethelyi, J. , & Keri, S. (2011). Are patients with schizophrenia rational maximizers? Evidence from an ultimatum game study. *Psychiatry Research*, 187(1 – 2), 11 – 17.

Curry, O. , Chesters, M. J. , & Viding, E. (2011). The psychopath's dilemma: The effects of psychopathic personality traits in one-shot games. *Personality and Individual Differences*, 50(6), 804 – 809.

de Greck, M. , Rotte, M. , Paus, R. , Moritz, D. , Thiemann, R. , Proesch, U. , et al. (2008). Is our self based on reward? Self-relatedness recruits neural activity in the reward system. *NeuroImage*, 39(4), 2066 – 2075.

Delgado, M. R. (2006, Jun 01 – 04). *Reward-related responses in the human striatum*. Paper presented at the Conference on Reward and Decision-Making in Cortico-basal Gangila Networks, Lake Arrowhead, CA.

Delplanque, S. , Lavoie, M. E. , Hot, P. , Silvert, L. , & Sequeira, H. (2004). Modulation of cognitive processing by emotional valence studied through event-related potentials in humans. *Neuroscience Letters*, 356(1), 1 – 4.

Donchin, E. C. , Michael G. . (1988). Is the P300 component a manifestation of context updating? . *Behavioral and Brain Sciences*, 11(3), 357 – 427.

Dunn, B. D. , Makarova, D. , Evans, D. , & Clark, L. (2010). "I'm worth more than that": trait positivity predicts increased rejection of unfair financial offers. *PloS one*, 5 (12), e15095.

Ebstein, R. P. , Israel, S. , Lerer, E. , Uzefovsky, F. , Shalev, I. , Gritsenko, I. , et al. (2008, Nov 21 - 22). *Arginine Vasopressin and Oxytocin Modulate Human Social Behavior*. Paper presented at the 1st Barcelona Social Brain Conference, Barcelona, SPAIN.

Eckel, C. , de Oliveira, A. C. M. , & Grossman, P. J. (2008). Gender and Negotiation in the Small: Are Women (Perceived to Be) More Cooperative than Men? *Negotiation Journal*, 24 (4), 429 - 445.

Eckel, C. C. , & Grossman, P. J. (2001). Chivalry and solidarity in ultimatum games. *Economic Inquiry*, 39(2), 171 - 188.

Eisenegger, C. , Naef, M. , Snozzi, R. , Heinrichs, M. , & Fehr, E. (2010). Prejudice and truth about the effect of testosterone on human bargaining behaviour. [10. 1038/ nature08711]. *Nature*, 463(7279), 356 - 359.

Emanuele, E. , Brondino, N. , Bertona, M. , Re, S. , & Geroldi, D. (2008). Relationship between platelet serotonin content and rejections of unfair offers in the ultimatum game. *Neuroscience Letters*, 437(2), 158 - 161.

Falk, A. , Fehr, E. , & Fischbacher, U. (2003). On the nature of fair behavior. *Economic Inquiry*, 41(1), 20 - 26.

Fantino, E. , Gaitan, S. , Kennelly, A. , & Stolarz-Fantino, S. (2007). How reinforcer type affects choice in economic games. *Behavioural Processes*, 75(2), 107 - 114.

Fehr, E. , Bernhard, H. , & Rockenbach, B. (2008). Egalitarianism in young children. *Nature*, 454(7208), 1079 - U1022.

Fehr, E. , & Camerer, C. F. (2007). Social neuroeconomics: the neural circuitry of social preferences. *Trends in Cognitive Sciences*, 11(10), 419 - 427.

Fehr, E. , & Schmidt, K. M. (1999). A Theory Of Fairness, Competition, and Cooperation. *Quarterly Journal of Economics*, 114(3), 817 - 868.

Ferraro, P. J. , & Cummings, R. G. (2007). Cultural diversity, discrimination, and economic outcomes: An experimental analysis. *Economic Inquiry*, 45(2), 217 - 232.

Fershtman, C. , & Gneezy, U. (2001). Discrimination in a segmented society: An experimental approach. *Quarterly Journal of Economics*, 116(1), 351 - 377.

Fetchenhauer, D. , & Huang, X. (2004). Justice sensitivity and distributive decisions in experimental games. *Personality and Individual Differences*, 36(5), 1015 - 1029.

Forsythe, R. , Horowitz, J. L. , Savin, N. E. , & Sefton, M. (1994). Fairness in Simple Bargaining Experiments. *Games and Economic Behavior*, 6(3), 347 - 369.

Fukushima, H. , & Hiraki, K. (2006). Perceiving an opponent's loss: gender-related differences in the medial-frontal negativity. *Soc Cogn Affect Neurosci*, 1(2), 149 - 157.

Güro ǧ lu, B. , van den Bos, W. , & Crone, E. A. (2009). Fairness considerations: Increasing understanding of intentionality during adolescence. *Journal of Experimental Child Psychology*, 104(4), 398 - 409.

Güro ğ lu, B. , van den Bos, W. , Rombouts, S. A. R. B. , & Crone, E. A. (2010). Unfair? It depends: Neural correlates of fairness in social context. *Social Cognitive and Affective Neuroscience*, 5(4), 414 – 423.

Güth, W. (1988). On the behavioral approach to distributive justice: a theoretical and experimental investigation. In S. Maital (Ed.), *Applied Behavioral Economics*. New York: New York University.

Güth, W. , Schmidt, C. , & Sutter, M. (2007). Bargaining outside the lab-a newspaper experiment of a three-person ultimatum game. *The Economic Journal*, 117(518), 449 – 469.

Güth, W. , Schmittberger, R. , & Schwarze, B. (1982). An experimental analysis of ultimatum bargaining. *Journal of Economic Behavior & Organization*, 3(4), 367 – 388.

Güth, W. , & van Damme, E. (1998). Information, strategic behavior, and fairness in ultimatum bargaining: An experimental study. *Journal of Mathematical Psychology*, 42(2 – 3), 227 – 247.

Gawronski, B. (2002). What Does the Implicit Association Test Measure? A Test of the Convergent and Discriminant Validity of Prejudice-Related IATs. *Experimental Psychology*, 49(3), 171 – 180.

Gehring, W. J. , & Willoughby, A. R. (2002a). The medial frontal cortex and the rapid processing of monetary gains and losses (Vol. 295, pp. 2279 – 2282).

Gehring, W. J. , & Willoughby, A. R. (2002b). The Medial Frontal Cortex and the Rapid Processing of Monetary Gains and Losses. *Science*, 295(5563), 2279 – 2282.

Gil-White, F. J. (2004). *Ultimatum game with an ethnicity manipulation: Results from Khovdiin Bulgan Sum, Mongolia*. New York, NY: Oxford University Press.

Glimcher, P. W. , Camerer, C. F. , Fehr, E. , & Poldrack, R. A. (2009). Introduction: A Brief History of Neuroeconomics. In P. W. Glimcher, C. F. Camerer, E. Fehr & R. A. Poldrack (Eds.), *Neuroeconomics: decision making and the brain*. London: Elsevier Inc.

Gneezy, A. , Gneezy, U. , Nelson, L. D. , & Brown, A. (2010). Shared Social Responsibility: A Field Experiment in Pay-What-You-Want Pricing and Charitable Giving. *Science*, 329(5989), 325 – 327.

Grace, R. C. , & Kemp, S. (2005). What does the Ultimatum Game mean in the real world? *Behavioral and Brain Sciences*, 28(6), 824 — +.

Greenwald, A. G. , McGhee, D. E. , & Schwartz, J. L. K. (1998). Measuring Individual Differences in Implicit Cognition: The Implicit Association Test. *Journal of Personality and Social Psychology*, 74(6), 1464 – 1480.

Greenwald, A. G. , Poehlman, T. A. , Uhlmann, E. L. , & Banaji, M. R. (2009). Understanding and Using the Implicit Association Test: III. Meta-Analysis of Predictive Validity. *Journal of Personality and Social Psychology*, 97(1), 17 – 41.

Grimm, V. , & Mengel, F. (2011). Let me sleep on it: Delay reduces rejection rates in ultimatum games. *Economics Letters*, 111(2), 113 – 115.

Grumm, M. , & von Collani, G. (2007). Measuring Big-Five personality dimensions with the implicit association test -Implicit personality traits or self-esteem? *Personality and Individual Differences*, 43(8), 2205 – 2217.

Guala, F. (2008). Paradigmatic Experiments: The Ultimatum Game from ·Testing to Measurement Device. *Philosophy of Science*, 75(5), 658 – 669.

Gueth, W. , Schmidt, C. , & Sutter, M. (2007). Bargaining outside the lab-A newspaper experiment of a three-person ultimatum game. *Economic Journal*, 117(518), 449 – 469.

Gurven, M. (2004). Economic games among the Amazonian Tsimane: exploring the roles of market access, costs of giving, and cooperation on pro-social game behavior. *Experimental Economics*, 7(1), 5 – 24.

Hack, A. , & Lammers, F. (2009). Gender as a Moderator of the Fair Process Effect. *Social Psychology*, 40(4), 202 – 211.

Hajcak, G. , Holroyd, C. B. , Moser, J. S. , & Simons, R. F. (2005). Brain potentials associated with expected and unexpected good and bad outcomes. *Psychophysiology*, 42(2), 161 – 170.

Hajcak, G. , Moser, J. S. , Holroyd, C. B. , & Simons, R. F. (2007). It's worse than you thought: The feedback negativity and violations of reward prediction in gambling tasks. *Psychophysiology*, 44, 905 – 912.

Haley, K. J. , & Fessler, D. M. T. (2005). Nobody's watching?: Subtle cues affect generosity in an anonymous economic game. 26(3), 245 – 256.

Halko, M. L. , Hlushchuk, Y. , Hari, R. , & Schurmann, M. (2009). Competing with peers: Mentalizing-related brain activity reflects what is at stake. *NeuroImage*, 46(2), 542 – 548.

Hamlin, J. K. , Wynn, K. , Bloom, P. , & Mahajan, N. (2011). How infants and toddlers react to antisocial others. *Proceedings of the National Academy of Sciences*, 108(50), 19931 – 19936.

Han, R. , Li, S. , & Shi, J. N. (2009). The Territorial Prior-Residence Effect and Children's Behavior in Social Dilemmas. *Environment and Behavior*, 41(5), 644 – 657.

Handgraaf, M. J. J. , Dijk, E. v. , Wilke, H. A. M. , & Vermunt, R. C. (2004). Evaluability of outcomes in ultimatum bargaining. *Organizational Behavior and Human Decision Processes*, 95(1), 97 – 106.

Harbaugh, W. T. , Krause, K. , & Vesterlund, L. (2007). Learning to bargain. *Journal of Economic Psychology*, 28(1), 127 – 142.

Harlé, K. M. , Allen, J. J. B. , & Sanfey, A. G. (2010). The Impact of Depression on Social Economic Decision Making. *Journal of Abnormal Psychology*, 119(2), 440 – 446.

Harle, K. M. , & Sanfey, A. G. (2007). Incidental sadness biases social economic decisions in the ultimatum game. *Emotion*, 7(4), 876 – 881.

Haruno, M. , & Frith, C. D. (2009). Activity in the amygdala elicited by unfair divisions predicts social value orientation. *Nature Neuroscience*, *advance online publication*.

Haruno, M. , & Frith, C. D. (2010). Activity in the amygdala elicited by unfair divisions predicts social value orientation. [10. 1038/nn. 2468]. *Nat Neurosci*, 13(2), 160 – 161.

Haselhuhn, M. P. , & Mellers, B. A. (2005). Emotions and cooperation in economic games. *Brain research. Cognitive brain research*, 23(1), 24 – 33.

Henrich, J. (2000). Does culture matter in economic behavior? Ultimatum game bargaining among the Machiguenga of the Peruvian Amazon. *The American Economic Review*, 90(4), 973 – 979.

Henrich, J. (2004). Animal behaviour (communication arising): Inequity aversion in capuchins? *Nature*, 428(6979), 139 – 139.

Henrich, J. , Boyd, R. , Bowles, S. , Camerer, C. , Fehr, E. , Gintis, H. , et al. (2001). In Search of Homo Economicus: Behavioral Experiments in 15 Small-Scale Societies. *American Economic Review*, 91(2), 73 – 78.

Henrich, J. , Boyd, R. , Bowles, S. , Camerer, C. , Fehr, E. , Gintis, H. , et al. (2005). "Economic man" in cross-cultural perspective: Behavioral experiments in 15 small-scale societies. *Behavioral and Brain Sciences*, 28(6), 795 – 815.

Hewig, J. , Kretschmer, N. , Trippe, R. H. , Hecht, H. , Coles, M. G. H. , Holroyd, C. B. , et al. (2011). Why humans deviate from rational choice. *Psychophysiology*, 48(4), 507 – 514.

Hibbing, J. R. , & Alford, J. R. (2004). Accepting authoritative decisions: Humans as wary cooperators. *American Journal of Political Science*, 48(1), 62 – 76.

Hilbig, B. E. , & Zettler, I. (2009). Pillars of cooperation: Honesty-Humility, social value orientations, and economic behavior. *Journal of Research in Personality*, 43(3), 516 – 519.

Hill, E. , & Sally, D. (2003). Dilemmas and Bargains: Autism, Theory – of – mind, Cooperation and Fairness. *University College London Working Paper*. Retrieved from http://ssrn. com/paper＝407040

Hinson, J. M. , Jameson, T. L. , & Whitney, P. (2003). Impulsive decision making and working memory. *Journal of Experimental Psychology-Learning Memory and Cognition*, 29(2), 298 – 306.

Hoffman, E. , McCabe, K. , Shachat, K. , & Smith, V. (1994). Preferences, Property Rights, and Anonymity in Bargaining Games. *Games and Economic Behavior*, 7(3), 346 – 380.

Hoffman, E. , McCabe, K. , & Smith, V. (1996). On expectations and the monetary stakes in ultimatum games. *International Journal of Game Theory*, 25(3), 289 – 301.

Hoffman, E. , McCabe, K. , & Smith, V. (2000). The impact of exchange context on the activation of equity in ultimatum games. *Experimental Economics*, 3(1).

Hoffman, E. , Smith, V. , & McCabe, K. (1995). Ultimatum and dictator games. *Journal of Economic Perspectives*, 9(4), 236 – 239.

Hofstede, G. (2001). *Culture's consequences: comparing values, behaviors, institutions, and organizations across nations* (2nd ed.): Thousand Oaks, CA.

Hollmann, M. , Rieger, J. W. , Baecke, S. , Lutzkendorf, R. , Muller, C. , Adolf, D. , et al. (2011). Predicting Decisions in Human Social Interactions Using Real-Time fMRI and Pattern Classification. *PLoS ONE*, 6(10).

Holm, H., & Engseld, P. (2005). Choosing bargaining partners-An experimental study on the impact of information about income, status and gender. *Experimental Economics*, 8(3), 183 – 216.

Holroyd, C. B., & Coles, M. G. H. (2002). The Neural Basis of Human Error Processing: Reinforcement Learning, Dopamine, and the Error-Related Negativity. *Psychological Review*, 109(4), 679 – 709.

Holroyd, C. B., Larsen, J. T., & Cohen, J. D. (2004). Context dependence of the event-related brain potential associated with reward and punishment. *Psychophysiology*, 41(2), 245 – 253.

Houben, K., & Wiers, R. W. (2006). Assessing implicit alcohol associations with the Implicit Association Test: Fact or artifact? *Addictive Behaviors*, 31(8), 1346 – 1362.

Huck, S. (1999). Responder behavior in ultimatum offer games with incomplete information. *Journal of Economic Psychology*, 20(2), 183 – 206.

Inglehart, R., & Baker, W. E. (2000). Modernization, cultural change, and the persistence of traditional values. *American Sociological Review*, 65(1), 19 – 51.

Ito, T. A., Larsen, J. T., Smith, N. K., & Cacioppo, J. T. (1998). Negative information weighs more heavily on the brain: The negativity bias in evaluative categorizations. *Journal of Personality and Social Psychology*, 75(4), 887 – 900.

Judge, T. A., Hurst, C., & Simon, L. S. (2009). Does It Pay to Be Smart, Attractive, or Confident (or All Three)? Relationships Among General Mental Ability, Physical Attractiveness, Core Self-Evaluations, and Income. *Journal of Applied Psychology* 94(3), 742 – 755.

Kagel, J. H., Kim, C., & Moser, D. (1996). Fairness in Ultimatum Games with Asymmetric Information and Asymmetric Payoffs. *Games and Economic Behavior*, 13(1), 100 – 110.

Kahneman, D., Knetsch, J. L., & Thaler, R. H. (1986). Fairness and the Assumptions of Economics. *The Journal of Business*, 59(4), S285 – S300.

Kahneman, D., & Tversky, A. (1979). Propspent theory: an analysis of decision under risk. *Econometrica*, 47(2), 263 – 292.

Kamas, L., Preston, A., & Baum, S. (2008). Altruism in individual and joint-giving decisions: What's gender got to do with it? *Feminist Economics*, 14(3), 23 – 50.

King-Casas, B., Tomlin, D., Anen, C., Camerer, C. F., Quartz, S. R., & Montague, P. R. (2005). Getting to know you: Reputation and trust in a two-person economic exchange. *Science*, 308, 78 – 83.

Kirk, U., Downar, J., & Montague, P. R. (2011). Interoception drives increased rational decision-making in meditators playing the Ultimatum Game. [Original Research]. *Frontiers in Neuroscience*, 5.

Knez, M. J. , & Camerer, C. F. (1995). Outside Options and Social Comparison in Three-Player Ultimatum Game Experiments. *Games and Economic Behavior*, 10(1), 65 – 94.

Knoch, D. , Pascual-Leone, A. , Meyer, K. , Treyer, V. , & Fehr, E. (2006). Diminishing reciprocal fairness by disrupting the right prefrontal cortex. *Science*, 314(5800), 829 – 832.

Koenigs, M. , & Tranel, D. (2007). Irrational Economic Decision-Making after Ventromedial Prefrontal Damage: Evidence from the Ultimatum Game. *Journal of Neuroscience*, 27(4), 951 – 956.

Kogan, A. , Saslow, L. R. , Impett, E. A. , Oveis, C. , Keltner, D. , & Rodrigues Saturn, S. (2011). Thin-slicing study of the oxytocin receptor (OXTR) gene and the evaluation and expression of the prosocial disposition. *Proceedings of the National Academy of Sciences*, 108(48), 19189 – 19192.

Leliveld, M. C. , van Dijk, E. , & van Beest, I. (2008). Initial ownership in bargaining: Introducing the giving, splitting, and taking ultimatum bargaining game. *Personality and Social Psychology Bulletin*, 34(9), 1214 – 1225.

Leng, Y. , & Zhou, X. (2010). Modulation of the brain activity in outcome evaluation by interpersonal relationship: An ERP study. *Neuropsychologia*, 48(2), 448 – 455.

Lieberman, M. D. (2007). Social cognitive neuroscience: A review of core processes. *The Annual Review of Psychology*, 58(18), 1 – 31.

Liebrand, W. B. G. , Jansen, R. W. T. L. , Rijken, V. M. , & Suhre, C. J. M. (1986). Might over morality: Social values and the perception of other players in experimental games. *Journal of Experimental Social Psychology*, 22(3), 203 – 215.

Lisa, A. C. (1999). Raising the stakes in the ultimatum game: Experimental evidence from Indonesia. *Economic Inquiry*, 37(1), 47.

Logothetis, N. K. (2008). What we can do and what we cannot do with fMRI. [10. 1038/ nature06976]. *Nature*, 453(7197), 869 – 878.

Lonnqvist, J. — E. , Walkowitz, G. , Verkasalo, M. , & Wichardt, P. C. (2011). Situational power moderates the influence of Self-Transcendence vs. Self-Enhancement values on behavior in ultimatum bargaining. *Journal of Research in Personality*, 45(3), 336 – 339.

Macfarlan, S. J. , & Quinlan, R. J. (2008). Kinship, family, and gender effects in the ultimatum game. *Human Nature-an Interdisciplinary Biosocial Perspective*, 19(3), 294 – 309.

Marlowe, F. W. , Berbesque, J. C. , Barrett, C. , Bolyanatz, A. , Gurven, M. , & Tracer, D. (2011). The'spiteful' origins of human cooperation. *Proceedings of the Royal Society B-Biological Sciences*, 278(1715), 2159 – 2164.

Martinez, L. M. F. , Zeelenberg, M. , & Rijsman, J. B. (2011). Behavioural consequences of regret and disappointment in social bargaining games. *Cognition & Emotion*, 25(2), 351 – 359.

McClure, S. M. , Laibson, D. I. , Loewenstein, G. , & Cohen, J. D. (2004). Separate neural systems value immediate and delayed monetary rewards. *Science*, 306, 503 – 507.

Moretti, L. , & Di Pellegrino, G. (2010). Disgust Selectively Modulates Reciprocal Fairness in Economic Interactions. *Emotion*, 10(2), 169 – 180.

Munier, B. , & Zaharia, C. (2002). HIGH STAKES AND ACCEPTANCE BEHAVIOR IN ULTIMATUM BARGAINING: A contribution from an international experiment. *Theory & Decision*, 53(3), 187 – 207.

Murnighan, J. K. , & Saxon, M. S. (1998). Ultimatum bargaining by children and adults. *Journal of Economic Psychology*, 19(4), 415 – 445.

Nelissen, R. M. A. , Leliveld, M. C. , van Dijk, E. , & Zeelenberg, M. (2011). Fear and guilt in proposers: Using emotions to explain offers in ultimatum bargaining. *European Journal of Social Psychology*, 41(1), 78 – 85.

Nguyen, C. M. , Koenigs, M. , Yamada, T. H. , Teo, S. H. , Cavanaugh, J. E. , Tranel, D. , et al. (2011). Trustworthiness and negative affect predict economic decision making. *Journal of Cognitive Psychology*, 23(6), 748 – 759.

Nieuwenhuis, S. , Aston-Jones, G. , & Cohen, J. D. (2005). Decision making, the P3, and the Locus Coeruleus-Norepinephrine System. *Psychological Bulletin*, 131(4), 510 – 532.

Nowak, M. A. (2006). Five Rules for the Evolution of Cooperation (Vol. 314, pp. 1560 – 1563).

O'Doherty, J. , Kringelbach, M. L. , Rolls, E. T. , Hornak, J. , & Andrews, C. (2001). Abstract reward and punishment representations in the human orbitofrontal cortex. *Nature Neuroscience*, 4, 95 – 102.

Oosterbeek, H. , Sloof, R. , & van de Kuilen, G. (2004). Cultural Differences in Ultimatum Game Experiments: Evidence from a Meta-Analysis. *Experimental Economics*, 7(2), 171 – 188.

Osumi, T. , Nakao, T. , Kasuya, Y. , Shinoda, J. , Yamada, J. , & Ohira, H. (2010). A role of the anterior insula in altruistic punishment: An fMRI study using the ultimatum game and the dictator game. *International Journal of Psychophysiology*, 77(3), 324 – 324.

Osumi, T. , & Ohira, H. (2009). Cardiac responses predict decisions: An investigation of the relation between orienting response and decisions in the ultimatum game. *International Journal of Psychophysiology*, 74(1), 74 – 79.

Osumi, T. , & Ohira, H. (2010). The positive side of psychopathy: Emotional detachment in psychopathy and rational decision-making in the ultimatum game. *Personality and Individual Differences*, 49(5), 451 – 456.

Oyserman, D. , & Lee, S. W. S. (2008). Does Culture Influence What and How We Think? Effects of Priming Individualism and Collectivism. *Psychological Bulletin*, 134(2), 311 – 342.

Pillutla, M. M. , & Murnighan, J. K. (1996). Unfairness, anger, and spite: Emotional rejections of ultimatum offers. *Organizational Behavior and Human Decision Processes*, 68(3), 208 – 224.

Polezzi, D. , Daum, I. , Rubaltelli, E. , Lotto, L. , Civai, C. , Sartori, G. , et al. (2008). Mentalizing in economic decision-making. *Behavioural Brain Research*, 190(2), 218 - 223.

Polich, J. (2007). Updating P300: An integrative theory of P3a and P3b. *Clinical Neurophysiology*, 118(10), 2128 - 2148.

Polich, J. , & Kok, A. (1995). Cognitive and biological determinants of P300: an integrative review. *Biological Psychology*, 41(2), 103 - 146.

Price, M. E. , Kang, J. , Dunn, J. , & Hopkins, S. (2011). Muscularity and attractiveness as predictors of human egalitarianism. *Personality and Individual Differences*, 50 (5), 636 - 640.

Qiu, J. , Yu, C. , Li, H. , Jou, J. , Tu, S. , Wang, T. , et al. (2010). The impact of social comparison on the neural substrates of reward processing: An event-related potential study. *NeuroImage*, 49(1), 956 - 962.

Rabin, M. (1993). Incorporating Fairness into Game Theory and Economics. *The American Economic Review*, 83(5), 1281 - 1302.

Rigdon, M. , Ishii, K. , Watabe, M. , & Kitayama, S. (2009). Minimal social cues in the dictator game. *Journal of Economic Psychology*, 30(3), 358 - 367.

Rilling, J. K. , Sanfey, A. G. , Aronson, J. A. , Nystrom, L. E. , & Cohen, J. D. (2004). The neural correlates of theory of mind within interpersonal interactions. *NeuroImage*, 22(4), 1694 - 1703.

Robert, C. , & Carnevale, P. J. (1997). Group Choice in Ultimatum Bargaining. *Organizational Behavior and Human Decision Processes*, 72(2), 256 - 279.

Roth, A. E. , Prasnikar, V. , Okuno-Fujiwara, M. , & Zamir, S. (1991). Bargaining and Market Behavior in Jerusalem, Ljubljana, Pittsburgh, and Tokyo: An Experimental Study. *The American Economic Review*, 81(5), 1068 - 1095.

Saad, G. (2001). Sex differences in the ultimatum game: an evolutionary psychology perspective. *Journal of Bioeconomics*, 3(2 - 3).

Sally, D. , & Hill, E. (2006). The development of interpersonal strategy: Autism, theory-of-mind, cooperation and fairness. *Journal of Economic Psychology*, 27(1), 73 - 97.

Sanfey, A. G. , & Chang, L. (2008). Multiple systems in decision making *Strategies for Risk Communication: Evolution, Evidence, Experience* (Vol. 1128, pp. 53 - 62). Oxford: Blackwell Publishing.

Sanfey, A. G. , Rilling, J. K. , Aronson, J. A. , Nystrom, L. E. , & Cohen, J. D. (2003). The Neural Basis of Economic Decision-Making in the Ultimatum Game. *Science*, 300 (5626), 1755 - 1758.

Scheres, A. , & Sanfey, A. G. (2006). Individual differences in decision making: Drive and Reward Responsiveness affect strategic bargaining in economic games. *Behavioral and brain functions : BBF*, 2, 35.

Schmitt, P. M. (2004). On Perceptions of Fairness: The Role of Valuations, Outside Options, and Information in Ultimatum Bargaining Games. *Experimental Economics*, 7(1), 49 – 73.

Schwartz, B., Ward, A., Monterosso, J., Lyubomirsky, S., White, K., &. Lehman, D. R. (2002). Maximizing versus satisficing: Happiness is a matter of choice. *Journal of Personality and Social Psychology*, 83(5), 1178 – 1197.

Solnick, S. J. (2001). Gender differences in the ultimatum game. *Economic Inquiry*, 39(2), 189 – 200.

Solnick, S. J., &. Schweitzer, M. E. (1999). The influence of physical attractiveness and gender on ultimatum game decisions. *Organizational Behavior and Human Decision Processes*, 79(3), 199 – 215.

Spitzer, M., Fischbacher, U., Herrnberger, B., Gron, G., &. Fehr, E. (2007). The Neural Signature of Social Norm Compliance. *Neuron*, 56(1), 185 – 196.

Srivastava, J., Espinoza, F., &. Fedorikhin, A. (2009). Coupling and decoupling of unfairness and anger in ultimatum bargaining. *Journal of Behavioral Decision Making*, 22(5), 475 – 489.

Stahl, D. O., &. Haruvy, E. (2008). Subgame perfection in ultimatum bargaining trees. *Games and Economic Behavior*, 63(1), 292 – 307.

Stanley, T. D., &. Tran, U. (1998). Economics students need not be greedy: Fairness and the ultimatum game. *Journal of Socio-Economics*, 27(6), 657 – 663.

Strobel, A., Zimmermann, J., Schmitz, A., Reuter, M., Lis, S., Windmann, S., et al. (2011). Beyond revenge: Neural and genetic bases of altruistic punishment. *Neuroimage*, 54(1), 671 – 680.

Suleiman, R. (1996). Expectations and fairness in a modified Ultimatum game. *Journal of Economic Psychology*, 17(5), 531 – 554.

Sutter, M. (2007). Outcomes versus intentions: On the nature of fair behavior and its development with age. *Journal of Economic Psychology*, 28(1), 69 – 78.

Swope, K. J., Cadigan, J., Schmitt, P. M., &. Shupp, R. (2008). Personality preferences in laboratory economics experiments. *Journal of Socio-Economics*, 37(3), 998 – 1009.

Tabibnia, G., &. Lieberman, M. D. (2007). Fairness and Cooperation Are Rewarding. Evidence from Social Cognitive Neuroscience. *Annals of the New York Academy of Sciences*, 1118(1), 90 – 101.

Takagishi, H., Kameshima, S., Schug, J., Koizumi, M., &. Yamagishi, T. (2010). Theory of mind enhances preference for fairness. *Journal of Experimental Child Psychology*, 105(1 – 2), 130 – 137.

Takahashi, T. (2007). Economic decision-making in the ultimatum game by smokers. *Neuroendocrinology Letters*, 28(5), 659 – 661.

Thaler, R. H. (1988). Anomalies: The Ultimatum Game. *The Journal of Economic*

Perspectives, 2(4), 195 – 206.

Tompkinson, P., & Bethwaite, J. (1995). The ultimatum game: raising the stakes. *Journal of Economic Behavior & Organization*, 27(3), 439 – 451.

Tricomi, E., Rangel, A., Camerer, C. F., & O/'Doherty, J. P. (2010). Neural evidence for inequality-averse social preferences. [10.1038/nature08785]. *Nature*, 463(7284), 1089 – 1091.

Tversky, A., & Kahneman, D. (1981). The framing of decisions and the psychology of choice. *Science*, 211(30), 453 – 458.

van't Wout, M., Chang, L. J., & Sanfey, A. G. (2010). The Influence of Emotion Regulation on Social Interactive Decision-Making. *Emotion*, 10(6), 815 – 821.

van 't Wout, M., & Sanfey, A. G. (2011). Interactive decision-making in people with schizotypal traits: A game theory approach. *Psychiatry Research*, 185(1 – 2), 92 – 96.

van 't Wout, M., Kahn, R., Sanfey, A., & Aleman, A. (2006). Affective state and decision-making in the Ultimatum Game. *Experimental Brain Research*, 169(4), 564 – 568.

Van den Bergh, B., & Dewitte, S. (2006). Digit ratio (2D:4D) moderates the impact of sexual cues on men's decisions in ultimatum games. *Proceedings of the Royal Society B: Biological Sciences*, 273(1597), 2091 – 2095.

van der Veen, F., & Sahibdin, P. (2011). Dissociation between medial frontal negativity and cardiac responses in the ultimatum game: Effects of offer size and fairness. *Cognitive, Affective, & Behavioral Neuroscience*, 1 – 10.

van Dijk, E., De Cremer, D., & Handgraaf, M. J. J. (2004). Social value orientations and the strategic use of fairness in ultimatum bargaining. *Journal of Experimental Social Psychology*, 40(6), 697 – 707.

van Dijk, E., & Vermunt, R. (2000). Strategy and Fairness in Social Decision Making: Sometimes It Pays to Be Powerless. *Journal of Experimental Social Psychology*, 36(1), 1 – 25.

van Ijzendoorn, M. H., Huffmeijer, R., Alink, L. R. A., Bakermans-Kranenburg, M. J., & Tops, M. (2011). The Impact of Oxytocin Administration on Charitable Donating is Moderated by Experiences of Parental Love-Withdrawal. *Frontiers in psychology*, 2, 258.

Van Lange, P. A., & Liebrand, W. B. (1991). Social value orientation and intelligence: A test of the Goal Prescribes Rationality Principle. *European Journal of Social Psychology*, 21(4), 273 – 292.

Van Lange, P. A. M. (1999). The Pursuit of Joint Outcomes and Equality in Outcomes: An Integrative Model of Social Value Orientation. *Journal of Personality and Social Psychology*, 77(2), 337 – 349.

Walker, S. S., & Schimmack, U. (2008). Validity of a happiness Implicit Association Test as a measure of subjective well-being. *Journal of Research in Personality*, 42(2), 490 – 497.

Wallace, B., Cesarini, D., Lichtenstein, P., & Johannesson, M. (2007). Heritability of ultimatum game responder behavior. *Proceedings of the National Academy of Sciences*, 104

(40), 15631 - 15634.

Wallis, J. D. (2007, Mar 11 - 14). *Neuronal mechanisms in prefrontal cortex underlying adaptive choice behavior*. Paper presented at the Conference on Linking Affect to Action-Critical Contributions of the Orbitofrontal Cortex, New York, NY.

Wang, C. S., Sivanathan, N., Narayanan, J., Ganegoda, D. B., Bauer, M., Bodenhausen, G. V., et al. (2011). Retribution and emotional regulation: The effects of time delay in angry economic interactions. *Organizational Behavior and Human Decision Processes*, 116(1), 46 - 54.

Weg, E., & Smith, V. (1993). On the failure to induce meager offers in ultimatum game. *Journal of Economic Psychology*, 14(1), 17 - 32.

Weg, E., & Zwick, R. (1994). Toward the settlement of the fairness issues in ultimatum games: A bargaining approach. *Journal of Economic Behavior & Organization*, 24(1), 19 - 34.

Wong, R. Y. — m., & Hong, Y. — y. (2005). Dynamic Influences of Culture on Cooperation in the Prisoner's Dilemma. *Psychological Science*, 16(6), 429 - 434.

Wout, M. v. t. a. b., Kahn, R. S. b., Sanfey, A. G. d., & Aleman, A. c. (2005). Repetitive transcranial magnetic stimulation over the right dorsolateral prefrontal cortex affects strategic decision-making. *NeuroReport* 16(16), 1849 - 1852.

Wu, Y., Leliveld, M. C., & Zhou, X. (2011). Social distance modulates recipient's fairness consideration in the dictator game: An ERP study. *Biological Psychology*, 88(2 — 3), 253 - 262.

Wu, Y., & Zhou, X. (2009). The P300 and reward valence, magnitude, and expectancy in outcome evaluation. [doi: DOI: 10. 1016/j. brainres. 2009. 06. 032]. *Brain Research*, 1286, 114 - 122.

Xiao, E., & Houser, D. (2005). Emotion expression in human punishment behavior. *Proceedings of the National Academy of Sciences of the United States of America*, 102(20), 7398 - 7401.

Yang-Tae, K., Kyongsik, Y., & Jaeseung, J. (2011). Abnormal local and long-range functional connectivity in schizophrenia during ultimatum game. *European Neuropsychopharmacology*, 21, S454 - S455.

Yeung, N., Holroyd, C. B., & Cohen, J. D. (2005). ERP correlates of feedback and reward processing in the presence and absence of response choice. *Cereb. Cortex*, 15(5), 535 - 544.

Yeung, N., & Sanfey, A. G. (2004). Independent Coding of Reward Magnitude and Valence in the Human Brain. *Journal of Neuroscience*, 24(28), 6258 - 6264.

Yu, R., & Zhou, X. (2006). Brain responses to outcomes of one's own and other's performance in a gambling task. *NeuroReport*, 17(16), 1747 - 1751

Yu, R., & Zhou, X. (2009). To Bet or Not to Bet? The Error Negativity or Error-related Negativity Associated with Risk-taking Choices. *Journal of Cognitive Neuroscience*, 21(4), 684 - 696.

Yu, R. J. , & Zhou, X. L. (2007). Neuroeconomics: Opening the "black box" behind the economic behavior. *Chinese Science Bulletin* , 52(9), 1153 – 1161.

Yun, K. , Chung, D. , Jang, B. , Kim, J. H. , & Jeong, J. (2011). Mathematically gifted adolescents have deficiencies in social valuation and mentalization. *PloS one* , 6(4), e18224.

Zaatari, D. , Palestis, B. G. , & Trivers, R. (2009). Fluctuating Asymmetry of Responders Affects Offers in the Ultimatum Game Oppositely According to Attractiveness or Need as Perceived by Proposers. *Ethology* , 115(7), 627 – 632.

Zak, P. J. , Kurzban, R. , Ahmadi, S. , Swerdloff, R. S. , Park, J. , Efremidze, L. , et al. (2009). Testosterone Administration Decreases Generosity in the Ultimatum Game. *PLoS ONE* , 4(12), e8330.

Zak, P. J. , Stanton, A. A. , & Ahmadi, S. (2007a). Oxytocin Increases Generosity in Humans. *Plos One* , 2(11).

Zak, P. J. , Stanton, A. A. , & Ahmadi, S. (2007b). Oxytocin Increases Generosity in Humans. *PLoS ONE* , 2(11), e1128.

Zethraeus, N. , Kocoska-Maras, L. , Ellingsen, T. , von Schoultz, B. , Hirschberg, A. L. , & Johannesson, M. (2009). A randomized trial of the effect of estrogen and testosterone on economic behavior. *Proceedings of the National Academy of Sciences of the United States of America* , 106(16), 6535 – 6538.

Zhong, S. , Israel, S. , Shalev, I. , Xue, H. , Ebstein, R. P. , & Chew, S. H. (2010). Dopamine D4 receptor gene associated with fairness preference in ultimatum game. *PloS one* , 5 (11), e13765.

Zhou, X. , & Wu, Y. (2011). Sharing losses and sharing gains: Increased demand for fairness under adversity. *Journal of Experimental Social Psychology* , 47(3), 582 – 588.